国家出版基金项目
NATIONAL PUBLICATION FOUNDATION

"一带一路"沿线国家教育政策法规研究丛书

匈牙利、斯洛伐克
教育政策法规

主编 / 张德祥 李枭鹰

编译 / 耿智 王玉平 耿宁荷 汤琦 莫眉 杨佳

大连理工大学出版社
Dalian University of Technology Press

图书在版编目(CIP)数据

匈牙利、斯洛伐克教育政策法规 / 耿智等编译. --
大连 ：大连理工大学出版社，2020.12
　　("一带一路"沿线国家教育政策法规研究丛书 /
张德祥，李枭鹰主编)
　　ISBN 978-7-5685-2464-3

　　Ⅰ.①匈… 　Ⅱ.①耿… 　Ⅲ.①教育政策－匈牙利②教
育法－匈牙利③教育政策－斯洛伐克④教育法－斯洛伐克
Ⅳ.①D951.521.6②D952.521.6

　　中国版本图书馆 CIP 数据核字(2020)第 017383 号

XIONGYALI SILUOFAKE
JIAOYU ZHENGCE FAGUI

大连理工大学出版社出版
地址:大连市软件园路 80 号　　邮政编码:116023
发行:0411-84708842　　邮购:0411-84708943　　传真:0411-84701466
E-mail:dutp@dutp.cn　　URL:http://dutp.dlut.edu.cn
上海利丰雅高印刷有限公司印刷　　大连理工大学出版社发行

幅面尺寸:185mm×260mm　　印张:18.25　　字数:380 千字
2020 年 12 月第 1 版　　2020 年 12 月第 1 次印刷

责任编辑:张　岩　　　　　　责任校对:孟凡彩
封面设计:奇景创意

ISBN 978-7-5685-2464-3　　　　　　定　价:128.00 元

本书如有印装质量问题,请与我社发行部联系更换。

总 序

　　共建"一带一路"是中国提出的伟大倡议,也是中国与"一带一路"沿线国家的共同愿望。"一带一路"倡议出自中国,却不只属于中国,而属于"一带一路"沿线所有国家,乃至全世界。中国是"一带一路"的倡导者和推动者,沿线所有国家是"一带一路"的共商者、共建者和共享者。

　　为推进共建"一带一路"伟大倡议,让古丝绸之路焕发新的生机与活力,以新的形式使亚欧非各国联系更加紧密,互利合作迈向新的历史高度,中国政府于 2015 年 3 月 28 日发布了《推动共建丝绸之路经济带和 21 世纪海上丝绸之路的愿景与行动》,强调"一带一路"是促进共同发展、实现共同繁荣的合作共赢之路,是增进理解信任、加强全方位交流的和平友谊之路。中国政府倡议,秉持和平合作、开放包容、相互借鉴、互利共赢的理念,全方位推进务实合作,打造政治互信、经济融合、文化包容的利益共同体、命运共同体和责任共同体。

　　为贯彻落实《推动共建丝绸之路经济带和 21 世纪海上丝绸之路的愿景与行动》,2016 年 7 月 13 日中华人民共和国教育部牵头制定了《推进共建"一带一路"教育行动》。该文件指出,推进共建"丝绸之路经济带"和"21 世纪海上丝绸之路",为推动区域教育大开放、大交流、大融合提供了大契机。"一带一路"沿线国家教育加强合作、共同行动,既是共建"一带一路"的重要组成部分,又为共建"一带一路"提供人才支撑。中国愿与沿线国家一道,扩大人文交流,加强人才培养,共同开创教育的美好明天。

　　自共建"一带一路"倡议提出至 2019 年 8 月底,已有 136 个国家和 30 个国际组织与中国签署了 195 份共建"一带一路"合作文件。"一带一路"是一个多极的和多文化的世界,无论是政治、经济、文化、教育、生态还是种族、民族、宗教、习俗等,不同国家或地区之间存在这样或那样的差异。因此,只有全面了解民间需求与广泛民意,消除误解误判,只有国家的学者、企业家、政府部门、民间组织和民众充分理解各国的国际关系、宗教信仰、历史文化、风俗习惯、法律法规和民心社情,才能更好地推动"一带一路"建设。也就是说,"一带一路"沿线国家建立政治互信、经济融合、文化包容的利益共同体、命运共同体和责任共同体,必须根基于沿线国家间的"文化理解或认同",而这又与教育尤其是高等教育的交流合作密切相关。

　　教育政策法规是了解一个国家教育发展状况和治理水平的重要窗口，是各国之间教育合作交流的基本依据。为此，教育部牵头制定的《推进共建"一带一路"教育行动》呼吁沿线国家"加强教育政策沟通"，即通过开展"一带一路"教育法律、政策协同研究，构建沿线各国教育政策信息交流通报机制，为沿线各国政府推进教育政策互通提供依据与建议，为沿线各国学校和社会力量开展教育合作交流提供政策咨询；积极签署双边、多边和次区域教育合作框架协议，制定沿线各国教育合作交流国际公约，逐步疏通教育合作交流政策性瓶颈，实现学分互认、学位互授联授，协力推进教育共同体建设。

　　大连理工大学切实贯彻《推进共建"一带一路"教育行动》的精神，精心谋划和大力支持"一带一路"教育研究。该校原党委书记张德祥教授带领课题组成员克服文本搜集、组建团队、筹措经费等多重困难，充分发挥学校高等教育研究院、"一带一路"高等教育研究中心、中俄暨独联体合作研究中心以及教育部国别和区域研究中心"独联体国家研究中心"的优势和特色，积极参与和服务于"一带一路"的推进和共建，编译"一带一路"沿线国家教育政策法规，并在国内率先开展"一带一路"沿线国家教育政策法规研究，具有很好的教育发展战略意识和强烈的服务国家发展战略的责任感和使命感。中国高等教育学会大力支持这项工作，将"'一带一路'国家高等教育政策法规研究"立项为 2016 年高等教育科学研究"十三五"规划重大攻关课题，并建议课题组首先聚焦于编译"一带一路"沿线国家的教育法、高等教育法以及教育中长期发展规划等，及时为国家推进共建"一带一路"教育行动搭建教育政策沟通桥梁。该课题组根据中国高等教育学会专家组的意见，组织力量，编译了这套《"一带一路"沿线国家教育政策法规研究丛书》。作为中国高等教育学界的一名老兵，看到自己的学生们带领国内一批青年学者甘于奉献、不辞辛劳、不畏艰难，率先耕耘在"一带一路"沿线国家教育研究这片土地上，我由衷地感到欣慰。同时，大连理工大学出版社全力支持这套丛书的出版，不遗余力地为丛书的出版工作提供支持，使这套丛书能及时出版发行。最后，我真诚地希望参与这项工作的师生们努力工作，高质量、高水平地把编译成果呈现给"一带一路"的教育工作者。

　　是为序。

潘懋元于厦门大学高等教育研究中心

2019 年 9 月 10 日

前　言

2015 年 3 月 28 日《推动共建丝绸之路经济带和 21 世纪海上丝绸之路的愿景与行动》和 2016 年 7 月 13 日《推进共建"一带一路"教育行动》的相继颁布,将"政策沟通"置于"五通"之首,让我们意识到编译《"一带一路"沿线国家教育政策法规研究丛书》的重要性和紧迫性。对我们来说,承担这一艰巨任务是一种考验,更是一种使命。

2016 年中国高等教育学会组织申报高等教育科学研究"十三五"规划课题,将"'一带一路'背景下我国高等教育国际化研究"列入重大攻关课题指南。我们在这个框架之下组织申报的"'一带一路'国家高等教育政策法规研究",获得了中国高等教育学会专家组的认可和支持,这对我们是极大的鞭策和鼓励。2016 年 11 月,我们认真筹备和精心谋划,参加了中国高等教育学会组织的开题论证工作,汇报了课题的研究设想。听取了专家组的宝贵意见后,我们及时调整了课题研究重心。我们考虑首先要聚焦于编译"一带一路"沿线国家教育政策法规,因为,我们对许多国家的高等教育政策法规还不了解,国内也缺乏这方面的资料。编译这些资料既可以为我们日后的研究打下基础,也可以为其他研究者和部门进行相关研究、制定政策提供基础性的资料和参考。于是,我们调整了工作思路,即先编译,然后再进行研究。同时,考虑到许多国家的高等教育政策法规常常包括在教育政策法规中,我们的编译从"高等教育政策法规"拓展到"教育政策法规",这种转变正好呼应了《推进共建"一带一路"教育行动》中的"政策沟通"。

主编《"一带一路"沿线国家教育政策法规研究丛书》,是一项相当繁重和极其艰辛的工作,其中的酸甜苦辣只有经历了才能体会到。第一,参与共建"一带一路"的国家相当多,截至 2019 年 8 月底,已有 136 个国家和 30 个国际组织与中国签署了共建"一带一路"合作文件。这套教育政策法规研究丛书虽然只涉及其中的 69 个国家,但即使是选择性地编译这些国家的教育法、高等教育法以及中长期教育发展规划等,也需要大量的人力、财力等的支持。第二,不少"一带一路"沿线国家的教育本身不够发达,与之密切关联的教育政策法规通常还在制定和健全之中,我们只能找到和编译那些现已出台的政策法规文本,抑或某些不属于政策法规却比较重要的文献。编译这类教育政策法规时,我们根据实际需要对某些文本进行了适当删减。由于编译这套丛书的工作量很大、历时较长,我们经常刚编译完某些国家旧有的教育政策法规,新的教育政策法规又出台了,我们不得不再次翻译最新的文本而舍弃旧有的文本。如此反反复复,做了不少"无用功"。即便如此,我们依然不敢担保所编译的教育政策法规是最新的。第三,"一带一路"沿线国家或地区的官方语言有 80 多种,涉及非通用语种 70 种(这套教育政策法规研究丛书涉及的 69 个国家,官方语言有 50 多种),我们竭尽全力邀请谙熟非通用语种的人士加盟,但依然还很不够。由于缺乏足够的谙熟非通用语种的人士加盟,很多教育政策法规被迫采用英文文本。在编译过程中,我们发现那些非英语国家的英文文本的表达方式与标准英文经常存在很大的出入,而且经常夹杂着这样或那样的"官方语言"或"民族语言"。这对编译工作是一个极大的挑战和考验,我们做到了尽最大努力去克服和处理。譬如,新西兰是一个特别注重原住民及其文化的国家,其教育政策法规设有专门的毛利语教育板块,因而文本中存有大量的毛利语。为了翻译这些毛利语,编译者查阅了大量有关毛利文化的书籍和文献,有时译准一个毛利语词语要花上数十天甚至更长的时间。类似的情况经常碰到,编译者们付出了难以计量的劳动,真诚地希望这套丛书的出版能给他们带来足够的精神上的慰藉。

为了顺利推进研究工作,我们围绕研究目标和研究重点,竭尽全力组建结构合理的研究团队,制订详尽的研究计划,规划时间表和线路图,及时启动研究工作,进入研究状态。大连理工大学积极参与"一带一路"建设,高度重视"一带一路"沿线国家教育研究工作,成立了"'一带一路'高等教育研究中心"、"中俄暨独联体合作研究中心"和教育部国别和区域研究中心"独联体国家研究中心"。大连理工大学、大连外国语大学、大连民族大学、杭州师范大学、广西民族大学、广西财经学院、广西职业技术学院、广西桂林市委党校、南开大学、海南大学、重庆大学、赤峰学院、天津市教育科学研究院等单位的有关专家、学者、教师、学生积极参与此项工作,没有他们的艰辛付出和辛勤劳动,编译工作将举步维艰。这项工作得到了大连理工大学出版社的大力支持,出版社的同志们不畏艰辛、不厌其烦、不计回报,为这套丛书的出版付出了难以想象的汗水和精力。对此,课题组由衷地表示感谢。

张德祥 李枭鹰
2019 年 9 月 8 日

目 录

匈牙利

匈牙利是一个位于欧洲中部的内陆国家,东邻罗马尼亚、乌克兰,南接斯洛文尼亚、克罗地亚、塞尔维亚,西靠奥地利,北连斯洛伐克,属大陆性气候。截至 2019 年 1 月,全国总人口 976.4 万,首都为布达佩斯。

匈牙利实行多党议会民主制,执行立法、行政、司法三权分立的原则。国会是立法机关和国家最高权力机关,实行一院制。政府是国家最高行政机构。法院和检察院是国家司法机构。匈牙利全国划分为首都和 19 个州,设立 24 个州级市、274 个市、2 854 个乡。首都布达佩斯是全国政治、经济、文化和科技中心。

匈牙利属中等发达国家,经合组织(OECD)成员国。匈牙利自然资源比较贫乏。主要矿产资源是铝矾土,蕴藏量居欧洲第三位,此外有少量褐煤、石油、天然气、铀、铁、锰等。农业基础较好。主要种植小麦、玉米、甜菜、土豆、葡萄等。匈牙利的旅游业比较发达。2018 年旅游外汇收入 20 667.8 亿福林,全年接待外国游客 5 767 万人次。主要旅游景点有:布达佩斯、巴拉顿湖、多瑙河湾、马特劳山。匈牙利重视提高和改善居民生活水平,不断增加退休金、家庭补贴、生育和抚养儿童的补助金等。此外,在医疗、教育、文化、体育和旅游等方面实行优惠补贴。匈牙利的教育实行 12 年制义务教育,幼儿免费入托,小学免费教育。学制:小学 8 年,中学(包括职业中学)4 年,大学 4~6 年,医科大学 7 年。除公办学校外,还有教会学校、私立学校和基金会学校。

注:以上资料数据参考依据为中国外交部官方网站匈牙利国家概况(2020 年 5 月更新)。

匈牙利高等教育法(2005年第139号法案)

(2008年1月1日生效)

自匈牙利加入欧盟后,国际环境发生了变化。在这种情况下,作为欧洲经济区高等教育体系的一部分,匈牙利高等教育需要完成相应的任务,对目前的知识进行更新、调整及转型,努力提高社会的凝聚力,促进经济可持续发展,保持较强的国际竞争力和较高的科技创新水平。欧洲大学总章程中规定,提高匈牙利高等教育的竞争力,增强教育与科研和经济的合作效率,使其更好地适应社会、经济和文化的发展需求,提高学生与教师的流动性,让学生更加公平地参与竞争。此外,不断扩大教育体系和私立机构在学习、授课和科研方面的自由。为不断提高教育质量,议会特通过以下法案:

第一部分　总则

法案目的

第1条

(1)本法案是为保证人们行使宪法赋予的教育权和学习权所设。根据学习权,只要符合入学要求,匈牙利的每位公民都有权接受高等教育。高等学校应自主维护其在教学、科研和艺术创作方面的自由。

(2)本法旨在为高等学校提供法律依据,使其能够自主运营并从中获益,且确保教师、科研人员和学生能够参与并行使自主权。应在法律规定的范围内行使第(3)款所列举的自主权,其相关条文只受法律约束或只能依法授权。应当在遵守有关高等学校的法律制度下行使自主权。

(3)高等学校在教育、科研、组织、办学和管理方面享有的自主权:

①高等学校和个人可以负责管理智力产品和物品材料;

②高等学校可以决定自己的教育模式,建立自己的组织机构,制定自己的规章制度,决定录取学生人数、职工聘用和财政等事务;

③选择教育主题、授课方法及科研方式。产品研究与开发以及技术创新工作,应考虑教师、科研人员、高等学校等的目前状况;

④可以自主选择教职员工,并根据学校需求、工作表现及工作质量确定工作职责;

⑤高等学校可以自主制定内部组织章程及运作流程,包括建立、调整和解散各种内部单位(教育、科研、服务、管理等单位),可以自主制定校规;

⑥可以采用民主选举的方式自主选择高等学校的领导人;

⑦可以自主管理赞助商提供的或高等学校通过活动获得的资金、资产及其他财产;

⑧保证学生工作和学生社团的正常运作。

(4)高等学校在行使教育自主权时,教师应以高标准要求自己,以客观的态度和职业精神完美地履行自己的职责。

(5)高等学校在行使科研自主权时,除了要不断开发科研成果、更新工作方法,科研人员还应该根据科学研究的进展,发布新的研究成果,在教学活动中引入这些成果并根据专业要求加以应用。

(6)高等学校应按照民主议事原则和民主决策原则,维护并行使其在组织方面和办学方面的自主权,以及其在规章制度方面的自主权。

(7)高等学校应拥有其自主权,同时确保本校的各项工作具有合法性、有较高的透明度,履行学校和个人的责任时,接受法律监督,出现法律过失时接受法律惩罚。

(8)学生和学生社团应行使自主权,提高专业教育效率,培养优秀学生。

(9)高等学校在行使自主权时,应创造教育、科研、艺术创作和学习生活之间的自由与和谐的氛围。

(10)高等学校应在匈牙利认证委员会和高等教育研究委员会协助下,维护教育自主权和科研自主权。

第2条

(1)本法案创立的另一目的:

①为匈牙利高等教育创建必要框架,使其与欧洲高等教育领域和欧洲科研领域融合,突出自身的特色;

②为高等教育提供科研支持并提供所需条件,促进教育与科研的统一,进一步增强匈牙利高等教育和科研之间的联系,使高等学校成为最重要的科学研究和发展基地之一;

③加快匈牙利高等教育的社会经济一体化,确保教育项目和办学的可持续发展,提高健康水平,完善环保的方法、途径;

④为终身学习创造条件,作为终身学习的一部分,扩大接受高等教育的机会;

⑤让学生奠定职业生涯基础,学习最新的知识,以建设知识型社会;

⑥在学生中培养和倡导国家普遍的价值观;提倡独立思考的精神,坦然面对社会和道德问题;致力于从事民间团体的相关工作;

⑦确定学生和教师的权利和义务;

⑧使高等教育机会平等,待遇平等;

⑨丰富高等教育的模式,保证学生在短期学习后能够具备参加专业工作的资格,使

想要获得更高学位和其他专业资格的优秀学生能够接受更高层次的教育;

⑩确定高效、有序、合法办学的法律条件,确定高等教育及高等学校在经济上的自主权,提高高等学校的适应能力,满足社会、经济、可持续发展及需要,以及与其他高等学校合作的能力;

⑪调整高等教育的财政体制,使其有利于高等学校以简单合理的方式运行,从而保证高等学校的高效运转。为了打造高质量、竞争力强的高等教育,实现对高等学校的有效管理,允许此类高等学校除国家预算资金外,可以吸引投资。

(2)通过完善高等学校的质量保证和质量认证体系,确保高等学校能给学生传授高精尖知识,能适应国内外就业市场对人才的需求,为进一步发展奠定坚实的基础。

(3)匈牙利高等教育应通过高等学校的科研和艺术创作工作,为全人类科学的发展做出贡献。用最新的科研成果和知识的融合转换,为优秀学生的学术深造做好准备。

法案适用范围

第 3 条

本法的适用范围包括高等教育领域内活动及有关的服务活动和管理活动,以及促进上述活动顺利进行的组织与机构、该机构的创建者与主办者;高等学校的教师、学术科研人员和其他职工;申请学习高等教育并已经录取的学生;高等学校的赞助商以及匈牙利高等学校在境外进行的相关教育活动。

法案原则

第 4 条

(1)高等教育的主要活动包括教育、科研和艺术创作。

(2)高等学校的主要教育活动包括本科课程、研究生课程、博士生课程、高等职业培训及研究生专业培训课程。高等教育任务应由高等学校按照本法的规定,与社会、经济、科研和艺术领域等各界人士合作完成。高等学校可以开展公共教育和未达到高等教育登记要求的职业培训的教育任务,还可以开展 1993 年第 76 号职业教育法案(以下称"职业教育法")、1993 年第 79 号公共教育法案(以下称"公共教育法")以及 2001 年第 99 号成人教育法案(以下称"成人教育法")中规定的教育任务。

第 5 条

(1)高等教育主要的科研活动包括基础研究开发、应用研究开发、试验研究开发、技术创新和其他支持科研发展的教育形式。

(2)高等学校应按本法的规定,对优秀学生及新生代科研人员提供资金支持。作为教育机构,高等学校应通过学以致用、传授创业技巧等方式,提高学生的科研能力及相关工作的职业能力。还应当传授给学生知识产权保护与利用方面的知识。

(3)高等学校应当制定有关科研、发展和创新的战略,对科研项目做出简要规划,确定奖学金和其他奖金的下发流程,学术活动的举办流程,说明加强国内外科研合作的重要职责,出版学术著作、开展科研活动的条件以及利用科学成果的方式。

(4)高等学校关于科研、发展和创新战略的制定与实施应受学术委员会指导。学术委员会由学院和大学教授、副教授、取得科学学位的科研人员和在读博士的代表(以下称"博士生")组成。

(5)高等学校的科研活动由国家核心科研项目中心和科学技术创新基金会拨款。

(6)若高等学校在科学领域取得能够影响欧洲科研领域的成果,且成果已经得到承认,则根据匈牙利政府(以下称"政府")规定,该高等学校可以纳入"科研型大学"行列。

(7)高等学校在开展科研及相关工作时,可以与匈牙利科学院及其机构合作。在合作过程中,科学院可以建立科研小组,该小组可以获得特殊支持。其研究小组或其机构的组织单位可以在高等学校内设立工作处,作为一个部门自主运行,并参与博士课程的相关工作。

第 6 条

(1)高等学校应确保以客观的方式传授信息与知识,并接受各方面的检查。公立高等学校,任何地方政府或少数民族政府不得将其置于任何宗教或世俗意识形态之下。若高等学校归国有,且地方政府或少数民族政府传播了宗教或世俗思想,应确保态度客观并须接受多方面的检查。公立高等学校的运作、活动及其管理,任何地方政府或少数民族政府不得表达对宗教或世俗内容的看法,并在宗教和世俗事务上保持中立。

(2)高等学校的组织和运作应独立于任何政党,不得接受这些政党提供的任何财政支持。高等学校不得为带有政治目的的活动或组织提供运营场所或协同组织此类活动。

(3)高等学校最迟在学年结束之日起 90 天内,在本校官网上公布本校的教育、科研、发展和创新活动,并公布这些活动取得的成果。

第 7 条

(1)高等学校可以独立办学,或与其他授权机构合作办学:

①经匈牙利政府、地方政府或少数民族政府授权的机构;

②经匈牙利注册的宗教法人,包括具有法人资格的组织单位(以下称"宗教法人")授权的机构;

③经匈牙利境内登记注册的商业组织授权[1959 年第 4 号民法第 685 条第③项(以下称"民法")]的机构;

④匈牙利境内注册的基金会或公共基金会。

(2)办学人的权利可以根据本法规定进行转让。行使创始人权利的单位应履行与高等学校办学有关的工作(以下称"办学者",国家以外的办学者以下称"私立高等学校办学者")。若要共同行使办学者的权利,则权利和义务的行使与履行事宜应在双方签订的协议中规定。

（3）若高等学校由第（1）款①项的单位办学，则该校作为预算组织运营。第（1）款第①项的单位应共同行使办学者权利，而第（1）款的②～④项所述单位可以选择共同行使办学者权利。

（4）若本法未另做说明，办学者权利应由教育部长（以下称"部长"）代表国家行使。

（5）国家负责高等教育体系的运行，而办学者负责高等学校的运行。

（6）国家从中央预算中拨款资助私立高等学校办学。

（7）若高等学校作为预算组织办学，则办学者应负责确保基础设施建设，根据本法要求确定该校自主运行的财政要求和工作人员要求，完成公共财政的有关要求。

第 8 条

（1）学生学习高等教育课程可以不论国籍，可以自由选择高等学校继续深造。

（2）高等学校采用匈牙利语授课。根据本法规定，地方学生或少数民族学生可以用当地语言学习，也可以使用当地语言和匈牙利语双语学习，或用匈牙利语学习。

第 9 条

（1）高等教育组织、管理、运行和开展有关工作的人在决策过程中地位平等，要对学生、教师和高等教育领域的其他职工产生影响。

（2）尽管可能不会侵犯或损害他人的权利，但应改正不符合平等待遇要求的行为。

（3）不符合平等待遇的要求若影响到了学生，则应根据本法规定加以改正。此程序应该包括法院的固有权力及其法律后果以及包括政府监督实施该原则之前的程序。

（4）2003 年第 125 号平等待遇且提高机会平等法案（以下称"平等待遇法"）内容也适用于第（1）～（3）款。

第 10 条

（1）根据《民法》第 29 条第（1）款内容，高等学校是依据本法规定建立并办学的法人实体。根据出资人的身份，高等学校或按预算管理规则办学或按教会组织管理规则办学或按私立高等学校的管理规则办学。

（2）公立高等学校，按照 1992 年第 38 号公共财政法案（以下称"公共财政法"）内容办学；作为预算组织的高等学校，本法未述的内容，依据 1992 年第 33 号公务员法律地位法案（以下称"公务员法律地位法"）执行。

（3）高等学校应使用出资人提供的补贴和基金，中央预算分拨的经费，以及公共财政之外的收入完成其任务。

（4）高等学校的工作支出、办学及发展费用从该校年度预算中支取。

（5）高等学校的转型（详情见第 36 条）不列入市场实践领域［详情见 1996 年第 57 号禁止不公平市场行为、限制竞争法案第 1 条第（1）款］。

第 11 条

（1）能够获得学位的高等教育的培训课程：

①本科课程；

②研究生课程；

③博士生课程。

（2）本科课程和研究生课程周期不同，相互依存，单独开展或按照法律规定按层次开展。由政府决定采用何种方式。

（3）除第（1）款所述形式外，下列课程也可列为高等教育的一部分：

①高等职业培训；

②可安排研究生专业培训课程为非学位课程。

（4）根据办学章程规定，高等学校未经认证参与成人教育，在付费教育方面［见第56条第（1）款］，根据《成人教育法》对课程的要求，开设成人教育项目。其他法律规定的通知流程完成后，根据《成人教育法》，高等学校可设立成人教育机构。

第二部分　高等教育体系内机构运作

设立高等学校

第 12 条

（1）以开展高等教育活动为目的，获得匈牙利共和国议会认可的机构可以作为高等学校办学。

（2）高等学校若能保证完成教育任务，并在以下①～④项教育类型中提供 1 个学科以上的教育课程，则可获得国家认证。

①本科课程；

②本硕连读课程；

③本硕博连读课程；

④硕博连读课程。

（3）高等学校应具备完成教育任务的条件。为获得继续发展，高等学校需要达到其在职职工、有形资产、金融资产以及机构文件等方面的要求。

（4）高等学校应有固定校址、稳定的科研和教师队伍。在本法中，高等学校应能在政府规定的时间内完成教学任务。固定校址指高等学校管理中心所在地，在此地开展主要的高等教育活动。高等学校应有稳定的科研和教师队伍，例如，以定期签订雇佣合同的方式，雇佣科研人员和教师，人数至少占总职工的 60％。

第 13 条

（1）为保证学生的住宿条件，学生宿舍可以当作高等学校的一部分进行建设，学生公寓也可以独立于高等学校组织机构之外单独运作。

（2）宿舍可以为继续学业的学生提供场所，也可以作为高等教育活动的场地。

（3）与高等学校签订协议后，学生公寓也可以作为第（2）款所述的各项活动的场地。

（4）学生公寓是作为预算组织或非预算组织运营的法律实体，性质取决于创始人的身份。

（5）学生公寓的创始人可以是高等学校，也可以是授权创立高等学校的其他实体。

（6）学生宿舍和学生公寓可以用来开展学院活动，并根据本法规定作为学院运转。

第 14 条

（1）为完成办学章程规定的任务，高等学校可以设立并运行该校的机构单位和组织单位（例如公共教育领域、职业教育领域、普通教育领域、法务专业服务及图书馆服务）。

（2）高等学校提供培训服务的公共教育机构（以下称"公共教育实习机构"）可以参加学生的实际培训项目。

（3）第（1）款至第（2）款中有关组织建设、法律地位、办学及维护的有关规定，也适用于其他需要履行相同任务的组织。

第 15 条

（1）高等教育若符合以下条件，则可以开始办学：

①已注册；

②已取得办学资格；

③国会已承认其地位。

（2）办学所需的登记手续及许可文件由高等学校出资方在高等学校登记机构（以下称"注册中心"）申请办理。

（3）在现有数据基础上，高等学校若能证明基础设施和财务条件可以继续履行办学章程规定的任务，即可登记注册并开始办学，并在办学过程中逐渐改善自身的办学条件。若注册中心确认该高等学校符合注册条件，即可登记注册并提出其获得办学许可所需的条件。创始人可以按要求将高等学校作为预算组织运营，受出资方委托，作为高等学校临时负责人进行组织工作的人员，有权提出申请，完成办学许可所需要求。上述委托可以授予依据本法规定符合校长职位条件的人员。该临时负责人委托至任命校长前有效。

（4）高等学校若在注册中心登记为非预算组织或预算组织办学，一经登记，则视为已建立。注册中心的注册记录通过认证，如未出现相反内容，则其数据内容真实有效。

（5）为了筹备好高等学校建设，办学者应设立筹备委员会。筹备委员会负责根据该校参议会成员起草临时校规。参议会成员应在第一次会议上决定是否成立参议院，通过该校校规并选出财务委员会的成员。校规应规定参议院成员的标准及要求。筹备委员会有权撰写该校所有机构的文件。

（6）若高等学校符合或可以逐渐符合第 12 条第（2）～（4）款所述的各项条件，且已经证实，则出资人可以申请办学许可。

（7）第（4）款及第（6）款所述的程序可以同时进行。

(8)办学许可中应当载明该校培训类型或教授的学科专业,该校有权开展何种学术水平的课程,以及确定该校可以获得学籍的学生人数上限(以下称最多学生人数)(需综合职工人数、学校面积及可以为学生提供教学和其他服务的设施等情况综合考虑)。考虑到高等学校需要进行多年教学,充分利用各项设施,建校时还应提供第(11)款所述的各项资料。

授权程序包括检查校外课程条件,核实该机构教育质量,预测该校未来是否能开展学术活动、艺术活动和创造性活动。对于从事教师培训的高等学校,该公共教育实习机构也需办理授权手续,以核查为参加教师培训的学生所提供的设施情况。注册中心颁发的办学许可中规定,高等学校只有在议会批准通过该校有关的认证决议且决议生效后,方可开展许可规定的教育科研活动。本法附件1内容是获得国家认证的高等学校。

(9)办理程序所需的费用由提交申请的实体承担(国家建立的高等学校除外)。本条所述程序根据《官方行政程序及服务基本法》规定进行,办学许可办理周期为120天。

(10)学生公寓方面,注册时只需确定公寓的职工、基础设施和财政条件是否符合其持续发展的需要。

(11)除在建校时颁发办学许可证外,注册中心还应根据第106条规定的程序对本条内容进行界定,内容包含开展教育项目的有关事宜。若建立博士生院,也应对相关事宜做出规定。

(12)政府应规定建立高等学校及其办学的最低(法定)要求、学生公寓的最低(法定)标准、申请建校的附属建筑及其审核规定。根据科研及教学要求,确定履行其教育工作所需的教师及科研人员的总数,普通教室、休闲设施、智能设备及工具、图书馆及配套设备的情况,以及办学成本的预算。高等学校的机构文件为建校的最低(法定)要求。

第 16 条

(1)高等学校办学章程应说明该校的官方名称、办学者的姓名及地址、主要及其他额外活动,主要活动的其他相关工作、研究领域、学科、所提供的或授权开设的课程的学术水平。办学章程还应说明该校是否提供校外培训、贸易方向的高级职业培训,公共教育、普通教育、公共收藏、医疗、农业和区域发展以及其他专业的工作,创业活动的规定范围、校址及学校组织结构、不动产的处置方法、对资产的管理以及最多学生人数。

(2)注册中心应将办学章程要求的数据资料以及附件2第2部分①项的数据资料内容保存在中央档案系统中。更改任何内容都应通报。若数据资料内容发生变化,则根据第15条规定程序进行更改。为确保公共利益,应公开注册中心记录的数据资料。

(3)若高等学校作为预算机构运营,则本法中的其他规定适用于办学章程中关于机构注册及注销等方面的内容。

第 17 条

(1)私立高等学校的办学者权利可以通过签订协议转让给其他实体行使。办学者权利行使者的改变不影响高等学校的运营及相关活动。注册中心将对新的办学者进行测评，测评其是否具有高等学校在继续办学方面的资格。办学者权利转让协议经注册中心最终确认后即可生效。

（2）办学者的权利转让不影响高等学校在国家的地位；学校的权利及义务保持不变；也不影响学生学籍。若办学者权利发生转让，高等学校聘用的职工应根据建立聘用关系时签订的协议执行。

（3）注册中心应根据第 106 条规定对本条内容做出决定。

第 18 条

（1）高等学校既可作为大学，也可作为学院办学。

（2）只有附件 1 所列出的，在匈牙利境内办学的外国高等学校才能使用大学或学院及具有同等含义的字眼。

（3）大学指有权开设两个学科以上的本科教育课程，并开设博士课程、颁发 1 个学科以上的博士学位，且拥有科学学位的学术人员和科研人员（具有雇佣关系或担任公务员职务）人数超过 1/3 的高等学校。

（4）大学和学院都可以开设定期培训课程。

（5）若大学或学院官方名称发生改变，注册中心应对其进行认证并通过部长修改附件 1 的内容。

（6）高等学校在经议会认证前，只能使用"高等学校"或"国家认证申请中"等字眼。经过国家认证后方可使用"大学"或"学院"作为名称。

高等学校办学原则

第 19 条

（1）高等学校内部组织在建立时应确保务实高效，确保高等学校教育、科研、艺术教育，且应确保艺术创作等方面基本任务的有效执行，确保其他有关的额外工作、保证学校运营发展和维护工作有效地执行。

（2）高等学校在履行任务时，应当遵守公共资金及公共财产的使用要求并对其负责。

（3）高等学校应根据自己的主要活动，提供图书馆服务以及常规性体育活动服务。

第 20 条

（1）参议会是对高等学校负责做出决策并监督该决策实施的机构。

（2）财务委员会是对高等学校提出意见、帮助制定决策并帮助参议会监督高等学校实施的机构。

（3）校长是高等学校的领导人。

（4）高等学校实行质量保证体系。

（5）高等学校应遵守法律规定的义务，有义务提供国家统计项目的数据和高等教育信息体系所需的数据。

第 21 条

(1)高等学校应根据其办学和组织确定自己的规定(以下称"校规")。校规可根据法律或法律的授权规定某些法律中未规定的事宜。每个高等学校都应有自己的校规。校规内容应包括:学校的结构和办学的有关规定、聘用条件和学生资格等。

(2)组织和办学规定应特别说明高等学校的组织结构、分支、管理结构及每个组织单位的任务及运作程序,机构间联络需要遵守的规定等。

(3)聘用条件应特别说明:

①具体岗位要求、申请评估标准、教师及科研人员的薪资奖金和其他补助条件以及申请该类奖金的标准、获得职位资格的要求;

②高等学校聘用人员和授予职称的条件;

③职工聘用条件及教师、科研人员和其他职工的工作要求,根据工作质量和表现确定薪资。根据工作要求对员工做出评价,评估程序透明;未达到要求的学校有权辞退;

④教师和科研人员的科研资金申请的评估规定;

⑤教师参与高等学校决策程序的规定,教师、科研人员和其他职工提交的学校决策异议申诉审查要求。

(4)对学生的要求中应说明:

①本法所提的入学要求;

②学生行使权利和履行义务的有关规定、学生学籍申请审查要求及有关补办方法;

③课程安排及获取要求,对学生的学习、技能和能力的发展和评价要求(以下称"学业考试要求");

④学生收费及缴费要求、学生助学金及补助的分配要求(以下称"学费及补助要求");

⑤纪律处罚审查和赔偿要求;

⑥适用于评估宿舍安置的程序和组织规定;

⑦学生事故防范工作的规定和发生事故时的应对方案。

(5)学生中的问题可以在校规附件中加以规定。

(6)高等学校应编制质量管理方案。作为管理工作的一部分,质量管理方案应说明高等学校的办学程序、规划、控制、测评以及评估用户相关工作的内容。此质量管理方案还应包含学生对教师表现的评估要求。高等学校应每年对本校质量管理方案进行修订,并将修订内容在本校官网上公布。

(7)校规应按惯例公布,并供学生查阅。

(8)参议会确定后通过校规及其修订方案。

第 22 条

(1)高等学校应创造健康安全的教育环境,提供教育设施,预测并消除危害学生事故发生的诱因,做到防患于未然,达到让学生安全学习的要求。

（2）高等学校通过其提供的服务，确保学生的住宿条件，确保学生远离毒品，健康生活；通过通畅的信息体系帮助学生在校和毕业工作时保持联系。

（3）高等学校应对优秀学生给予资助，提高高等学校的社会公信力。高等学校的课程应向社会公开，并提供相应的基础设施，让未进入高等学校的学习者能学习课程。

（4）高等学校尊重学生、教师、科研人员的宗教和信仰自由，不得强迫学生、教师和科研人员否认自己的信仰、宗教或政治观点。学校的信仰、宗教或政治观点不得对学生、教师和科研人员产生危害。

（5）高等学校应确定并公布学生入学、获得学籍的要求（以下称"入学要求"）。

高等学校结构

财务委员会

第 23 条

（1）财务委员会是帮助高等学校执行工作任务、制定战略决策，提高所获基金、资产、公共资金和公共财产利用效率，帮助出资人做出决定的机构。

（2）公立高等学校须设立财务委员会，而私立高等学校可根据其办学章程设立财务委员会。

（3）财务委员会由 7 名或 9 名成员组成。财务委员会的成员视办学许可规定的最多学生人数而定。若最多学生人数：

①未达 15000 人，则设 7 名委员会成员；

②达到 15000 或以上人数，则设 9 名财务委员会成员。财务委员会成员须有高等教育学位，成员有效任期为 5 年，最多可延长 1 次。

（4）参议会应根据第（3）款的规定，向财务委员会指派 3 名或 4 名成员，其中 1 名成员应根据学生会的建议指派。除了指派的成员外，财务委员会应有自己的会长、财务总监，在缺少财务总监的情况下，应设立财务主管。

（5）部长应根据第（3）款的要求，向财务委员会指派 2 名或 3 名成员，其中 1 名应根据公共财政部的建议指派。部长指派的成员中至少有 1 个人持有学校的教育、科研和艺术工作的高等教育学位，且有 5 年以上相关工作经验。

（6）指派机关不得向财务委员会成员下达任何指示。

（7）以下人士不得担任财务委员会成员：

①有犯罪前科；

②是公务员或担任市长职位；

③享有法律地位和责任的政府人员及副部级人士；

④曾在政党中获得职位或受聘于某个政党，且离职时间不超过 5 年；

⑤是地方政府代表、议会成员或欧洲议会成员；

⑥是参议会成员；

⑦是另一高等学校的财务委员会成员；

⑧是受教育部监督的预算机构的公务员，国立高等学校除外；

⑨年龄 70 岁以上者。

（8）第（7）款不适用于校长有关事务。（除第①、⑦、⑨项之外）

（9）财务委员会应提交其议事日程及提案，邀请匈牙利国家财政部（以下称"财政部"）代表出席其会议，时间应在会议开始前 5 个工作日进行。代表可以进行问询，也可以就公共资金和公共财产高效便捷使用的有关问题提出自己的意见。高等学校有义务向代表提供一切有关资料。代表可以要求将自己的观点在高等学校官网及教育部官网上发表。

代表至少每年向高等学校的办学者及财政部汇报一次自己的活动。

第 24 条

（1）财务委员会应在高等学校规定范围内决定自己的工作流程，根据第 23 条第（3）款要求决定财务委员会会长，会长应获得 4～5 票有效投票后才能任职。任何个人权利或个人义务或受该决策影响或任何带有偏见、无法发表公正意见的人无权投票。

（2）由校长负责财务委员会的筹建工作。

第 25 条

（1）财务委员会

①应与参议会决议同时筹备，就下列事务提出意见：

a）高等学校的机构发展规划；

b）高等学校的预算和财务报告，后者按照会计规定起草；

c）高等学校的会计规定；

d）启动拓展项目；

e）成立商业组织、获得商业股份、与商业组织合作；

f）使用或转让高等学校处置或拥有的房地产；

g）本法所述的提前贷款；

h）缔结合作协议；

i）高等学校组织或组织单位的建立、转让及撤销。

②根据校规的规定，从财政角度考虑高等教育提出的申请；

③根据参议会授权决定其负责事项。

（2）财务委员会应监督高等学校机构管理部门的专业效率和成本效益的运作。每年至少审查两次高等学校的管理与办学事宜，以及办学章程任务的履行情况。监督高等学校的组织规定是否有助于高等学校履行其职责。

（3）若效率未达标，财务委员会可以向参议会报告；若发现高等学校管理对学校发展有害，财务委员会可以向办学者报告。高等学校有权处置其拥有的房地产的运营、使用和转让。

（4）校规上应说明需要取得财务委员会意见才能做出决策的金额。

第 26 条

（1）成员任期届满，或因第（2）款所述原因辞职或被解雇，财务委员会则自动解散。是否接受辞职或解雇取决于授予权利的机构。

（2）财务委员会会长开始任职后，如出现下列情况，成员将失去财务委员会成员资格：

①1 年内出席的财务委员会会议少于半数且无法为缺席提供充分理由的成员；

②出于其他原因，超过 6 个月无法履行作为委员会成员的职责的成员；

③任职后，应撤销由于不符合财务委员会资格身份的成员。

（3）若撤销或辞职情况出现，则指派成员的负责人应在 30 天内指派新成员。指派程序按照第 23 条规定进行。不论撤销或辞职的成员任期时长，新当选的成员任期均为 5 年。

（4）若在私立高等学校设立财务委员会，则财务部的权利和义务由学校资助者行使。此规定不适用于财务部代表的有关规定。

参议会

第 27 条

（1）参议会应根据办学章程的相关规定，确定高等学校的教育和科研任务并监督其执行情况。参议会应确定自己的工作规则。校长是参议会会长。

（2）除学生会代表和工会代表外，与高等学校签订聘用合同或在高等学校作为公务员任职的教师、科研人员或其他职工均能够成为参议会成员。

（3）参议会负责制订机构发展规划。机构发展规划应准确阐述发展的有关概念，出资人对高等学校财产的使用、保护和转让，也应规划财政收入和财政支出。机构发展计划应设计为中期，时长至少 4 年，分别说明每年要执行的任务。就业规划为机构发展计划中的一部分，确定高等学校能够提供就业服务的总人数。

（4）参议会应根据机构发展规划制定科研发展创新战略。科研发展创新战略应提交给区域发展委员会，以便在起草实施该区域中期社会经济发展规划时加以考量。

（5）参议会应为校长申请人选提出建议，并对申请人进行评估，挑选候选人并告知办学者。参议会应对校长的工作进行评估。

（6）参议会负责高等教育的：

①教育课程；

②适用于博士课程的校规及各项规定、质量管理方案；

③根据工作质量和表现制定工资分配数额的原则；

④核心预算、年度或长期目标及其实施安排以及高等学校的资产管理规划；

⑤根据会计规定编制的年度预算。

（7）参议会应确定高等学校的：

①学生咨询系统；

②学生对教师的评价体系。

（8）参议会应决定①～⑬项内容，可决定⑭～⑰内容：

①启动研发项目；

②成立商业组织、获得商业股份、与商业组织合作；

③使用或转让由高等学校处置或拥有的房地产；

④本法所述的提前贷款；

⑤缔结合作协议；

⑥转换、解散高等学校组织或组织单位；

⑦接收科研项目；

⑧设立学术委员会，选举其成员和主席；

⑨设立高等学校常务委员会和其他委员会；

⑩确定教师、科研人员的管理排序；

⑪确定财务委员会成员；

⑫选择参议会主席；

⑬下发匈牙利奖学金；

⑭校规授权处理的其他事宜；

⑮设立博士生院，开设博士生课程；

⑯取得教授资格的有关规定；

⑰授予头衔和荣誉的有关规定。

（9）下列事项也属参议会职权范围：

①发起、终止项目；

②确定校长候选人排名名单；

③讨论财务委员会提出的问题；

④评估高等学校专业活动、实施其质量发展方案；

⑤行使本法规定的其他权力。

（10）高等学校可以在本校开设博士课程学科领域的下属专业，办理教授资格获取手续。

（11）若参议会设立的委员会或理事会也参加对学生产生影响的工作，则应确保该委员会里有学生代表参加。参议会应设立常务委员会，处理学业、考试和其他影响学生的问题。委员会在处理学业、考试和其他影响学生的社会问题时，为保证学生代表权，从学生中选派参加常务委员会的成员不得少于委员会成员总数的50%。

（12）参议会应设立机会平等委员会，监督高等学校在办学过程中，男女人数的平衡情况，并为实现这种平衡提出建议，监控相关措施的实施效率。还应考察是否有歧视女性的情况出现，是否有破坏这类平衡的情况，并取消此类行为。

（13）参议会可以讨论任何问题，可就任何事表达自己的立场并提出建议。参议会可向授权做出决策或采取措施的人就该问题提出自己的立场及看法。该人士应在30天内做出有效答复；若为决策机构，则最迟在第一次会议结束后的30天内做出有效回复。

（14）参议会也有权通过其他修正法案。

（15）参议会有义务在做出决策后，监督高等学校公共资金和公共财政的高效利用情况，若发生转让情况，则要监督转让价值是否对等。为此，参议会应通过对高等学校的管理，测定此类行为的工作标准。至少每年检查两次高等学校的办学和管理情况，高等学校对办学章程所规定任务的执行情况，并请财务主管就此提交报告。

第 28 条

（1）除校长外，高等学校参议会的成员应通过选举产生。高等学校校规应明确参议会设立与运行、成员的任期时间、日常工作等相关规定：

①根据第23条第（3）款规定，参议会人数不得少于7人或9人，教师、科研人员及主席共同委派的成员占参议会多数；

②学生会应根据第78条第（4）款规定指派其代表；

③其他职位的成员、工会代表不得少于参议会成员人数的5%，每个群体至少有1名代表；

①成员任期至少为3年，最多不超过5年；每位学生会代表的任期至少为1年，最多不超过3年；

⑤参议会可以召开认为必要的会议；

⑥参议会会议面向高等学校职工、学生及财务委员会召开；

⑦60%以上法定成员出席的参议会会议可做出决策；除非法律或校规规定须高票通过的决策，其他决策根据出席成员的票数决定；

⑧根据参议会与会半数以上成员要求，可以秘密召开会议，进行秘密表决；

⑨参议会应有会议记录，参议会的决定应在其决策中公布，并根据校规给予公示；

⑩应邀请财务委员会主席参加参议会会议，行使其咨询职能。

（2）参议会可以以特别方式设立委员会，或设立并以顾问身份行使有时限的特别问题解决小组。

（3）参议会可以将决策权及决策执行权授予高等学校的组织单位，或该单位教师、学生组成的社团，或该单位内设立的其他机关。

校长

第 29 条

（1）高等学校校长管理并代表学校，作为权力组成部分，处理法律未授权给个人的、高等学校的校规、合作协议等事务。

（2）校长负责确定高等教育的专业并合法办学，努力提供安全的工作条件，创造良好的教育科研环境。在高等教育办学过程中，决定法律未授权给个人的、高等学校的校规、合作协议等事务。

（3）校长应特别负责：资产在管理过程中的正确使用、由高等学校处置或拥有的资产的正确使用；依法开展办学章程要求的各项活动；保证高等学校经济良好运行；履行规划、报告、提供信息以及保证其完整真实的义务；适当管理实践活动；执行高等学校的会计规则；在工作流程中纳入事前和事后的审计工作，有效地组织执行内部审计。

（4）校长根据聘用要求，行使雇主权力。

（5）校长在特定情况下或针对特殊情况，可以将第（1）~（4）款所述权力授予副校长或高等学校其他职工。行使上述授权权力者不得再授权给他人。

（6）校长负责确保高等学校不同机关运行所需的条件，准备参议会事宜及决策实施工作。

（7）若要取得校长职位，候选人需要具备行政、组织管理相关工作的知识和经验，并有在高等教育中作为全职员工或公务员的工作经历。大学校长需要持有大学教师职位证书，学院院长应作为大学教授或学院教授、副教授、科研顾问、研究员或高级研究员参与工作。

（8）若参议会 2/3 成员赞成通过，则参议会可免除校长职务。

高等学校组织单位

第 30 条

（1）结合第 19 条第（1）款规定内容，综合考虑成本效益、效率和资金状况，高等学校可以建立并主办：

①教育、科研项目；

②服务项目；

③功能型项目。

建立指向型组织单位可以避免任务重叠导致的人浮于事现象发生。

（2）高等学校的科研教育指向型组织单位指：院、系、学会、植物园、校医院、科研机构、研究小组和实习农场。

（3）高等学校可以设立服务型组织单位，负责社会、文化和其他方面的工作：如宿舍、智能技术、运动设施、图书馆、博物馆（例如，提供公共教育和实践训练的工作坊、艺术工作设施或卫生保健、生产方面的设施）。

（4）高等学校应设立功能型组织单位，执行财政和内部审查工作；可设立负责管理和组织的单位（以下称"管理办公室"），设立技术服务或其他功能型组织单位，确保办学工作达标。校长负责监督财政和审查组织单位。

（5）高等学校图书馆及图书馆系统应收集学术著作和科研著作，并面向公众，履行技术文献、信息提供、教育科研的相关义务，也可行使档案、博物馆相关职能并履行相关义务。

（6）高等学校可以在征求匈牙利认证委员会意见后，设立学院。意见下达相关程序见第 32 条第（10）款内容。

（7）高等学校组织单位可以转变为本法所述的中心或区域中心。

高等学校校际合作协议

第 31 条

（1）为履行办学章程规定的任务，高等学校可以与对高等教育任务有兴趣的匈牙利其他组织或外国组织或自然法人签订合作协议。合作协议以书面方式签订。合作协议应特别针对：培训或其他项目的制定、课程拟订、培训、实习课程的组织、研究交接、申请的起草与实施和科研发展任务实施方案。

（2）高等学校可以签订协议，特别是：

①与匈牙利科学院及其机构、其他科研机构合作，开展联合研究、培训和其他工作；

②与其他高等学校合作，开设联合教育项目并授予联合学位；

③与职业中学合作，开展高等职业教育培训工作；

④与商业组织、基金会和商会合作，为教育、科研组织提供资助和支持、设立奖学金。

（3）高等学校可以与区域的经济、科学、民间和市政机构合作，创办创新园、技术中心或孵化所（以下统称"知识中心"）。

高等教育培训体系

第 32 条

（1）高等学校应根据教育方案进行授课。教育方案经参议会通过后生效。作为教育方案中的一部分，高等学校应根据教学大纲及部长规定的课程要求开设本科课程及研究生课程。研究生专业培训课程需制定专门方案，不受此限制。

（2）高等职业教育培训应根据由高等学校起草并经该校参议会通过的职业培训方案开设。根据质量部门发布的职业和考试的相关要求，职业教育项目可以发展成为获国家认可的高等职业教育项目。

（3）根据与质量部门签订的协议，高等学校及经济（专业）商会应与国家经济利益集团合作，考虑职业及考试要求，并注册高等职业培训项目国家资格。经质量部门部长同意,高等职业教育资格可以通过简单快速的认证程序注册国家资格。

(4)职业教育应允许对教育内容相同的职业教育所学知识进行统一验证,并对同一专业内本科高级职业教育所获的学分进行核实。可核实的学分最少 30 分,最多不能超过 60 分。若欧盟法律未规定科目学习时长,则最长学习周期为 4 个学期。若职业中学与高等学校签订了此类教育项目协议,则只能通过学习高等职业教育获得学分。

(5)学习本科课程可以获得学士学位和专业资格。学士学位是 1 级学历,持有者可以学习研究生课程。专业资格持有者可以担任法定职务。相关的课程要求规定:学生完成本科课程的学习后方可获得专业资格。实践型本科课程应是为期 6 个月的无间断实习课程(以下称"无间断实习课程")。无间断实习课程完成后,方可参加期末考试。本科课程至少需要 180 学分,无间断实习课程则至少需要 210 学分,最多可获得 240 学分。学习时长至少 6 个学期,至多不超过 8 个学期。

(6)学习研究生课程可获得硕士学位和专业资格。硕士学位是 2 级学历。完成研究生课程学习后获得的专业资格应根据该课程完成要求确定。专业资格持有者可以依法上岗参加工作。根据第 7 条规定,研究生课程的学习至少获得 60 学分,但不得超过 120 学分。学习时长至少 2 个学期,最多不超过 4 个学期。

(7)本硕连读课程,以及本硕系列课程至少需要 300 学分,但不得超过 360 学分。学习时长至少 10 个学期,至多不超过 12 个学期。

(8)学习研究生专业课程,获得学士学位或硕士学位后,将获得专业资格。研究生专业课程至少需要 60 学分,但不得超过 120 学分。学习时长至少 2 个学期,至多不超过 4 个学期。

(9)教育项目包括博士课程,学生获得硕士学位后可以学习博士课程。博士课程至少需要 180 学分,学习时长至多不超过 6 个学期。

(10)校长应提供开设本科课程和研究生课程的有关资料,并向匈牙利认证委员会呈报博士生院的相关规定。匈牙利认证委员会提出意见后,高等学校即可开始教学,开办此类课程应提前通知注册中心。若缺少匈牙利认证委员会的意见,高等学校只有经过第 106 条程序取得许可后方可启动课程。

(11)政府应决定:

①学习专业、学习科目、本科课程及研究生教育课程、对应课程的学分、课程启动的程序和规定,以及高等学校校外实习训练的相关事宜;

②高等职业培训的组织要求;

③建立博士生院的规定流程和条件、博士生院成员和组织的一般规则、博士委员会的权力、博士论题和公开博士论文、博士学位授予程序以及博士学位要求等。

第 33 条

(1)高等教育课程可以以全日制、非全日制或函授方式开设。全日制课程每学期在校时间至少要达到 300 小时。

（2）全日制课程应根据日间课程安排组织常规课程。常规日间课程安排在工作日，一周 5 天。规定未述部分可以根据高等学校学生会规定的内容安排。

（3）非全日制课程也可根据晚间课程或函授课程的时间表安排。非全日制课程至少要达到 30 课时，至多不超过全日制课程在校时间的一半，研究生专业课程除外；研究生专业课程至少要达到 20 课时，至多不超过全日制课程在校时间的一半。晚间课程或函授课程应安排在工作日进行，或根据学生的时间表适当安排在休息日进行。

高等学校信息系统

第 34 条

（1）高等学校应记录学校办学不可或缺的、行使雇主权利所需的数据，评估并证明达到法律及校规规定效益所需的数据。为此，应对合格者和合格者的有关数据进行管理。

（2）高等学校应保留招生记录。制作 1 份录取学生的文件，记录学生的个人资料、学习情况及学生义务的履行情况。

（3）为保证国家安全、实现对法律规定内容的管理，高等学校可采用适当方式，严格管理聘用员工与学生在就业、福利政策、津贴、任务、个人权利的行使及义务的履行情况方面的个人数据。若《社会保障法》未做特别规定，则自员工辞职之日起，高等学校可以保管员工的个人数据 10 年；自学生身份终止之日起，可以保管学生的个人数据 8 年。

（4）只有高等学校负责人、其他负责人或高等学校负责人授权的员工有权在授权范围内转交数据。高等学校校规应说明信息的管理要求和转交规定。

（5）在自愿提供数据的情况下，可选择告知有关人士提供数据的要求。

（6）高等学校应在自愿提供数据的基础上，开展职业监测工作，并跟踪观察此前授予文凭或学位的毕业生的就业情况。

（7）由高等学校管理并用于统计或以统计目的提供的数据以建立个人身份的形式载于本法附件 2。

第 35 条

（1）高等学校应以数据管理为基础，建立高等教育信息系统。根据中央文件系统的要求，高等学校信息系统应包括执行国家经济方案所需的办学者、高等学校、就业人员、学生、教师和其他员工的数据。若法律未另做说明的，高等学校只有在有关人员的要求下，取得其同意后方可提供个人资料，同时需要告知上述人员。中央文件系统有关规定在此处指高等教育信息系统。部长负责确保高等学校信息系统数据管理的合法性。个人有权对自己的个人数据进行查阅并要求修正或删减（法定资料除外）。信息系统数据的查阅、修正及删减免费。

（2）高等学校或机构的办学者有义务按照政府规定为高等学校信息系统提供数据。

高等学校须在主要教育活动启动之日起 30 天内,登录高等学校信息系统。负责高等学校信息系统运营的机构应在注册后 15 天内向高等学校提交高等学校认证编号。

(3)高等学校信息系统管理机构应为受聘教师、科研人员或导师制定教师编码,用于监督导师、教师或科研人员的工作。高等学校信息系统应记录持有该编码的人员数据,并记录签订定期合同[见第 83 条第(4)款]教师的人员数据。登记册应载明附件 2 所列数据。除相关人员外,个人数据只能由特定福利就业授权机构合法建立,向提供福利或有权进行评估的一方转让。合同正式终止后,信息系统的数据可以保存 5 年,期间重新注册的人员除外。

(4)高等学校信息系统管理机构应为学生制定学生证号,用于监督学生权利的执行情况和义务的履行情况。已经获得公共教育学生证号的学生无须再制定新的高等教育学生证号。高等教育信息体系除包括上述数据外,还应包括学生登记册。学生登记册应载明附件 2 所列数据。除相关人员外,由特定贷款福利就业授权合法机构建立,向提供福利或有权进行评估的一方转让。学生正式脱离学生身份后,学生的数据可以在学生登记册上保留 8 年。

(5)签订聘用合同或以公务员身份任职的导师、教师和科研人员可以向雇主要求获得教师证、科研工作证或导师证(以下称"教师证")。教师证由高等学校信息系统运作管理机构负责人准备并由雇主下发。该证包括证件编号、持有者姓名、持有者母亲姓名、出生地点、出生日期、所属高等学校名称、地址及匈牙利文化教育部认证编号、持有者照片及签名。教师证的有关要求根据法律规定确定,申请所需资料可以转让,教师证生产商应保存数据至该证到期后 5 年。

(6)学生可要求高等学校颁发学生证。学生证由高等教育信息系统运作管理机构负责人准备,由高等学校颁发。学生证名称应以匈牙利语和英语显示,载明学生姓名、学生母亲姓名、出生日期及地点、住址、居住地、国籍及签名。学生证也应附有学生照片、学号、所属高等学校名称、地址及匈牙利文化教育部认证编号。学生证还应说明获得福利所需的其他非个人资料。学生证的有关要求根据法律规定确定。证件所需资料可以转发给学生证生产商。该生产商应该保存数据至该证到期后 5 年。

(7)高等学校信息系统运作管理机构可以管理高等学校招生数据。公共教育信息系统可以向高等学校信息系统运作管理机构提供中学毕业考试的有关数据,作为入学评估使用。学生的学号也应作为数据的一部分提交。若最终学生未能录取,则入学过程中收集到的个人和特殊数据将保留至提交入学申请后的 1 年。

(8)高等学校信息系统运作管理机构应保存颁发的文凭及其补充文件、博士学位等记录。

(9)根据这一要求,高等学校信息系统运作管理机构应将其记录中建立身份的数据提交注册中心。

(10)教师证和学生证需要配备数据存储和控制的电子装置(数据芯片)。高等学校信息系统运作管理机构有义务保证教师证和学生证的持有者能够检查数据芯片的内容,并在需要时进行修正。数据的查阅和修正免费。

(11)政府应决定以下事宜:

①数据转让的有关程序、学生证的准备和发放事宜、教师证、教师编号及学生证号;

②高等学校必须采用的形式和内容的要求。

高等学校转型(融合、停办、脱离、合并及兼并)

第 36 条

(1)高等学校需要相互融合(以下称"融合")以使高等教育活动协调地进行。

(2)在符合所有前提条件的情况下,若高等学校参议会同意,不得拒绝融合。

(3)融合工作由筹备委员会负责,筹备委员会由财务委员会成员组成;私立高等学校的融合工作则由参议会负责。参与融合的高等学校应向筹备委员会指派相同数量的人员。

(4)融合后建立新的高等学校,为参与融合的高等学校的继任机构。第 7 条、第 12~18 条、第 37~38 条内容适用于新高等学校的建立,下列内容除外:

①办学者、主要活动的职责范围和高等学校运营环境保持不变的情况下,注册办学及授权不受匈牙利认证委员会意见的影响;

②根据第 15 条第(5)款设立的机构在新高等学校建立前发挥参议会的作用。一旦高等学校建立,应任命校长,此机构转化为参议会。

(5)新高等学校注册时,由议会负责融合高等学校的解散、合并事宜。参与融合的高等学校作为新的高等学校的教育和科研单位继续办学。若参与融合的高等学校校址不同,则新高等学校校址之外的高等学校在解散后可以作为新高等学校的区域中心继续办学。高等学校办学章程中应指明区域中心。

(6)区域中心可包括其他组织单位。

(7)若高等学校完成融合,则原高等学校解散,新的高等学校建立。按此方式成立的高等学校作为继任机构。继任事宜根据解散与成立程序的有关规定执行。

(8)若出现分离情况,原高等学校继续办学,分离出的组织单位可以建立新机构或成为另一高等学校的附属单位。分离程序按照第 7 条第(12)~(18)款、第(37)款和第(38)款的规定执行。

(9)高等学校收购合并后,被兼并的高等学校解散,兼并后的高等学校作为继任机构继续从事被兼并高等学校的工作。兼并程序按照第 7 条第(12)~(18)款、第(37)款和第(38)款的规定执行,办学者、主要活动的职责范围和高等学校办学环境保持不变,办学注册及授权事宜不受匈牙利认证委员会意见的影响。若被兼并的高等学校在新高等学校校址所在地以外的地区办学,则解散的高等学校可以继续作为兼并后的高等学校的区域中心办学。区域中心可包括其他组织单位。

（10）作为预算组织运营的高等学校可以与另一预算组织融合、兼并或加入另一预算组织。

高等学校解体

第 37 条

（1）高等学校自注销［第 15 条第（4）款所述］登记之日起视为解散。议会撤销高等学校国家地位认证后，高等学校即注销该登记。

（2）出现下列情况，政府会同议会即可撤销高等学校的国家认证资格：

①法院已查明解散所需条件；

②办学者停止或已不存在，没有继任者；

③资方主办高等学校的权利到期或已过期；

④高等学校办学者停止或已停止行使该权利，出资人权利转让给新的办学者的情况除外。

（3）第（2）款第②～④项规定不适用于公立高等学校。

（4）自办学者决定解散高等学校之日起，政府同议会应着手高等学校国家地位认证的撤销事宜。

（5）高等学校与其他高等学校开始融合、兼并或分离工作后，政府同议会应着手该校国家地位认证的撤销事宜。

（6）第（4）款所述情况下，解散工作应逐步展开，以保证学生能够完成学业。高等学校可以在学期期末考试的最后一天解散，但要保证学生能在另一所高等学校继续完成未完成的学业。负责解散工作的高等学校办学者应在做出决定前，与学生继续完成学业的高等学校签订协议。

（7）用作预算组织的高等学校，其预算赤字的处理及程序根据《公共财政法》和有关法令规定执行。

（8）注册中心在接到办学者的通知后，且法院已做出最终判决，或缺少第（2）款第②～④情况说明的情况下，应协同教育部部长负责高等学校国家地位认证的撤销事宜。注册中心应将国家地位认证撤销的相关程序在教育部官网上予以公布。

（9）一旦议会撤销了国家地位认证，也就是从本法附件 1 所列的高等学校名单中除名，则注册中心应在国家地位认证撤销生效后，撤销该校的登记记录。此项决议不接受上诉。若要解散的高等教育机构作为预算机构运作，则注册中心应通知负责保管档案的权力机关。

（10）若高等学校解散，则其拥有的财产、连同所拥有财产的管理权应当移交给继任的高等学校。继任高等学校继承解散高等学校的权力及义务。若高等学校资方超过一人，除非签订特殊协定，则解散高等学校的资产按资方的贡献比例进行分配。

第 38 条

(1)注册中心应按政府的规定在教育部官网上公布高等学校的建立、转化及解散相关事宜。

(2)注册中心应将其最终决策权送交高等学校信息系统。

(3)注册中心应保存匈牙利境内授权办学的外国高等学校的信息，并于每年 12 月在匈牙利官方报纸及教育部官网上予以发布。

第三部分　建立学生学籍

第 39 条

(1)每位匈牙利公民有权在本法规定的条件下接受公费或自费的高等教育。下列人员也享有此项权利：

①其他法律规定的、拥有自由迁徙权和自由居住权的人；

②难民、寻求庇护者、流放者、不属①所述的匈牙利境内居民；

③签订国际协议，拥有与匈牙利公民同等权利的外国公民；

④根据互惠原则，向匈牙利提供高等教育服务国家的公民。

(2)第(1)款所述人员要付费学习。

(3)经高等学校录取后方可在该校学习。提交申请表后方可被录取。高等学校入学申请可以无限次提交。申请表应说明申请人期望参加课程的课程表，以及第一学年选择何种课程(公费课程或自费课程)。若申请人选择了多项，则应注明顺序。

(4)高等学校录取的学生及其转校生，可以在批准入学一年内获得学籍。学籍从入学之日起建立。高等学校应为录取的学生设立主档案并加以保管。

(5)高等学校信息系统运营机构负责高等学校申请人排名的有关工作和特定的高等学校申请人的分配工作。

(6)政府应决定申请人评估要求、申请排序、入学条件、入学标准、入学程序、费用及其最高金额。

(7)政府可以为下列人员优待排序：

①弱势学生群体；

②为育儿无薪休假者，享受怀孕津贴、育儿津贴、抚育津贴或育儿福利者；

③只能为符合获得优惠待遇条件的残疾申请人提供优待，但仍需符合基本的学术要求，即获得学士学位或硕士学位等专业资格，或通过高等职业培训文凭证明其专业资格。

第 40 条

(1)学生：

①可在学籍范围内学习，以获得额外资格或专业资格；

②可要求转学至另一所高等学校;

③可要求获得另一所高等学校的旁听资格;

④可要求获得另一所高等学校的学籍(同步学习)。

(2)旁听学籍可以让学生在与其实现学习相对应的其他高等学校学习。若高等学校同意,则学生可以获得旁听资格。若不承认旁听学生所获得的学分可以作为其所有学分的一部分,则高等学校可以拒绝授予旁听资格。为获得更高的文凭或证书,可以要求取得(同步学习)的资格。

(3)学籍有效期内不得重新报名。学期开始前,学生应根据高等学校校规,决定是否愿意继续学习,或在该学期休学。未按要求比例支付学费的学生不得参加该学期学习。学生可以参加1学年的公费培训或免费培训,高等学校应根据本法要求安排此类课程。

(4)转校生接受条件、旁听学生学籍的建立条件、获得额外专业资格或专业、职业资格所需条件由负责该项目的高等学校规定。

第 41 条

(1)除第(2)~(4)款所述的要求外,接受高等职业培训还须通过中学毕业考试。

(2)在高等职业教育的入学方面,高等学校应决定特定考试科目的考试难度,作为学生毕业考试的一部分;决定中学毕业考试的分数要求以及获得接受高等职业教育资格的必要分数。接受高等职业教育也可获得专业资格。

(3)若高等学校符合卫生和资质方面的要求,且取得高等职业教育资格,则只有符合此类要求并通过该资质测试者才能够参加或转学至该高等学校接受高等职业教育。

(4)若高等学校符合卫生和资质方面的要求,且取得高等职业教育资格,则符合该能力要求的学生可以入学或转学至该高等学校。能力方面的要求应在职业培训项目中加以说明。若高等学校与商业组织合作开展高等职业教育,则能力要求须由高等学校与实习训练的提供者共同决定。若高等学校与中学合作开展高等职业教育,则能力要求须由高等学校与中学共同决定。

(5)若学生符合资质、健康和专业能力等方面的要求,且符合法律规定的最低入学标准,则与学校签订协议后,学生不得拒绝参加高等学校的职业培训。

(6)高等学校在《入学指南》中应说明资质、健康和专业能力等有关要求。

(7)根据职业培训的规定设置、确立学生的资质和健康等有关要求。

第 42 条

(1)通过中学毕业考试方可学习本科课程。

(2)本科课程的入学工作,开设本科课程的高等学校应共同决定申请人中学毕业考试时必须通过的科目。高等学校应决定中学毕业考试的分数要求以及申请人需要达到的成绩要求。此外,申请人须符合基本的学业水平、健康和资质等有关要求。政府应规定必须接受体检及资质测试的科目。

（3）除第（4）款所述规定外，本科课程的申请人应根据教育项目中每个专业的基本入学要求进行排名。符合入学要求的申请人按照入学排名进行录取。排名靠前的申请人可以优先录取。

（4）若中学毕业考试未能进行评估或评估成绩不佳，高等学校有权进行专业能力考核或举行实践操作考试。若高等学校举行实践操作考试，则根据考试成绩排序录取。

（5）高等学校在制作入学排名时需要考虑申请人是否参加过由政府决定的全国中学竞赛或其他学科竞赛、体育赛事，赛事以何种方式、在何种情况下、取得何种名次等要求。在此种情况下，可以考虑申请人的专业能力，并进行实际操作考试。

第 43 条

（1）取得学士学位和专业资格证明后方可参加研究生课程学习。

（2）取得学士学位和专业资格后方可参加研究生专业课程学习。参加研究生专业课程学习可能需要符合某些条件，可能需要在入学规定的岗位就业，也可能需要参加一定时间的专业实习或需要取得额外的资格。

（3）取得硕士学位和专业资格后方可参加博士生课程学习。

（4）无论高等教育机构是否授予已申请人文凭，参加研究生课程、研究生专业课程、博士生课程学习需要的额外条件由高等学校在统一入学要求中加以说明。

第 44 条

（1）高等学校在本法授权下对申请人进行入学考试时，需要确保残疾申请人在中学教育中享有同等权利，并做出特殊安排方便其参加考试。此权利也适用于由于残疾而未获得中学教育但可以提供残疾证明者。

（2）若在中学时接受民族语言或采用双语教育，且以本族语言参加了中学毕业考试，则地方或少数民族申请者在办理入学程序时可使用方言。

（3）政府应制定残疾判断标准和所需证明文件要求。

第 44 条 A

（1）参加专业领域课程的学习需要符合以下条件，已获得学士学位或硕士学位及相应的专业资格证明、符合校规规定并在官网公布的要求。学生入学后应建立学籍，无须办理任何额外的手续。学生按本条规定建立学籍后，即获得学生权利及其需履行的义务。

（2）在课程所涵盖的具体科目方面，高等学校应给予没有学籍的学生学籍（一次时长不超过两个学期，且只面向付费学习课程的学生）。但需考虑高等学校该教育项目的最多学生人数。（见第 32 条）

（3）完成该类课程学习后，所学知识与学分由高等学校颁发证书给予证明。所学知识可以作为学术研究的一部分。

（4）上述规定无法授予学生继续学业、获得更高等级的专业或职业资格、提出转学申请、申请另一所高等学校的额外资格（同步学习）或旁听资格、休学、申请转为公费培

匈牙利高等教育法（2005年第139号法案）

训以及按公费标准学习等情况。[第 50 条第(2)款原因除外]

(5)学籍有效期按获得专业领域学习的法定助学金、福利及相关服务规定计算。

第 45 条

(1)高等教育信息系统运作管理机构应在到期之前,最迟于 12 月 15 日,根据高等学校提供的数据制作《高等学校入学指南》并提交。《高等学校入学指南》应包含高等学校教育项目数据,以及建立学籍需要的所有信息。

(2)《高等学校入学指南》可在教育部官网上查阅。

学生的个人权利与义务

第 46 条

(1)学生有权自由选择高等学校。

(2)学生有权获得他人尊重,特别是:

①个人权利,特别是展现自己才华的权利、自主决定权、行动自由权、家庭生活权,但行使此类权利不得妨碍他人,不得危害自己的健康及同学或学校员工的人身安全;

②保证尊重的前提下,学生有权就任何问题、教师工作、高等学校办学和宿舍问题发表自己的意见;

③有权获知与自己和学业相关的信息;

④有权向高等学校领导人和教师提出意见,并在意见提出后的 30 天内得到反馈;

⑤有权对教师工作提出意见;

⑥信仰宗教的权利和其他信仰的权利;作为地方或少数民族人员有权自由发表看法。但行使此类权利不得违反法律规定、侵犯他人利益,不得干扰其他同学行使学习的权利;

⑦通信权、宿舍居住权,行使此类权利不得侵犯他人利益,不得干扰其他同学行使学习的权利。

(3)学生有权在高等学校安全健康的环境中学习,在学习上得到帮助,并根据自己的天赋、才能和兴趣参加各项活动,特别在以下范围内:

①使用高等学校和宿舍提供的设备、设施和服务(图书馆、实验室、计算机设备、体育设施和娱乐设施、健康咨询中心等);

②根据教育项目要求制订自己的学习计划、选择课程,相应地自由使用高等学校的培训设施;

③参加高等学校的讲座和研讨会;

④选择高等学校的课程、实习项目、研讨会和其他面授课时,有选择自己的教师的权利;哲学博士生、文学博士生有选择自己的导师的权利;

⑤客观、详尽地获知信息;

⑥根据个人条件、个人能力或身体情况获得某些物品供应和服务;

⑦在学校生活时确保健康状况、远离毒品、保持健康的生活方式；

⑧加入学生团体并参与活动、参加高等学校的科研和创作活动；

⑨获得学业奖学金和科研奖学金；

⑩申请学术奖学金、艺术奖学金，出版自己的学术成果和艺术作品，选择论文题目；

⑪咨询学业和职业方面的信息，并获得帮助；

⑫休学并获得另一所高等学校的旁听资格、申请转学和获取旁听资格(同步学习)。

(4)学生有权获得跨国学习的机会，为此，学生可以在欧盟成员国设立的高等学校或欧盟经济区内签订协议的其他国家的高等学校或在与欧盟经济区协议方享有同等法律地位的且与欧盟和其成员国签订国际协议的非欧盟经济区协议国家学习(以下统称"欧盟经济区协议国家")，并获得助学贷款或公费培训。

(5)学生有权根据自己的经济状况、收入状况以及学习成绩获得补助或其他类福利，特别是：

①可提供宿舍或住宿补助；

②获得生活补助和其他助学金(特别是助学金、博士学位奖学金或匈牙利国家奖学金)、获得社会及教科书补助；(在上文中，①～②所述的类型统称为"学生助学金")

③可以减免部分学费或延期支付，或根据政府规定的条件和要求分期付款；

④领取学生证，并获得相关服务；

⑤在高等学校工作并领取学生工资；

⑥成为高等学校建立或资助的商业组织成员，或为其工作并获得工资；

⑦依法签订学习合同，勤工俭学的学生可以获得假期。

(6)按照其他法律规定扣除现行法定最低工资的数额，上述第(5)款中⑤、⑥所述的学生工资应免税。

(7)学生有权维护自己的权益，获得法律救助，特别是：

①获得行使权利所需的信息；

②通过个人或代表参加与学习、兴趣有关的决策，参与高等学校和宿舍事务的管理；

③权利受到侵犯时提起诉讼并向公众求助；

④向教育服务机构求助；

⑤寻求教育调解服务；

⑥有权选举并当选为学生会成员。

(8)学生可以根据政府规定的条件获得贷款。自费学习的学生按照政府规定的特殊条件，可以获得更大数额的贷款。学生贷款在《民法》第 292 条第(2)款规定的支付时间内偿还。

(9)高等学校可以在校规中将参加社区活动作为正规学生获得助学金的前提条件。

(10)学生若签订了工作合同，则可获得工资。学生就业合同应根据 1992 年第二十二号劳动法案(以下称《劳动法》)酌情制定。

第 47 条

（1）作为本科课程、研究生专业课程或高等职业教育一部分开展的实习训练，学生的权益及劳动安全有权受到《劳动法》的保护。［详情见第 18 条、第 19 条、第 21 条、第 22 条第（1）～（2）款、第 24 条第（1）款、第 26～27 条，《劳动法》第 102 条第（2）款以及第（3）款第②项。］《职业教育法》另做规定的除外，《劳动法》第 104 条（1）～（4）款、第 124 条第（1）款、第 125 条第（1）～（2）款中有关劳动安全的规定适用于学生就业情况。学生为保证自己在实习过程中达到要求，有权根据劳动争议的有关规定提起诉讼。就本规定而言，雇员指学生，雇主指实习训练组织者，聘用关系指学生的学籍。

（2）高等职业培训学校的学生应得到法规规定中职业培训应获得的助学金与福利补贴。助学金与福利补贴由实习训练组织者提供。

（3）学生合同的执行，及由此产生的权利与义务应遵守《职业教育法》的相关规定。执行学生合同、行使权利、履行义务时应遵循平等待遇的规定。

（4）实习训练组织者须为参加高等职业培训的学生提供责任保险。

第 48 条

（1）除非高等学校或宿舍与学生另有协议，高等学校或宿舍，作为接管人，有权获得所有学生的所有财产（不包括学生完成学籍规定或宿舍义务取得的智力成果）（见《民法》第 86 条），除非此类成果的获得源于学生身份或利用了学生宿舍。若高等学校或宿舍出售或利用学生成果所有权获得收入，则学生有权获得相应的报酬。若通过出售或利用个人成果取得收入，则学生应与高等学校或宿舍就报酬数额达成协议。若因在教学过程或培训过程中产生的成果取得收入，则该收入应分配给参与该培训过程的相关参与者，降低有关成本。在校规中说明有关规定，以便学生参考。

（2）若第 1 条所述成果为学生的智力成果，则第 1 条所述的规定仅适用于智力成果转让给高等学校或宿舍后的情况。转让过程受雇佣关系或其他类似关系中有关智力成果转让规定的影响。

（3）若本科生或研究生参加商业组织连续 6 周的培训，则商业组织应每周支付给学生工资，数额为每月法定最低工资的 15%。高等学校及商业组织应与专业实习的组织及人员签订协议，高等学校应依据此协议支付学生工资。

（4）哲学博士生、文学博士生参加的高等学校与教育和科研有关的工作，视为履行学生义务。博士生工作根据博士合同内容进行。此类工作每个学期不得超过全职工作时间的 50%。哲学博士生、文学博士生的课程表应安排合理，既能让学生通过期末考试，也能让学生有充分课余时间。根据合同内容，学生有权按月获得工资，若每月工作时长等于全职工作时间的 50%，则学生工资金额不得少于法定最低工资。工作时间视工作条件而定。合同产生的争议根据劳动争议的规定解决。

第 49 条

（1）学生被要求：

①满足高等学校的学业要求并遵守考试规定；

②遵守高等学校校规及宿舍的规章制度;

③遵守有关使用高等学校设施的政策,包括实习课程,以保护且能使用设备和工具,保护高等学校建筑及设施,保护自己及同学的人身健康与安全,学习并能采用健康安全措施;

④尊重高等学校传统,尊重高等学校的员工和同学;

⑤支付学费,特别是支付公费培训的培训费用或免费培训的学费。

第50条

(1)若学生宣布在下学期不履行自己的学业义务,则其学籍将会暂时中止。学籍至多连续中止两个学期。学生可以多次休学。学业考试另有要求的除外,第一学期学业完成后方可要求第一次中止。休学的其他问题,包括第一学期学业完成前的休学机会,应遵守学术和考试规定。

(2)若学生由于分娩、事故、疾病或其他原因无法完成学业,学生可以休学。第(1)款所述的限制不适用于本款情况。

(3)若学生因受纪律处分而被禁止学习,该生学籍中止。[见第70条第(2)款④]

第51条

(1)本文所述的学生权利及义务根据该权利和义务的法律规定行使和履行。高等学校的决策、行动及文件不得侵犯本法、《职业教育法》规定的权益,不得妨碍行使上述权力的法律,即不得损害学生的权利,不得限制学生,不得压制学生表达看法的权利,不得限制学生获取信息、宣读科研论文的权利。

(2)除非本法或高等学校此前的校规另行规定,学生在被高等学校录取后即可行使学生权利。

(3)政府应决定:

①获得国家预算资助的补贴及培训经费的获取条件,该条件可以作为获得全日制培训或公费培训补助支持条件的一部分;

②学生证签发条件、宿舍设施使用要求及住宿补助获得条件,以及向高等学校提供的某些服务付费的原则;

③为贫困学生颁发的助学金。

(4)高等学校组织办学规定中应说明学生行使权利和履行义务的方式。在学生的国家预算补贴及培训经费方面,该规定应说明获得政府规定的特别补助的条件,也可为学生设立额外的权利和义务。

宿舍设置

第52条

(1)宿舍根据申请给予安排。高等学校的申请人或已拥有学籍的学生可以要求安排宿舍。

（2）在对宿舍申请人进行评估时，优先考虑高等学校学生中因未能入住宿舍无法继续学业的弱势学生。

（3）学生应交住宿费。住宿费包括宿舍及相关服务费用，以确保宿舍的正常运转，基本服务费用根据宿舍舒适度决定。学生自行选择宿舍可以提供的其他服务。

（4）住宿费用、宿舍提供的其他服务及其他费用在入住时应予以说明。

（5）另有规定的除外，宿舍委员会决定宿舍设置的有关问题。

（6）宿舍申请获准后，学生成为住宿生。

（7）校规应规定住宿生的权利和义务、宿舍的规定、其他服务的条件、宿舍行为守则以及宿舍申请人的评估要求。

（8）政府应决定公立宿舍的住宿及相关服务（"基本服务"）的最高费用金额、宿舍舒适度划分条件以及基本服务涵盖的范围。

（9）高等学校中代表学生会的住校生。

（10）若学生公寓根据与高等学校签订的协议提供住宿，则本条规定也适用于居住于学生公寓的学生［第（2）款、第（8）～（9）款内容除外］。

公费培训和自费培训

第 53 条

（1）高等学校可以提供公费和自费培训。本法中公费培训的大部分费用由国家预算承担，自费培训费用由学生承担。学习公费本科课程和公费研究生课程的学生应支付部分培训费用。

（2）公费培训时长不限、既可在高等职业培训中开设也可在研究生专业课程中开设，不受课程表影响。外校学生（同步学习两门课程）也可以参加。

（3）政府应在课程开设（"开学年"）一年前通过决议，规定第一年参加公费课程学生的最多数量（"新生名额"）。新生名额应包括高等职业教育、本科课程及本硕系列课程可以接纳的学生人数。根据本法的规定，新生名额不得超过目前就读中学最后一年的全日制学生数量。

（4）公费研究生课程的学生数量应等于开学年三年前新生数量的35％。博士课程和研究生专业课程的学生数量应为研究生课程数量的10％。

（5）应根据中长期劳动力市场需求来确定新生名额、本科学生、研究生专业课程学生和博士生数量，以提高本国经济竞争力。确定国家资助学生名额时，也需要考虑与劳动力市场无关的因素（以下称"少人数项目"）。

（6）政府应根据课程表，在每年开学前确定每个培训专业的新生名额。政府在做此类决策时应考虑本法所述的劳动力市场主体，并根据劳动力市场前景、就业监测系统数据、预测失业人员数量，综合考虑该年应录取学生数量。每个培训专业录取的学生数量，其增减额不得超过前一年的10％。

(7)若决策制定该年的申请人数量超过前一年的 10％，则第(6)款所述的数额限制无效。政府允许本科课程、研究生专业课程以及博士课程学生的总人数存在 1％至 10％的计划偏差。

第 54 条

(1)本科课程和高等职业培训中设置的公费课程根据提交入学申请表申请人的入学排名，按先后次序进行分配。高等学校的申请人可以是接受国家资助的学生，数量最多与校规规定的学生人数持平。

(2)高等学校应根据本科课程、研究生专业课程、博士课程将入学申请学生进行分级评估。教育部应规定高等学校各学科国家资助点的数量。

(3)政府在培训领域和高等职业教育领域设立的国家资助点的数量在高等学校《入学指南》中予以公布。

第 55 条

(1)若国家资助学生在完成学业之前中止或学生因不遵守规定或由于其他原因中止学业，则国家资助点应从申请此类身份的申请人中，挑选 1 名参加高等学校付费课程且成绩优异的学生代替。高等学校应在学年末进行调查，参加公费培训，在过去的两个学期学习中，虽未休学，但未能获得规定学分 50％的学生，该生下一学年只能以付费方式继续学业。参加公费培训的学生可以根据本款规定重新分配，但其数量不得超过该学年正接受公费培训学生数量的 15％。

(2)接受国家资助的学生可以在高等学校学习 12 个学期(以下称"国家资助期")，包括接受高等职业培训。残疾学生的国家资助期可以延长 4 个学期。国家资助期还包括学生已经录取但未完成公费培训学期，学生因疾病、分娩或其他不可控因素未能完成的情况除外。计算国家资助期时，若高等学校解散，学生未能有机会学习而导致学生未能完成学业，则该学期不计入国家资助期。在已解散的高等学校完成的学期，若学生继续学习的高等学校不认可，则不计入国家资助期。若学生参加本硕系列课程，且按照课程要求，时长超过 10 个学期，则学生的国家资助期可以延长两个学期。非全日制课程和远程课程的时长最多延长 4 个学期。博士生的国家资助期至多可延长 6 个学期。学生拥有学位和专业资格后，也可参加公费培训。按照规定，获得某个培训周期预学位证书的国家资助生，不得在同一培训周期内再参加公费培训。本规定也适用于高等职业培训。

(3)根据第 2 款规定，学生只有完成国家资助期的学习后才能参加高等教育的付费培训。

(4)某门课程的国家资助期至多延长两个学期。若学生在国家资助期末能完成学业，则可以自费继续学习。

(5)高等教育信息系统运作管理机构应记录每个国家资助期学生的学业、学期、已经学习的时间与剩余时间的情况。

(6)政府决定国家资助期登记要求及公费培训和付费培训的重新拨款的相关规定。

第 56 条

(1)若学生学习自费课程,其权利与义务应根据本法和《成人教育法》第 20～27 条规定行使。(合同包括学费金额、缴付学费后提供的服务及学费报销条件等内容)

(2)自费课程学期不受限制。但若学生学习时长超过 16 个学期,且其中包括公费培训,则学生不得申请法律规定的助学金、补贴和其他补助。本规定不适用于休学 5 年后获得新学籍的学生。

(3)计算国家资助期或自费培训期时,需要考虑学生在第一个培训项目第三学期获得的旁听(同步学习)资格:

①多个高等学校建立的旁听资格;

②同一所高等学校获得多个资格的课程以一个学期计算。

完成课程要求

学生成绩考核

第 57 条

(1)一个学期分为期中和期末。学生的表现在期中和期末都会进行考核。

(2)学生成绩根据以下要求考核:

①按 5 级划分:优秀(5)、良好(4)、满意(3)、及格(2)、不及格(1);

②按 3 级划分:优秀(5)、满意(3)、不及格(1);

③高等学校采用的任何学业和考试考核机制都应确保可用于进行对比。

(3)注册后,高等学校应向学生提供载有学习规划信息的指南。

(4)学生入学后有权获得登记手册。登记手册是证明学业完成的公开性文件,用作预学位证书,证明学生已经完成所有课程单元的学习,且包含完成学业要求的有关数据。

(5)政府应说明学分制教育的基本规定,进一步说明学生符合学业要求、继续某个学科学习需要获得的学分数量,以及学分的规定和《学业指南》的编纂要求。

第 58 条

(1)获得个别科目及课程单元的教育分数(以下称"学分")表示完成了高等学校的学业要求。学生在课程中获得的成果也会获得相应的学分。

(2)达到高等学校学业要求即可获得学分。

(3)若教师已经评定学生成绩,则学分不受学生教育等级的影响。

(4)学生应有机会选修课程,选修课程的学分可以占毕业所需学分的 5%。学校应提供学分制单元课程,此课程学分至少占所需学分的 20%。公费培训的学生可以自行制定课程表,以便学生可以免费学习学分制单元课程,获得超过 10% 的必修课程学分。

（5）学生可以在学籍所在高等学校或有旁听资格的高等学校课程中注册单元课程。

（6）高等学校应制作课程建议表，帮助学生编制课程表。学生在规划个人课程表时，可以与高等学校推荐的课程有所出入。学生可以早于或晚于课程规定时间获得毕业所需学分。

（7）一次只能获取一个知识学分。若学生符合要求，则所获得的学分成绩，其他任何高等学校应予认可——不论其获得学分的高等学校是何教育等级。获得的学分将通过比对获得学分的学习内容给予认可。若比较双方的学习内容出现 75% 以上的重叠，则予以认可。比较工作由高等学校专门成立的委员会（以下称"学分转换委员会"）负责。

（8）第（5）～（7）款工作实施的有关规定在学业考试要求中规定。

（9）学业和考试的任何新增条例或修订内容在引进时应具有连续性。

第 59 条

（1）组织学生参加考试。高等学校应允许学生在同一学期重考一次未能通过的课程（以下称"重考"）。学业考试规定应允许学生重考一次未能通过的课程（以下称"补考"），补考应安排在期末之后进行。

（2）若学生未能通过补考，且考官与期末考试相同，则学生可以要求由另一名教师或另一考试委员会负责补考事宜。学生在以后的考试中依然享有此权利。若学生缺考，不影响对其学习内容的评估；若学生不参加考试，则无法对其学习内容进行评估。但若学生未有缺考的充分证据，则高等学校可以要求学生支付由此产生的费用。

（3）学期开始时，高等学校按照惯例，需要发布该学期的《学业指南》、学生成绩考核方法及所需数据，以及期末考试安排，尤其是第一天和最后一天的安排。按照惯例，高等学校应最迟在学期结束前三周公布个人考试安排、考官姓名、考试时间、考试注册方法、期末考试成绩公布日期以及补考事宜。

（4）高等学校应决定本校的学业考试及内容要求：

①学期和安排、课程完成要求、考试形式及考核内容；

②考试的注册、组织及管理规定；

③学生公费培训所需的学分。

第 60 条

（1）接受高等职业教育的学生应按照职业教育规定参加职业考试。

（2）学生通过毕业考试完成本科、研究生、研究生专业课程的学习。

（3）毕业考试将对毕业要求的知识、技能及能力进行考核，学生也应证明自己能将所学知识在实际中运用。根据课程要求，毕业考试可包括几部分：学位论文答辩以及其他口试、笔试或实际操作等。

（4）参加毕业考试须取得预学位证书，证明已经完成所有课程。高等学校学校应给符合学业考试要求、完成实习课程并获得足够学分的学生颁发预学位证书（通过语言考试、撰写学位论文的除外）。按照规定的考试要求,毕业考试可以在预学位证书授予后学籍有效期内进行,也可在学籍期满后进行,没有最后期限。若毕业考试在预学位证书授予 7 年后进行,则学业考试要求须做进一步规定。

（5）毕业考试应在毕业考试委员会监督下进行,该委员会应有一名主席和至少两位成员。毕业考试委员会成员至少有一名为大学教授或学院教授或大学副教授或学院副教授,至少有一名与高等学校无雇佣关系。毕业考试应记录在案。

（6）高等学校学业考试规定应说明毕业考试的注册方式、毕业考试的组织和管理要求以及成绩的计算方法。未支付高等学校学费的学生不得参加毕业考试。高等学校可以共同安排毕业考试。

第 61 条

（1）应为残疾学生提供方便的备考环境和考试环境,并协助其履行学生义务。适当情况下,免考部分单元课程或课程的某些部分或免考。如有必要,可以免考学生的语言或语言的部分内容,或不必符合此类语言考试的有关要求。残疾学生应有更多的时间准备考试,在笔试中使用辅助工具(打字机、电脑等);如有必要,用笔试替代口试,或用口试替代笔试。

（2）政府规定残疾学生需要遵守的规定、特殊待遇标准和有关程序。高等学校可以在校规中规定残疾学生需要完成的学习任务。

文凭和证书

第 62 条

（1）若本法未另作规定,通过毕业考试、通过要求的语言考试即可获得毕业文凭,证明已完成学业。除非课程完成标准更为严格,授予学生毕业文凭时,学生应出示文件证明自己已经通过下列考试:

①本科生需证明通过"c"级通用语言考试;

②研究生课程需证明通过国家认可的、课程要求通过的语言考试或同等级考试(以下称"语言考试")。高等学校可说明语言考试的教学大纲、通用语言以及中学毕业语言证书的语种或认可中学毕业时通过的语言考试的语种。

（2）若教学语言非匈牙利语,则第（1）款规定不适用。(毕业考试除外)

（3）若学生已通过毕业考试,则毕业文凭应在提交第（1）款所述的语言考试证明文件后 30 天内颁发给学生。若学生在参加毕业考试时已提交该证明文件,则应在毕业考试后 30 天内颁发给学生。

（4）只有本法涵盖的高等学校才有资格颁发毕业文凭。"毕业证书"只是高等学校按照本法规定颁发、证明学生具有一定学术水平和专业资格的文件。

（5）毕业文凭指盖有匈牙利徽章、标有高等学校名称、认证编号、序列号、持有者姓名、出生姓名、出生年月及出生地、资格等级或学位、课程、专业资格、专业以及颁发地点、颁发时间(年月日)的政府文件。毕业文凭上也应有高等学校领导人(或学习考试机构的负责人)、毕业考试委员会主席签名,并加盖高等学校印章。若学生在毕业考试期间未能出具语言考试证明文件,则毕业文凭将于毕业考试期后颁发。毕业文凭可以由学习考试机构负责人代替毕业考试委员会主席签字。高等学校的学业考试可规定出具额外数据(非个人数据)。颁发的毕业文凭应进行登记。

(6)政府决定毕业文凭的形式。若高等学校通过兼并或脱离建立新的学校,学生可以要求有关毕业文凭中添加高等学校继任机构名称。高等学校可以按其传统要求颁发毕业文凭副本。

(7)因学生无法出具语言类证书不能颁发毕业文凭,高等学校应出具证书。该证书不证明学术等级及专业资格,只能证明学生通过了毕业考试。此证书签发时也须登记。

第 63 条

(1)毕业文凭应以匈牙利语和英语或匈牙利语、拉丁语签发。若学生学习的是地方少数民族课程,则用匈牙利语和地方方言或民族语言签发。若学生未接受匈牙利语授课,则用匈牙利语和授课语言签发。学生可以要求文凭用另一语言签发,但须支付相关费用。

(2)欧洲委员会和欧洲理事会规定的毕业证书的补充文件,可以以匈牙利语和英语双语印刷,与学士学位和硕士学位同时颁发。若学生学习的是地方少数民族课程,还可以要求用少数民族语言签发。毕业证书的补充文件应是政府文件。

(3)完成本科课程、研究生课程或本硕系列课程、研究生专业课程后应颁发毕业证书。该毕业证书能让持有者就业和参加根据法律规定的工作。

(4)匈牙利颁发的毕业证书所对应的学位,其英文和拉丁文如下:

①学士学位写成"baccalaureus"(简称:Ba,BSc);

②硕士学位写成"magister"(简称:Ma,MSc)。

(5)硕士学位持有者有权根据毕业文凭内容在职称(例:工程师、经济学家、教师)前添加"专业"字眼。(类似于英文中工程学硕士、经济学硕士、教育学硕士等缩写)。

(6)医生、牙医、兽医和律师的毕业文凭标有博士头衔。对应缩写形式为:Dr. med. 、Dr. med. dent. 、Dr. vet. 、Dr. jur.

第 64 条

(1)通过高等职业教育的考试后,学生可以要求高等学校按照国家要求出具证书及补充文件,证明自己的职业资格。该证书持有者可以参加工作、参加法律规定的相关活动。证书的准备、颁发、内容及登记按职业教育适用规定进行。职业考试委员会可使用匈牙利的圆形徽章。

(2)职业考试规定或职业教育课程规定获得该证书需要通过语言考试。颁发的证书在中央登记处备案。

第 65 条

(1)高等学校校长经匈牙利总统授权后可以授予中学及高等教育时期成绩一直优异的学生博士学位,该生在攻读博士学位时成绩也应突出。获得博士学位的详细条件由政府确定。

(2)高等学校校长根据《博士条例》要求,授予符合要求的学生荣誉博士学位或荣誉博士学位及"教授头衔"。

(3)高等学校校长可以根据校规,授予 50 年、60 年、65 年、70 年前该校毕业的德高望重的学生金质、钻石或红宝石荣誉文凭。

优秀学生补贴

第 66 条

(1)通过高质量教育、学生学业协会、学生学院及博士课程帮助学生培养专业才能。

(2)作为高质量教育的一部分,应帮助能力突出的学生,满足其额外需求,进一步培养其才能。

(3)学生学业协会应致力于深入拓展课程、学术及艺术知识,促进学生开展科研和创作活动。

(4)学生学院旨在通过开展专业项目,提供高标准、高质量的教育资源,从而对优秀学生给予支持,助其在公共生活中发挥作用,提高基础设施条件和个人专业能力,教育学生成为能够处理社会问题并有足够能力和一定专业工作水准的专业工作者。学生学院按自治原则设立,成员活动独立。学生学院成员应自主决定成员的去留、通过独立学生学院的章程、确定专业方案及相关执行标准。

(5)根据第(4)款规定,学生学院应具备运营资格,为优秀学生提供支持。若学生学院达到第(4)款所述标准,则可以作为宿舍或学生公寓的一部分运营。学生学院可以为学生学业协会提供住宿。非住校生也可以享受学生学院的服务。

(6)若学生学院作为高等学校运营的一部分,则有权从该校的工作预算中获得运营资金。

(7)高等学校应提供援助,通过提供辅导计划帮助优秀、弱势学生。政府决定辅导计划的组织原则。

(8)学生公寓可以根据与高等学校签订的协议,与高等学校合作开展工作。

博士课程的特殊要求

第 67 条

(1)在某个科学专业开设研究生课程的高等学校应有权在该专业开设博士课程。

(2)高等学校取得办学许可后,应有权在某学科专业开设博士课程并授予博士学位,或具体地开设某学科或某艺术种类的博士课程。高等学校有权为获得科学学位的学生开设博士准备课程或艺术教育中文科博士的准备课程。(以下称"博士课程")

（3）完成博士课程会获得毕业文凭，毕业文凭所标志的博士学位为"哲学博士"（缩写：Phd），或为艺术教育中的"文科博士"（缩写：Dla）。毕业文凭须由校长、博士生协会主席签字。

（4）组织博士课程与授予学位（以下称"博士程序"）由高等学校的博士协会负责。高等学校博士协会可根据高等学校博士规定的科学学科划分或艺术种类划分，设立科学博士生协会或艺术博士生协会。

（5）博士生协会的所有成员均应持有科学学位。博士生协会在选拔成员时，应确保本协会至少有两名成员没与高等学校签订雇佣合同。博士生协会必须有一名成员从哲学博士生、文科博士生中选定。

（6）与候选成员关系密切的个人（见《民法》第685条第②项）或由于其他原因无法在候选成员事宜中给出公正意见的个人，不得参与博士程序的工作。

第68条

（1）博士课程应单独开设，时间为36个月，包含考核期。

（2）博士课程包括教学、研究及考核相关工作，可以根据科学学科和哲学博士生、文科博士生的实际情况以个人或团体的形式进行。获得硕士学位后方可学习博士课程。

（3）完成博士课程学习后，单独授予博士学位。能够进入博士学位授予程序的是在读哲学博士生、文科博士生。未学习博士课程但已为此程序准备的个人也可成为在读哲学博士生、文科博士生。若该生已经进入学位授予程序，但仍在学习，则该生在拥有原学籍的同时可攻读哲学博士、文科博士学位。

（4）申请博士学位并经高等学校接受的学生可以成为在读博士生、文科博士生。高等学校不得拒绝已完成哲学博士、文科博士课程的学生的申请。哲学博士、文科博士在读期间应满足第（5）款所述各项要求。完成博士学位授予程序，或在成为在读哲学博士生、文科博士生后两年内未能提交论文者，其身份终止。法律另有规定的除外，学生权利和义务的有关规定适用于在读哲学博士生、文科博士生。

（5）博士学位的授予条件：

①完成博士条例规定的义务，通过博士综合考试；

②按照博士条例规定，证明自己已掌握所学学科进行学术活动时所需的两种语言；

③发表独立的学术作品，例如文章、研究或其他形式；获得文科博士学位，需要发表独立的艺术创作作品；

④独立完成学位要求的学术任务或艺术任务；展示论文或硕士项目；公开答辩研究成果。

第69条

（1）博士综合考试将在综合考试委员会监督下进行。综合考试委员会由3名成员组成，由博士生协会设立。委员会成员应持有科学学位。选拔综合考试委员会成员时，应保证至少有一名成员未与高等学校签订雇佣合同。

（2）论文委员会负责论文答辩，且公开进行。论文委员会主席应为高等学校研究该专业的教授或退休教授。论文委员会的其他设立要求参照第（1）款内容。

（3）授予的博士学位应在中央登记处备案，供所有人查阅，也可以在互联网上查阅。

（4）高等学校博士条例应详细说明博士课程及博士学位授予程序及相关要求。

（5）哲学博士学位持有者可在姓名前使用"Phd"或"Dr."，文学博士学位持有者可使用"Dla"或"Dr."。

高等学校损害赔偿责任、学生纪律和违纪处分

第 70 条

（1）若学生严重违反学生义务，应受到纪律处分，处分以书面形式下达。纪律处分程序过程中，学生及其代表（见《民法》第 222～223 条）有权采取申诉行动。

（2）可能的纪律处分：

①训斥；

②严厉谴责；

③减少助学金和奖学金规定的福利及补助金额，或完全停止发放此类福利和补助；

④至多停课两个学期；

⑤从高等学校开除。

（3）确定处分方式时，应考虑其行为是否应采取此种处罚方式，特别是要考虑受损失或损害的人、后果、重复过失行为及严重程度。根据第（2）款③要求，处分期限不得超过 6 个月；④所述处分不得超过两个学期。根据第（2）款③要求，取消助学金可作为处分方式。第（2）款第④～⑤项所列处分，可暂时或永久取消过失学生的助学金与福利津贴。根据第（2）款第④项的要求，学生在处分期间学籍中止。启动纪律处分程序或实施纪律处分学生不受成绩影响。

（4）若违纪披露或违纪情况出现已过去 1 个月或 3 个月，则不得实施纪律处分。就本规定而言，"披露"指纪律处分程序负责人获知其违纪行为的时间。

（5）应告知学生及其代表纪律处分程序的实施及其原因。纪律处分程序中应对学生进行问询，让其有机会为自己辩护并出示证据。若学生在问询过程中对被指控的过失提出异议，或对案件做出澄清，则须举行听证会。学生应出席听证会。即便多次发出听证会通知，学生或其代表仍未出席，听证会也可正常举行。若学生提出辩护证据的请求遭拒，其原因应在处分决策中说明。（确定学生没有任何过失行为的情况除外）。

（6）若学生在实习培训中违纪，高等学校也应执行纪律处分程序。

（7）本条规定也适用于宿舍管理［第（2）款①规定除外］。第（2）款⑤所述的处分可代之以从宿舍中清除。

第 71 条

（1）纪律处分程序应由高等学校领导人或校规中规定人员发起。

（2）高等学校纪律委员会应有3名成员,有权行使一审纪律处分权。本条例未涉及的有关纪律处分程序的管理问题应在校规中加以说明,包括豁免、纪律委员会设立事宜、听证会、提供辩护材料、辩护权及公布听证会事宜。纪律委员会应由学生指派至少1/3的成员。

（3）若接受纪律处分的人,也因同样罪名遭到起诉,则最终判决下达前或该受诉者由于外力因素无法接受问询或出席听证会[见第70条第(5)款],则处分程序应至外力因素解除后启动。

（4）除第(3)款情况外,处分程序须在一个月内完成。

（5）只有最终处分决定才能得到执行。

（6）学生可以通过校规中的规定程序,提早结束处分期。

（7）本条规定也适用于宿舍相关事宜。

第72条

（1）若学生学习过程中的违纪行为对高等学校或实习培训负责人造成损害,则学生应根据《民法》规定承担责任。可根据本法规定酌情进行处理。

（2）根据第(1)款内容,过失损害的赔偿额不得超过过失发生之日的法定最低月工资的50%。故意损害者,赔偿全部损失。

（3）交由学生安全保管的、专门使用的或处理的物品若出现任何损失或损害,由学生承担全部责任,并根据所列清单归还或修理所管理的物品。学生个人以外原因造成的损失,学生不承担责任。

（4）学生在学习、住宿、实习期间造成的任何损失,不论过失程度,都由高等学校、宿舍和实习培训机构承担。补偿金额根据《民法》规定决定,若高等学校、宿舍或实习机构能够证明该损失是能力范围外无法避免的原因所致,则可以免除责任。若该损失由受害人造成,且无法阻止,则不予赔偿。

（5）若学生已根据《职业教育法》第27条第(1)款规定,签订学生合同后,《职业教育法》规定,造成损失而应支付给实习培训组织者或学生一定的赔偿金额。

补偿权

第73条

（1）高等学校应以书面形式告知学生,高等学校根据本法、政府法令或校规规定做出的决议。学生也可主动要求高等学校告知。

（2）学生提出问题后15天内,若学校仍未给出告知,则自学生得知高等学校决议之日起有权对高等学校所作决议或采取的行动提出反对意见,也可对高等学校未能就所提问题做出的回答提出反对意见(成绩评估问题除外)。只要该决议不符合高等学校要求,或违反校规规定,或违反了考试的组织规定,学生也可就成绩评估结果提出异议。学生及其代表(见《民法》第222～223条)有权在补救程序中采取行动。

（3）上诉请求由高等学校领导人或其设立的委员会（以下高等学校领导人及其委员会统称"上诉审查人"）负责，按照校规规定程序处理。委员会成员的数量、组成及运作在校规中须加以说明，学生会指派至少 1/3 的成员参加。

（4）以下人员不得审查上诉请求：

①已对上诉做出决议，或未能做出决议者；

②与①所述的人关系亲密者；

③无法对上诉内容提出客观意见者。

（5）上诉审查人可以做出下列决定：

①驳回申诉；

②责令未能做出决策的个人或机关做出决策；

③改变决议内容；

④撤销决议，并要求决策者采用新程序重新决策。

（6）决议以书面形式给出，并予以解释。决议应说明是否存在上诉可能性，执行过程中应至少进行一次学生问询。即便多次发过通知后，学生或其代表仍未出席委员会会议，可不召开听证会。学生或其代表可以提出书面申请，要求取消个人听证会。

（7）学生可以在接到通知后的 30 天内，以违反法律或违反学生规定为理由上诉，要求对决议进行复审。此类诉讼规定以 1952 年第 3 号《民事诉讼法》第 20 章规定为准。法院可以驳回该决议。并迅速处理此类诉讼。

（8）高等学校所做决议，若在第（2）款规定的时限内未提出上诉或放弃该权利，则成为最终决议。二审决议在通知后成为最终决议。只要学生未提出复议，则该决议可强制执行。

（9）就本规定而言，适用于学生的法律和高等学校文件就是法律规定的学生权利和义务。

（10）本法对行政程序和服务的基本规定，应严格用于澄清案件、决定时限、出示证据、沟通决策的形式、内容、调整、更换、修订、修改或撤销决策等事宜。

第 74 条

（1）办学者、高等学校或实习培训中任何涉及学生和违反平等待遇的决议均视为无效。可随时撤销无效决议。

（2）若高等学校已做出决议，则根据第 73 条第（2）～（9）款规定程序撤销，若实习培训组织者或办学者已执行该决议，则由法院撤销。

（3）受决策影响的个人可以要求撤销该决议。若无法识别此类人，则可以由任何人提出。若与决议制定者未取得任何结果［第（2）款所界定的情况］，则可以提出撤销请求，不规定时限。

（4）由于决议无理而撤销诉讼的过程中，由决策者承担举证责任。

（5）撤销不得影响善意取得和行使的权利。

（6）若宣告决议无效,则法院可要求：

①决议者停止侵权；

②决议者以发表声明或其他恰当的方式修改决议,并以自费的方式向公众采取补救行动；

③决议者要恢复侵权前的情况即承担相关费用,补偿因侵权行为造成的伤害。

（7）若撤销理由无效,则不合法决议可以宣布有效。

（8）若高等学校或该校办学者未能在侵权行为规定的日期之前补救未遵守平等待遇规定造成的侵权行为,则法院可以责令其暂停部分或全部资金支持。该暂停判决可以持续至执行裁决之时。法院应在30天内对此做出判决。

第75条

（1）高等学校和学生同意服务条款时,不得提出上诉（见第73条）。若违反协议,受害方有权寻求法律帮助。

（2）若侵犯学生利益,则学生可以咨询教育调解处。

（3）若学生已采用了本法规定的除法律诉讼之外的所有补救措施,可以向教育权利委员会求助。

（4）补救行为属入学程序有关行为,可列入高等学校权力范围和入学程序内。学籍期满者也有权发起并完成补救程序。

学籍及宿籍的终止事宜

第76条

（1）出现下列情况,学生学籍可以终止：

①若学生已经转学至另一所高等学校,学籍自转学之日起终止；

②若学生宣布终止学籍,则自宣布之日起终止；

③若学生不再继续接受公费学习,且不想参加付费课程；

④规定课程第一次期末考试的最后一天或研究生专业课程最后一学期第一次期末考试的最后一天,博士课程的最后一天；

⑤高等职业培训职业考试的最后一天；

⑥高等职业培训学校的学生,若学生身体状况不适合继续学习,且高等学校不能提供其他合适的高等职业培训课程,或学生不愿继续学习,或学生继续学习的条件无法满足之日,学生的学籍终止；

⑦若学生拖欠学费,经审查其物质条件且警告无效后,由校长终止其学籍,学籍终止之日即生效；

⑧开除学生之日。

（2）高等学校可以单方面宣布终止下列学生的学籍：

①未完成学业考试规定或课程要求的学业任务；

②连续两个学期未注册；

③学籍中止后未重新学习，对于上述情况，至少两次以书面形式提醒学生在规定的期限内履行义务，并告知违纪后果。

（3）学籍中止的学生从学生登记处中除名。

（4）下列情况，不允许学生继续住宿：

①到达入学时规定的离校时间；

②学籍终止；

③下达从宿舍开除的最终决议之日；

④若学生拖欠学费，经审查其社会关系且警告无效后，不予安排住宿，最终决议下达之日起生效；

⑤学生以书面通知的形式废除自己的住宿权利，该通知发布之日起停止住宿；

⑥若学生搬至另一宿舍，则搬离之日停止住宿。

（5）若学生参加多周期课程，或在学习高等职业教育后下一个学期继续学习本科课程，且其间不停顿，则不予终止学生学籍。

学生社团、学生会和国家学生会

第 77 条

（1）学生会应作为高等学校的一部分，代表学生利益。每名学生都是学生会成员。学生会的活动应包括所有与学生相关的问题。学生会可以代表学生，根据本法规定的程序行事。依法选出成员且批准通过后，学生会即有权行使本法规定的权利。

（2）学生会应决定其开办与运作所需资金、行使权利、高等学校信息系统建立与运行等事宜。学生会在其权利范围内不受其他干预。学生会应选举主席，所有学生均可参与主席的选举，进行投票。若超过 20% 以上的学生投票，则证明选举结果有效。

（3）学生会章程应说明学生会的运作要求。学生会章程应通过学生代表大会产生，经参议会批准后生效。若该章程违反法律规定，若与高等学校校规产生冲突将不予批准。在章程提交 30 天后，参议会在其举行的第一次会议宣布该章程是否通过。若参议会未在规定时限内宣布结果，则章程及其修订版本视为已获批准。

（4）高等学校应为学生会运行、工作及合法管控提供必要条件。学生会为发挥作用，有权免费使用高等学校和宿舍的场所设备，但不得妨碍高等学校或宿舍的运营。

（5）本法规定的学生会权利一旦受到侵犯，包括其章程未获得批准，学生会可以在办学者下发通知后的 30 天内，以违反学校章程规定的理由诉诸法庭。

（6）法院应以非诉讼程序做出裁决。错过最后期限不予审理，法院可以变更判决。由布达佩斯大都会法院负责处理此类事务。大都会法院对诉讼的处理可以起到暂缓执行高等学校决策的作用。

第 78 条

(1)校规以下内容及修改须经学生会同意：

①学业和考试要求；

②学费和补助等方面规定；

③学生评价教师的有关规定。

(2)学生会应开展学生评价教师活动。青年计划和其他学生项目使用的资金须经学生会同意后使用。

(3)学生会应向财务委员会指派一名成员，且学生会可派一名代表出席财务委员会会议。

(4)学生会有权向参议会指派成员，数量至少占参议会成员的 1/4，至多占 1/3。若至少 1/4 以上的学生投票给学生会成员，则学生会可以向参议会指派一名成员；若学生会指派了一名以上成员，则其中一名成员必须由博士生协会指派。

(5)学生会：

①可就引进选修单元课程和研讨会事宜提出建议，邀请不隶属于特定高等学校的客座教师；

②帮助组织学术活动和专业学生社团；发表论文；开展国内与国际教育、文化和学术之间的联系，以增加学生训练机会；

③根据校规规定，参与社会、文化、体育和其他娱乐活动的组织工作，合理使用并保护高等学校财产和设施；

④就学生使用的财产和设施提出意见；

⑤本法或其他法律或校规规定学生参加的事务，学生会应指派代表参加；

⑥决定学费、补助金等有关规定，并根据该规定管理学生补助、助学金和其他补助金的有关事宜；

⑦就使用高等学校体育设施提出意见；

⑧按照校规规定帮助管理宿舍事务。

(6)学生会可以对高等学校办学或学生事务提出意见和建议。高等学校校规也应决定其他需要征求学生会意见的事务、征求意见内容或其他需要学生会做出决定的事务。

(7)学生会应根据其有关的规定行使权力。

(8)若财务委员会或参议会第一次会议举办已超过 30 天，则授权开展工作的个人或机关应在 30 天内对学生会提出的建议做出答复。

第 79 条

(1)国家学生代表由匈牙利国家学生会选出[第(4)~(6)款情况除外]，学生代表可就涉及高等教育的任何事项提出意见和建议。匈牙利国家学生会的代表代表了接受高等教育的全体学生。

（2）匈牙利国家学生会为法人，总部设在布达佩斯，主席为其代表。匈牙利国家学生会有权使用匈牙利徽章。该学生会由注册中心登记。由人民检察院对其进行司法监督。匈牙利国家学生会的报告和会计义务应适用于其他的组织规则。

（3）匈牙利国家学生会是由各地学生会组成的机构，其成员会自行制定规章制度。匈牙利国家学生会应决定各个学生会在匈牙利国家学生会内排名顺序。

（4）高等学校的博士生代表由匈牙利哲学博士生协会选出。匈牙利哲学、文学博士生协会行使第（1）款所述权利，管理与博士生有关的事务。

（5）应邀请匈牙利校长会议代表作为顾问，出席匈牙利国家学生会、匈牙利哲学、文学博士生协会的会议。

（6）全国理科生协会是由参加学术社团活动的学生，及支持该活动的教师组成的专业学生组织。该组织作为上述人员的国家代表，负责协调高等学校中学生的学术活动和艺术活动，代表国家水准的学生社团活动，也负责组织为学生开设的全国性科研和艺术论坛。全国理科生协会根据自己的规章制度运作。

第四部分　高等教育员工（公务员、聘任员工）

高等教育员工聘用范围和聘用的基本要求

第 80 条

（1）高等学校的教学工作由下列人员负责：

①助理讲师、助理教授、学院副教授、大学副教授、学院教授、大学教授；

②教师（特别是外籍教师、体育教练、艺术指导、教练、宿舍指导、工程指导、技术指导）（②所列职位以下统称"教师职位"）。

（2）高等学校可以设立其他科研职位，独立开展科研活动。

（3）讲师、科研人员和教师的工作应得到专家助理和管理者的支持。政府决定本条所述职位的聘用条件。

（4）可以设立金融与经济、技术服务提供者、专业服务提供者、行政、助手等职位，更好地完成高等学校运作工作。

（5）高等学校可以设立机关或组织单位，开展公共教育、一般教育、公共收藏、医疗、社会及其他领域的工作。上述机关或单位应遵守有关部门的工作或活动的相关规定。［第（1）～（5）款所述人员以下统称"员工"］。

（6）若组织单位员工［见第（5）款］从事高等学校的有关工作，则聘用合同或公务员聘任书中应说明该员工在从事上述工作时的工作时长要求。（全职或兼职）

第 81 条

（1）用作预算组织的高等学校的就业应受《公务员法律地位法》的约束，《劳动法》适用于其他高等学校。

（2）为获得高等学校就业资格，员工：

①须持有要求的学历、证书和资格；

②无犯罪记录，具有法定资格。

员工的权利和义务

第 82 条

（1）高等学校所有员工均有权：

①就高等学校的办学提出建议，并在提交建议后 30 天内得到答复；

②根据本法及高等学校校规的规定，参加高等学校选举，并当选为该机构成员；

③向教育权利委员会求助；

④向教育调解处寻求建议。

（2）高等学校所有员工均有义务：

①监督高等学校校规的规定；

②履行岗位要求职责。

（3）高等学校应遵守本法规定，明确各个岗位的聘用要求；本法未作规定的，可以根据专业增加内容，可以要求员工拥有职业工作经验，制定利益冲突规则，也可以禁止员工在另一所高等学校担任本校类似岗位之职。

（4）高等学校在明确聘用要求时，需要遵守第 9 条第（1）款、第（2）款规定。若将高等学校对专业标准或职业工作经验时间的要求作为应聘的必备条件，则构成就业歧视；若建立聘用关系过程中出现下列要求，也视为就业歧视：

①未曾就职于高等学校者，或满足要求但与工作要求不符；

②只满足高等学校组织单位要求。

教师的特殊要求

教师职位、学衔

第 83 条

（1）只有教师才可以以公务员身份或以常聘员工身份从事作为预算机构的高等学校的教师工作（第 4 条情况除外）。外籍教师可担任教师职务。

（2）除本法所列标准外，担任教师职位须拥有硕士学位并具备专业资格。

（3）教师和科研人员可以同时担任同一职务，但公务员聘用合同或聘书应说明该员工在执行上述任务时的（全职或兼职）工作时间的比例。

（4）若教师所从事的活动条件允许，则可以在固定期限内完成工作，且分配的工作时间不超过全职工作时间的 70%（以下统称"兼职教师"）。第 81 条第（2）款和本条第（2）款适用于兼职教师的应聘条件。合同制和非正式聘用的教师工作也可在固定期限内完成职位之外的教师工作,高等学校可以和建立正式聘用关系的员工或公务员签订固定期限劳动合同。

第 84 条

(1)高等学校应说明胜任该职位必须符合的能力、职业发展和工作标准,以及教师未能达到上述要求的后果。

(2)教师平均每两个学期每周至少分配 10 个小时工作,即授课、参加研讨会、准备实习训练及学生咨询(以下称"教学时间")。科研为教师岗位工作的一部分,因而教师应在与学生相处的时间之外进行科研工作。由雇主分配科研工作,此为高等学校工作的一部分,须具备专业知识。

(3)根据聘用要求及本条第(4)款内容,只要高等学校每位教师的教学时间每周不少于 12 小时,雇主有权增加或减少教师的时间。聘用要求应决定教学时间的分配原则,决定分配时长时应考虑教学、考试和科研等有关活动时间。时长至多连续增加或减少两个学期。

(4)若教师与高等学校签订兼职工作协议,则分配的教学时间按工时相应增减。

(5)考核高等学校办学情况分配津贴时,不论教师任职于几所高等学校,只考虑其在某所高等学校的情况。教师以书面形式声明,按照上述规定评估其当时所在的高等学校。若无此声明,该教师所在任何高等学校都不予考虑。

第 85 条

(1)根据聘用要求,大学副教授、学院副教授及大学教授、学院教授每 7 年享有公休假,以开展科研项目或艺术工作,提高专业能力。公休假时长不得超过一年。公休假期间,工资正常发放。

(2)若休公休假目的为进行科研或艺术创作工作,则雇主与教师应签订协议,说明需要完成的目标和未完成目标的后果。

教师职位的设立与中止

第 86 条

(1)高等学校的教师职位包括:

①助理教师;

②助理教授;

③学院或大学副教授;

④学院或大学教授。

(2)符合规定标准者可签订正规聘用合同或以公务员身份任职教师(助理讲师除外)。

(3)聘任为教师后,即可被授予并拥有相应的学衔。助理教师可作为助教任职 3 年,无学衔。

（4）聘为学院教授或大学教授后，可以由匈牙利总理或匈牙利总统视情况分别授予学院教授或大学教授学衔。

（5）聘用关系期满后，使用学衔的权力撤销。由匈牙利总理或匈牙利总统任命的学院教授和大学教授学衔至退休仍可使用。

第 87 条

（1）除非高等学校的聘用要求另做规定，则

①助理教师须为博士生；

②助理教授须为在读哲学博士、文学博士。

（2）学院副教授须持有任职专业哲学博士、文学博士学位及专业工作经验和具有监督学生学业、科研活动或艺术工作的能力。

（3）学院教授及大学助理教授须持有哲学博士、文学博士学位及教育工作经验和具有监督学生、哲学博士、文学博士、助教的学业，科研活动或艺术工作的能力，能够用外语授课。

（4）大学教授须持有哲学博士、文学博士学位，在其研究的科学或艺术专业享有国际声誉、拥有突出的科研成果或艺术作品。根据其在教育、科研活动中的经验，大学教授应具备监督学生、哲学博士、文学博士、助教的学业，科研活动或艺术工作的能力，并能发表论文及著作，用外语主办讲座及授课。大学教授享有教授学衔。

（5）高等学校聘用要求中应规定应聘人需要准备的文件和办理程序，以方便参议会确定任职学院助理教授与大学助理教授所需条件，并核查是否可以聘用该人为学院教授和大学教授。高等学校可以规定聘用特许任教的程序。

第 88 条

（1）上岗不到一年的大学和学院助理教授、大学和学院教授候选人可以办理公开申请程序。高等学校（无论是学院还是大学）可以公开招聘教师。公开招聘通知由校长根据聘用条件发布。也可公开招聘助教和助理教授。已在高等学校任职的以及仍未与高等学校签订聘用合同或以公务员身份任职者都可以提交申请。提交的申请由参议会评定。符合聘用要求的申请人由参议会排名。若 2/3 以上成员投赞成票，则参议会可通过聘用决议。校长根据申请人排名，从中选择可以聘用或安排其公务员身份的工作。

（2）若参议会制定的申请人排名中，存在已在高等学校任职的教师（以下称"受聘教师"），则第（1）款所述规定视下列情况酌情适用：

①经校长同意，修改其聘用合同或公务员聘用书，以公务员身份代替新的聘用关系；

②若校长选择比该受聘教师排名靠前的申请者，则不予考虑该教师。

（3）应根据政府规定发布公开招聘信息。应聘准备、公开招聘流程及申请评估等事项要求应在聘用要求中加以说明，要求提交申请时间不得少于 30 天。

第 89 条

(1)校长应向高等学校办学者提交自己对学院或大学教授的建议,方便办学者提交给负责该事项的管理机关或个人。

(2)私立高等学校办学者应通过匈牙利总理同意任命学院教授。

(3)私立高等学校办学者应通过教育部经匈牙利总统同意后任命大学教授。

第 90 条

(1)学院教授或大学教授学衔拥有者可以在其他高等学校任教师职位,无须签订合同。

(2)若此前教师修改了聘用合同,建立了新的或额外的雇佣关系或公务员身份,则雇主可用相应或低于原雇主的头衔聘用该讲师。

第 91 条

(1)若教师不符合下列要求,则不予聘用:

①任职助教 3 年的要求;

②任职助理教授职位未满 8 年。任职后 12 年内未取得科学学位。因分娩、育儿、照顾家庭等原因,在聘用或任公务员期间连续停止工作超过 90 天者,在国外高等学校就业或实地专业考察时间不包含在内。根据本法规定,聘用期满,教师的聘用关系或公务员身份终止。校长应出具书面通知告知教师身份终止事宜。聘任书或聘用合同中,雇主应规定该岗位需要达到的要求,并说明未达到要求的后果。即便教师年龄已超过 65 岁,只要不超过 70 岁,仍可受聘为学院教授、大学教授、研究教授及科研顾问。

(2)若教师有下列行为,则除《劳动法》及《公务员法律地位法》规定方式外,雇主可以通过下发解雇通知或解聘通知,终止与教师的雇佣关系:

①未履行职位有关要求;

②未达到聘用合同或任职合同规定的职位要求,可规定适当期限。

(3)根据本法,若匈牙利总理或总统解聘或解雇学院教授或大学教授,则与学院教授或大学教授的聘用关系终止。校长应根据第 89 条规定解雇学院或大学教授。若当事人受纪律处分或法院剥夺了其从事该职业的权利或当事人因故意犯罪受到监禁判决,校长应通过教育部解除其聘用关系。

教师职位之外的学衔

第 92 条

(1)参议会可授予持有学院教授或大学教授的员工,以及终身员工名誉教授或荣誉教授学衔(以下统称"名誉教授")。在高等学校聘用要求中详细说明名誉教授的权利、义务和享受的福利及学衔的拥有时间。

(2)参议会可授予下列兼职教师学衔:

①哲学博士、文学博士学位持有者授予私人教授学衔；

②国家荣誉持有者授予名誉大学或学院副教授或大学或学院教授学衔；

③实习培训中表现突出者授予硕士导师学衔。

(3)实习培训中表现突出的导师,参议会可授予硕士导师学衔。

(4)第(2)款、第(3)款所述学衔的授予与撤销条件、授予程序、学衔可享受的福利及撤销程序等在聘用条件中应详细说明。

研究人员的特定要求

第93条

(1)根据聘用合同规定,90%以上的工作时间用于高等学校科研活动者,以及岗位职责与高等学校教育活动有关者可以受聘为科研人员。

(2)高等学校可设立以下科研职位:

①研究助理;

②研究员;

③高级研究员;

④科研顾问;

⑤科研教授。

(3)科研人员的聘用要求根据第83条,第84条第(5)款,第86条第(2)款、第(3)款,第88条及第90条第(2)款规定制定,其中定期雇用教师(非兼职教师)需了解的条款除外。只要科研任务与科研职位无关且科研人员是由高等学校以外实体委派,则高等学校可以与担任科研职务的员工建立雇佣关系,完成其他科研任务。在科研人员执行的定期劳动合同中可以包括与科研职位无关的科研任务。研究助理未获学衔前不得担任助教。

(4)政府应规定科研职位的获得条件,特别是确定获得特殊职位的条件和有关福利。

教师的特定要求

第94条

(1)取得学士学位并拥有专业资格后方可担任教师。

(2)第83条第(1)款、第(4)款,第84条第(1)款、第(2)款规定适用于教师的聘用工作。教师的教学实践平均两个学期每周20小时。根据聘用要求,雇主有权增减教师的教学时间(15%),但雇主分配的教学时间不得少于每位教师平均两个学期每周18个小时。

(3)政府确定教师的聘用条件。

授课人员的权利和义务

第 95 条

(1)受聘教师有权：

①受人尊重,个人权利得到尊重,教学工作得到尊重；

②根据课程框架确定教学大纲,采用适当的教育培训方法；

③根据个人信念和价值体系教学,不强迫学生接受自己的信念与价值观；

④根据校规要求招生,对其学习进行监督评估；

⑤学习有关知识；

⑥通过继续教育和培训提高专业知识和学识,参加教学试点项目和科研活动；

⑦提交科研或艺术比赛申请；

⑧除职位相关工作外,自行选择课题进行研究；

⑨发表自己的科研成果和艺术作品。

(2)第(1)款所述内容同样适用担任哲学博士、文学博士生的导师。

(3)签订正式聘用合同或以公务员身份任职的教师和科研人员有资格凭教师证获得相关福利。教师证为政府文件。教师证的生产与颁布须获得教育部授权。

(4)签订正式聘用合同或身份为公务员的教师、讲师和科研人员有权获得补贴(金额见《年度预算法》),用于购买相关文献(书籍、教科书、笔记本、期刊、电子信息元件等)、支付图书馆注册费用。

(5)执行教育任务者的义务

①客观地传授知识,采用多种方法；

②辅导过程中考虑学生的个人能力、天赋和身体缺陷；

③定期给学生解惑答疑,提供正确的答案；

④尊重学生的尊严和权利。

(6)政府确定图书馆和博物馆参观补助及文献购买、任职专业性要求等事宜。

(7)执行教学工作、开展学生有关活动时,教师、讲师以及科研人员应依法行使公共职责。

行政职位和行政岗位

第 96 条

(1)高等教育机构可以根据校规规定,设立下列高级行政职务：

①校长；

②副校长；

③处长；

④院长；

⑤财务总监,或在缺少财务总监时设财务主任;

⑥行政办公室主任(秘书长或校规规定的同等职位)。

(2)高等学校可以根据校规规定设立下列行政职位[第(1)款所列除外]:

①第(1)款所列职位副职[①、②职位除外];

②组织单位主任和副主任。

(3)高等学校的高级行政人员和行政人员至少有两名,但行政人员总数不得超过教师或科研人员总数的 20%。

(4)可以任命区域中心负责人为第(1)款②~④所列的高级行政人员。

(5)第(1)~(2)款所列行政职位有 3~5 年的工作期限,但第(1)款①~④职位任期可延长一次,第(1)款⑤、⑥和第(2)款所列职位任期可多次延长。

(6)可公开招聘第(1)款所列的高级行政职位,但第(2)款所列的行政职位只能根据校规的规定公开招聘。政府确定公开招聘流程、招聘形式及行政职位的相关事宜。在校规中详细说明行政职位的岗位和专业要求、应聘申请的评估规定及程序(校长除外)。

(7)参议会评估并对所有应聘者排名,参议会通过多数表决方式选举校长。

(8)参议会排名高级行政职位和行政职位的应聘者。参议会应向校长报告结果[第(7)款情况除外],然后由校长参考参议会意见决定聘用对象。

(9)如未另做说明,高级行政职位和行政职位可由 65 岁以下人员担任。若高级行政职位候选人在任期届满前满 65 岁,则通过选举做出决定;若参议会 2/3 成员投赞成票,则可以继续担任高级行政职位;指派为高级行政职位的人士即使年满 65 岁也可以继续任职。

(10)本条规定适用于《劳动法》涵盖对象中的雇主及行政职位的雇员。

(11)根据第 89 条规定聘用或解聘学院和大学的校长。

劳动报酬的规定

第 97 条

(1)高等学校教师、科研人员的工资与报酬(以下统称"月工资")根据规定的金额确定(见《年度预算法》),大学教授的第一笔工资根据附件 2《公务员法律地位法》确定。助教的月工资参照教师职位的相关条款确定。

(2)《年度预算法》应说明可拨款给高等学校的金额,及教师、科研人员根据工作表现可分配的金额。此金额数量不得少于大学教授第一笔工资的 20%(以下称"计算基准")。年度拨款金额可以通过计算教师、科研人员增加的人数与计算基准之和乘以 13 得出。

(3)雇主可以根据第(2)款计算出的拨款金额,增加导师或科研人员的月工资,或每年固定提供的最低收入补贴(以下称"额外工资")。根据本条规定,每人的额外工资数量不得低于计算基准的 3 倍。

员工组织、个人和团体权利、权益保护及协调

第 98 条

（1）高等学校可以在工会和雇主的参与下设立自己的调解委员会。委员会的章程根据高等学校与该校工会签订的协议确定。

（2）高等学校工会应派代表负责委员会的建立和运作事宜。

（3）应设立高等教育调解委员会负责解决劳动、社会事务，生活和工作条件问题以及高等学校各部门的利益问题。各部门工会代表、匈牙利校长会议代表及教育部和其他部门代表都可成为高等学校调解委员会成员。

第五部分　高等学校组织和管理

与高等教育有关的国家权力

议会权力

第 99 条

（1）议会应通过《高等教育法》，确定高等学校办学要求，结合高等教育发展规划确定高等教育的发展方向，并在《年度预算法》中规定高等教育发展及其功能发挥的拨款金额。

（2）议会应承认附件 1 所列学校的国家认证，若高等学校从附件 1 中除名，则其国家认证资格同时撤销。

匈牙利总统权力

第 100 条

匈牙利总统可以：

①任免大学校长；

②任免大学教授；

③初步审定授予名誉博士学位。

政府和总理的权力

第 101 条

（1）匈牙利政府可以：

①向议会提交高等教育有关费用清单和决议草案，高等教育中期发展方案（至少 6 年）及其实施报告；

②决定该年能够接受公费培训的学生名额，并按照研究专业、课程安排和培训难度进行分配；

③设立奖学金或补助。

(2)经济厅应就接受公费培训的学生名额发表意见和建议，并向政府报告。

(3)匈牙利总理可以：

①任免学院校长；

②任免学院教授；

③任免匈牙利认证委员会及高等教育研究委员会会长及其成员。

第 102 条

(1)根据本法要求，教育部负责高等学校的管理。

(2)教育部可以对本法涵盖的所有类型活动进行管理，无论从事该活动的是高等学校，还是办学者。

(3)教育部应参与政府高等教育政策的起草和制定工作，监督各部门的政策及其执行情况，根据国家的政策进行管理，并对上述事项提出建议。

(4)《职业教育法》决定高等职业培训事务。

(5)本法规定情况下，教育部须征求匈牙利认证委员会和高等教育研究委员会的意见后做出决策。

(6)处理地方或少数民族有关事务时，教育部须征求少数民族委员会的意见。

第 103 条

(1)作为高等教育组织负责机关，教育部应：

①运作

a)高等教育信息系统；

b)毕业生就业监督体系；

c)教育权利委员办公室、高等学校信息系统运作机构、注册中心及外国文凭、证书认证机构；

d)教育中介服务。

②确定高等学校规划过程中应遵守的要求，并确保其安全健康办学；

③就学院校长和学院教授的任免事宜向总理提出建议，就大学校长和大学教授的任免事宜向总统提出建议；

④制定部门质量政策要求；

⑤提交统计报告；

⑥监督高等学校合法办学；

⑦监督预算法的内部审计工作；

⑧根据申请公费研究生课程、博士课程及研究生专业课程的人数，确定各课程可以接受公费培训的学生名额。

(2)根据第105条规定,教育部应根据匈牙利认证委员会的建议,提起法院诉讼,撤销高等学校的考试成绩,并将颁发的资格证书和毕业证书废除。

第104条

(1)作为负责高等学校发展的机关,部长应:

①运作专业监督体系;

②制定高等教育体系发展规划,包括中期发展规划和质量政策;

③检查高等教育中出现的培训和教育问题,提出解决方法;

④确保高等教育科研所需组织条件和经费;

⑤促进教育和培训新方法、新途径、新组织形式的传播;

⑥提供高等教育的教育和专业服务,开展国家级高等教育科研考核;

⑦至少每3年进行一次定期评价高等教育的教育培训情况,审查高等职业教育课程、本科课程和研究生课程结构;

⑧至少每3年定期评价高等教育与经济的关系。

(2)确定高等教育发展方向、目标和质量政策时,须尊重女性的地位。

(3)教育调解服务应有利于解决本法规定的权利有关的争议(其他法律规定需要进行调解或仲裁的争议除外)。调解是特殊的争议管理和争端解决方式,旨在双方缔结书面协议,解决争议。调解程序在调解人的参与下进行。调解人需要秉持公正认真的态度,尽最大能力帮助双方签订协议、解决争议。

(4)根据1993年第77号《地方少数民族权利法》第18条第(3)款第①项规定,若地方少数民族政府开始为高等教育以民族语言授课学科或方言学科创造条件,则教育部应考虑其需要,通过缔结国际协议、执行工作规划或征集高等教育课程的意见或关于创造匈牙利高等学校所需条件方面的有关建议,以保证实现上述条件。

(5)经参议会推荐,部长可授予学业成绩突出的学生匈牙利国家奖学金。政府确定奖学金的授予条件和规定。

(6)若本法未做另外规定,部长应对公立高等学校的办学者实行管控。

第105条

(1)部长应监督私立高等学校的合法办学情况。在监督体系框架内,部长应检查办学者是否按照法律要求、机构文件及办学许可要求合理运作高等学校,以及是否履行办学者应尽的义务。

(2)为保证监督的合法性,部长应要求出资人满足第(1)款所述义务,并为其设定时限。若出资人在规定期限内未能采取必要措施,则部长可以提起法律诉讼,确定出资人的过失。此类诉讼自期限届满之日起30天内提起。根据1952年《民事诉讼法》第20章,若法院确定被告人存在过失,且出资人未在法律规定的期限内纠正过失,部长可以向法院要求下达解散其所在高等学校的判决。

（3）若第（1）款所述警告无效，则部长可以根据检查结果暂停高等学校的考试管理权。权利中止的同时，教育部应提起法律诉讼，确定办学者的过失。教育部的决议中应处理好学业和考试等有关的问题。

（4）本条程序根据《官方行政程序及服务基本法》适当办理。注册中心应配合手续办理。《民事诉讼法》（1952年第3号法案）第2条适用于第（2）款和第（3）款情况。法院可驳回任何决议。法院应当庭做出判决。

（5）部长的合法监督不得影响其他法律的管控和监督。

高等学校办学流程

第 106 条

（1）注册中心对高等学校建立及转换等事宜进行初审。做出决定前须征求匈牙利认证委员会的专家意见。部长负责审查注册中心提出的异议。部长在对高等学校事务做出决策前应征求匈牙利认证委员会的专家意见。与一审专家意见一致的专家意见对部长具有约束力。若高等学校计划在匈牙利境外开设培训课程，本条规定也适用。

（2）高等学校在开设本科课程或研究生课程或建设师资队伍前须征求匈牙利认证委员会的专家意见。与专家意见存在争议的，可向注册中心申请启动审查程序。注册中心将根据匈牙利认证委员会的二审意见做出初审决策。与一审专家意见一致的专家意见对注册中心具有约束力。教育部负责审查对注册中心决定提出的所有异议。

（3）高等学校开设博士院前须征求匈牙利认证委员会的专家意见。与专家意见存在争议的，可以向部长申请启动审查程序。部长获得匈牙利认证委员会的二审意见并做出初审决策。专家意见对部长具有约束力。

（4）准备任命大学教授前，高等学校校长须征求匈牙利认证委员会的专家意见。校长应综合专家意见准备大学教授的任命事宜，所作决定连同专家意见由部长交给高等学校办学者。私立高等学校办学者应将校长决定连同匈牙利认证委员会专家的意见及学校审查情况呈报给部长。若高等学校校长决定与专家意见不一致，则部长将取得匈牙利认证委员会的二审专家认可。若二者意见一致，则部长向总统推荐，任命其为大学教授。若校长决定与专家意见仍不一致，则部长可根据自己意见进行任命。

（5）除第（7）款事务外，匈牙利认证委员会在处理本款事务时，应根据相关法律起草专家意见。处理第（3）款事务时，除有关法律规定外，匈牙利认证委员会还应考虑高等学校的科研活动情况。办理第（4）款程序时，除根据有关法律办理外，匈牙利认证委员会还应对候选人的教育、学术或艺术成就进行评估。

（6）除匈牙利认证委员会专家意见外，部长也可向其他独立的国际组织征求专家意见或通过对比调查，以支持自己的决定。

（7）根据注册中心的要求，匈牙利认证委员会应起草专家意见，以帮助外国高等学校获得在匈牙利的办学权。

(8)若处理本款事务时需要匈牙利认证委员会提供额外的专家意见,则应在审查委员会建立的程序框架内进行[详情见第 117 条第(7)款]。

(9)申请本条规定程序须支付手续费。

注册中心

第 107 条

(1)注册中心具有法定职责。具体而言,注册中心负责登记高等学校,授权其进行活动并适当调整,修改登记信息并删除。

(2)注册中心应进行官方检查,并要求教育部行使第 105 条规定的权力或规定监管处分罚款金额,以消除审查过程中发现的任何违规行为。处分罚款金额为 5 万匈牙利福林,最高可达 300 万福林。

(3)政府官员可以要求注册中心进行审查。

(4)注册中心应保存高等学校的真实记录,并决定其是否可将非公益性组织的高等学校注册为公益性组织。注册中心应按照本法规定,登记匈牙利国家学生会、匈牙利认证委员会、高等教育研究委员会和匈牙利校长会议的法人资格。

(5)本条所述的官方检查及其程序根据《官方行政程序及服务基本法》的相关规定进行。

高等教育部门质量发展体系

第 108 条

(1)为了落实部门质量政策,部门质量发展体系应包括:

①部门质量政策原则;

②高等学校的建立和办学评估方案;

③高等学校质量发展规划。

(2)部门质量政策应为高等学校的预期发展方向和目标实施所需的工具及完成质量发展计划提出建议。

(3)匈牙利认证委员会应至少每 8 年一次定期对高等学校的教育及科研活动进行评估。此类评估包括员工的工作情况和基础设施应符合的条件,以及是否充分执行高等学校质量发展体系。

(4)为奖励高等学校举办的活动,政府应设立高等教育质量奖。

(5)匈牙利认证委员会及注册中心在部门质量政策执行工作中应发挥积极作用。

匈牙利认证委员会

第 109 条

(1)匈牙利认证委员会是独立的国家专家机构,负责评估高等学校的教育、科研和艺术活动,检查高等学校质量发展规划的执行情况。

匈牙利认证委员会应：

①帮助制定部门质量政策并监督实施；

②为高等学校质量发展计划的起草和执行提供专业支持；

③认证高等学校的建立和办学事宜；

④提出获得大学教授头衔需符合的要求；

⑤监督部门质量发展体系与欧洲高等教育体系的衔接情况；

⑥应高等学校请求，就教育、科研和艺术活动发表意见；

⑦就引进本科课程、研究生课程，引进博士培训和博士条例等事项提出专家意见；

⑧应高等学校请求，就大学教授头衔授予事务发表意见；

⑨编制和公布《国家高等教育专家名单》。

(2)匈牙利认证委员会应就《高等教育法》草案及其实施、高等教育有关的部门法令发表意见。

(3)匈牙利认证委员会应开展下列工作：

①高等教育的教育、科研和艺术活动的评估工作；

②高等教育发展规划的制订工作。

第 110 条

(1)作为高等学校建立、运作负责机构的一部分，匈牙利认证委员会应：

①负责高等学校的建立事项；

②修正高等学校的主要活动；

③每 8 年一次根据高等学校的工作计划确定其是否具有继续从事教育、科研活动的条件，艺术活动是否达到要求，并检查高等学校的具体研究专业、科学学科以及培训课程是否符合上述条件。

此外，在③情况下，还应审查高等学校是否以合理方式执行其质量发展规划，是否落实工作计划中的质量发展目标。

(2)匈牙利认证委员会就地方或少数民族事务发表意见前应先征求有关少数民族政府的意见。

(3)教育部可以向匈牙利认证委员会要求参与审查程序(见第 106 条)。

(4)匈牙利认证委员会可要求部长行使其权力(见第 105 条)。

(5)出现意见分歧，需要匈牙利认证委员会做出决断时，已提出专家意见者不得参加下次专家意见征集工作。应在 120 天内提供专家意见。此期限可以延长一次，延长时间不超过 30 天，且须把程序告知发起人。

(6)匈牙利认证委员会应在 30 天内提交部长要求的官方检查意见。

(7)匈牙利认证委员会可以要求高等学校提供促进其任务执行的文件，或检查高等学校的实施情况。

（8）匈牙利认证委员会可以根据要求，把根据政府规定提出的意见在教育部官网上予以公布。

第 111 条

（1）匈牙利认证委员会由 29 名成员组成，其中匈牙利校长会议指派 15 名成员，匈牙利科学院指派 3 名成员，科研所指派 5 名成员，国家公共教育委员会和国家少数民族委员会各指派 1 名成员，与高等教育相关的办公室和专业组织指派 4 名成员。高等教育研究委员会、校长、财务委员会成员和公务员不能担任委员会成员。匈牙利认证委员会从成员中选出主席和其他高级官员，并确定运作顺序。

（2）委员会成员和主席由总理综合部长建议后任命，任期 3 年。任期可以延长一次。匈牙利认证委员会成员及主席名单在匈牙利官方公报和教育部官网上公布。

（3）匈牙利认证委员会可设常务委员会及临时专业、专家委员会，协助工作。匈牙利认证委员会还可设立质量发展专家委员会。

（4）匈牙利认证委员会可聘请国内外专家进行服务。

（5）匈牙利认证委员会享有法人资格，由第（1）款设立的机构和秘书处组成。委员会所在地为布达佩斯，由主席作为代表。匈牙利认证委员会注册身份并非为公益性组织，但实际为具有特殊法律地位的公益性组织。由委员会主席行使雇主对秘书处雇员的雇佣权利。秘书处由秘书长领导，对委员会主席委派的具有部分权利的个人负责。根据公务员适用法规决定匈牙利认证委员会秘书处的薪资与假期。委员会运作资金由教育部特殊拨款。匈牙利认证委员会主席享有预算的处置权，但不得干预该委员会的管理及工作执行情况。匈牙利认证委员会可出席与其功能一致的各类公开邀请。

（6）匈牙利认证委员会在注册中心登记，委员会章程由部长签发。委员会经部长批准，可起草本会章程。

（7）匈牙利认证委员会可设审查委员会，负责第 106 条第（8）款工作。审查委员会由 3 名成员组成，其中匈牙利校长会议指派一名，其他两名从匈牙利认证委员会任期 3 年的成员中选出。若上届成员已经退出，审查委员会成员同匈牙利认证委员会或其下属机构相同，成员任职期限为 3 年。第（1）款所述的利益冲突也适用于审查委员会成员。

（8）政府规定匈牙利认证委员会的设立、其成员的利益冲突、成员资格终止、委员会运作及工作的执行问题。匈牙利国家学生会代表在匈牙利认证委员会会议上行使咨询职能，匈牙利哲学、文学博士生协会代表参加博士课程有关的项目时同样行使此职能。根据政府规定，部长对匈牙利认证委员会的合法运作进行管控。

高等教育研究委员会

第 112 条

（1）高等教育研究委员会为独立的专家委员会，为教育部提供建议并协助教育部制定决策、发表意见，并就高等教育的发展、资金支持、科研提出建议。

（2）高等教育研究委员会应帮助制定高等教育的培训科研体系与社会经济融合问题的决策，以及高等教育的发展和资助问题，并监督决策的实施。

（3）高等教育研究委员会应监督高等教育与社会之间的联系，特别是持有大专学历或大学学历的劳动力市场需求情况。也应对公费培训学生名额及学生在每个学习专业情况、学业水平的配置提出建议。委员会应就影响高等教育与劳动力市场的教育政策问题提出自己的立场，预测劳动力市场可能出现的变动，在培训体系现代化问题上提出建议。

（4）高等教育研究委员会应对高等教育体系的年度预算草案发表意见，在年度预算中发表意见。委员会还应对分拨给高等教育的预算进行分析并提出建议。

（5）高等教育研究委员会应就《高等教育法》草案及其实施、高等教育有关的部门法令发表意见。

（6）根据部长要求，高等教育研究委员会应就任何影响高等教育的事务发表意见，表明立场，并提出建议。

（7）高等教育研究委员会：

①如有要求，就下列事务发表意见：

a）高等学校发展规划；

b）根据协议申请的补助。

②就高等教育有关事宜起草提案；

③应政府机关或高等学校要求，向高等学校提出建议。

（8）高等教育研究委员会提出建议或意见时［见第（7）款］需要征求有关部门意见。

（9）高等教育研究委员会应就教育权利委员的任免事宜发表意见。

第113条

（1）高等教育研究委员会由19名成员组成，其中各办公室指派成员6名，匈牙利校长会议指派成员3名，匈牙利科学院指派成员2名，部长指派2名，匈牙利全国学生会、匈牙利哲学博士生、文学博士生协会，高等学校员工工会及就业部、农业部、经济部各指派1名。匈牙利认证委员会成员、校长、财务委员会成员及公务员不得担任委员会成员。高等教育研究委员会从其成员中选出主席和其他官员，并决定运作程序。

（2）高等教育研究委员会的主席和成员由总理根据教育部建议任命，任期3年。任期可延长一次。委员会的主席和成员人员名单应在匈牙利官方公报和教育部官网上予以公布。

（3）其他常务委员会、专业委员会和专家委员会可以跟高等教育研究委员会同时设立。专家委员会应包括有关部门部长、国家利益协调委员会各雇主代表1名，以及少数民族政府指派的成员1名。

（4）高等教育研究委员会可聘用国内和外国专家。

（5）高等教育研究委员会享有法人资格，由第（1）款所述人员组成。委员会所在地为布达佩斯，由主席代表。高等教育研究委员会注册身份并非为公益性组织，但实际为具有特殊法律地位的公益性组织。委员会主席行使雇主对秘书处雇员的雇佣权利。根据公务员适用法规决定高等教育研究委员会秘书处的薪资与假期。委员会运作资金由教育部特殊拨款。高等教育研究委员会主席享有预算的处置权且不受其他机关干预。委员会可接受与其职能相关的各类公开邀请。秘书处由秘书长领导,高等教育研究委员会主席可将其部分权力下放给秘书长。

(6)高等教育研究委员会应根据其活动范围编制和发布专家名单,作为国家高等教育专家名录的一部分。

(7)高等教育研究委员会的创办章程由部长签发,注册中心登记。委员会经部长批准后编制其组织及运作章程。

(8)政府通过法令,规定高等教育研究委员会的设立及其成员的利益、成员资格终止、委员会运作及工作的执行问题、秘书处职能等事务。部长根据政府规定对高等教育研究委员会的合法运作进行管控。

匈牙利校长会议

第 114 条

(1)匈牙利校长会议为高等学校授权代表机构,保护高等学校利益。该会议可就高等教育体系运作有关问题发表意见,并向决策者或决策负责人提出建议。匈牙利校长会议享有法人资格,总部位于布达佩斯。最高检察院对其实行司法监督。匈牙利校长会议由注册中心登记。根据其他组织规定履行报告和会议义务。匈牙利校长会议是公益性组织,但不必登记为公益性组织。

(2)匈牙利校长会议由高等学校校长组成。匈牙利国家学生会,匈牙利哲学博士、文学博士协会,高等教育员工工会分别指派一名代表,行使咨询职能。

(3)匈牙利校长会议应在章程中规定运作顺序,选出高级官员和能够代表本董事会的成员。匈牙利校长会议有权使用匈牙利徽章。

(4)高等学校负责确保匈牙利校长会议运作所需的财务及管理条件。产生的费用由指定的高等学校根据大会运作顺序承担。

(5)全国博士委员会由高等学校博士委员会主席组成,就博士课程及博士学位授予的有关事务发表意见。委员会应根据高等学校中接受公费培训的学生人数,制定考核学生质量和成绩的原则。

(6)国家学分委员会负责国家学分体系的发展、协调,促进其在国际学生流动中的作用。国家学分委员会应协助高等学校学分体系的运作与发展。委员会应就匈牙利与国际学分的转换问题向部长提出建议。政府决定国家学分委员会的运作程序。

办学者管控

第 115 条

(1)由保证高等学校运行的机关,根据本法规定实施办学者管控。若未另做说明,无论何种办学实体,办学者管控的有关权利和义务与行使此类权利和履行此类义务相同。办学者管控的权利和义务可以在签订协议的情况下转让,或由双方共同行使、履行。

(2)办学者应:

①向注册中心申请高等学校的国家认证程序或撤销国家认证;

②发布或修改高等学校的创校章程;

③与负责人沟通高等学校的预算拨款,并根据会计规则计算高等学校的年度开支;

④检查:

a)高等学校校规;

b)高等学校的发展规划;

c)高等学校的核心预算,计划目标和实施方案;

⑤监督:

a)高等学校的管理、合法高效运作,评估核心预算按比例使用情况和实施方案;

b)专业工作效率;

⑥负责校长办公室人员的任免事宜,经校长授权行使雇主权利;

⑦根据校长建议,任命高等学校(用作预算组织)的财务主任或内部审计负责人,或根据校长提议,撤销财务委员会或其所属单位;

⑧负责提供作为预算组织的高等学校年度预算报告。

(3)办学者应按要求,检查校规的一致性、完整性和合法性。

(4)为确保合法性,应检查高等学校文件内容的合法性,高等学校办学的合法性和高等学校决策的合法性。《官方行政程序及服务基本法》第6章适用于本款规定程序。

(5)根据第(4)款管控结果,办学者可要求高等学校领导人纠正任何非法决策,或采取必要措施,并设定恰当的纠错的最终期限。

(6)办学者应根据高等学校按会计要求编制的年度报告和质量发展规划执行报告内容,评价专业活动和运作效率。必要时可以规定适当的截止日期。

(7)高等学校应将其校规、机构发展规划、预算、计划目标及实施计划,以及参议会做出决议后15天内做出的任何修改发送给办学者。高等学校应提前把高等学校计划中不符合预算或计划目标的决策内容通知办学者。要求办学者接受参议会的其他决议通知。

(8)办学者可以在收到通知后的30天内,就高等学校预算、计划目标及预算实施方案问题与高等学校沟通。应在接到通知后的60天内提出意见,在90天内提出对高等学校机构发展规划中相关问题的意见。上述期限可延长一次,至多30天。若办学者对高等学校预算、计划目标、实施方案或校规内容、机构发展规划内容提出反对意见,则可返回一次,敦促高等学校在规定的期限内加以修改。

(9)若高等学校未能履行其义务[见第(5)~(8)款],办学者可提起法律诉讼。

(10)诉讼可在期限届满30日内提出。法院应通过庭外程序迅速做出判决。错过规定期限丧失诉讼权力。法院可以根据办学者的意见,驳回高等学校决议或要求高等学校部分或全部按照办学者意见办理。布达佩斯大都会法院负责接受诉讼。要求索赔会暂停决议继续执行。

（11）若高等学校机构计划中存在不符合预算或计划目标的决策内容,办学者应在收到决议之日起 15 天内提出反对理由并交换意见。高等学校可以经由参议会的表决通过争议决策。

（12）国立高等学校的办学者应:

①提出财务委员会有关建议:

a）决定校长薪资;

b）核准校长除教学、科研之外的工作职责;

②有权把校长的部分雇主权利转交至财务委员会。

（13）公立高等学校:

①若校长办公室职位候选人不符合规定要求或参议院决策程序无效,则办学者可拒绝将有关参议会决议提交至匈牙利总统或总理;

②出现第 106 条第（1）款情况,不得对注册中心决议提出上诉。

（14）办学者管控不影响本法赋予高等学校的自主权,也不影响其做决策的权力。根据高等学校参议会决议,校长可以在办学者提出反对意见后的 30 天内,以办学者决议违反本法规定的自主权为由,提起诉讼。［第（8）款情况除外,办学者根据第（11）款情况提出的反对意见除外］法院应通过庭外程序迅速做出判决。法院可驳回办学者的起诉。布达佩斯大都会法院负责接受诉讼。要求索赔会暂停决议继续执行。

第六部分　国际相关规定

匈牙利境内的外国高等学校

匈牙利在境外设立的高等学校

第 116 条

（1）若外国高等学校及其颁发的毕业文凭或证书能在本国被承认合法,而且已经取得注册中心下发的办学许可,则可在匈牙利境内颁发国外的毕业文凭或证明。若法律未做另外说明,则按照获得国家认证的国家规定,确定外国高等学校的建立、教育及科研活动、相关的监督程序、高等学校办学和入学要求。

（2）外国高等学校可以由注册中心登记。一旦证明高等学校符合第（1）款条件,注册中心即可授权办学者开始运作。根据《外国文凭学位认证法》(以下称"认证法")（2001 年③号法案）,匈牙利认证委员会、外国文凭学位认证负责机构在授权程序中可作为专家机构合作。若毕业文凭标注的学位或资格证书在匈牙利未能得到认可,则可不授予办学许可。教育部应在高等学校办学事务中行使其权力(见第 105 条),在权力范围内,至少每 8 年检查一次外国高等学校,检查其是否符合第(1)款条件。

(3)第(1)款所述的高等学校,既可颁发外国毕业文凭或证书,又可根据国际协议在匈牙利设立并办学。根据国际协议建立并运作的高等学校,应由注册中心按照第(2)款规定登记。按照第(2)款规定,若国际协议中未另做说明,根据国际协议建立并运作的高等学校,根据国际协议进行合法管控。

(4)若国际协议未另做说明,不得在匈牙利境内设立外国高等学校公费培训点。

(5)本条规定的高等学校需在高等教育信息系统登记,并提供相应数据。

第 117 条

(1)根据有关国家法律,匈牙利高等学校可以提供境外教育培训。

(2)匈牙利高等教育认证委员会应作为本条规定的培训条款授权的专家机构进行合作。

(3)匈牙利可以签订国际协议或工作规划、申请或协议,通过法律规定的资金帮助第(1)款所述的高等学校办学。此类申请由教育部部长发起,授权教育部部长签订协议。

(4)若符合下列条件,匈牙利高等学校可以与外国高等学校开设联合课程,授予匈牙利及外国毕业文凭和资格证书,或联合毕业文凭和资格证书:

①高等学校有权开设此类课程;

②有关高等学校同意开设此类课程;

③有关高等学校已在其所在国家获得国家认证;

④相关国家相关法律高等教育毕业文凭或证书可作为所颁发的毕业文凭或证书的根据;

⑤协议中明确说明开展联合项目的匈牙利本科、研究生、博士生课程或研究生专业课程要求。

(5)若外国高等学校开设第(4)款所述的课程,则无须在匈牙利境内获得办学许可。同第 106 条第(7)款一样,匈牙利认证委员会在授权本条所述的培训课程中可作为专家机构进行合作。

匈牙利海外留学

第 118 条

(1)匈牙利公民有权在外国高等学校学习,无须任何授权。

(2)教育部应支持匈牙利公民在外国高等学校(已获得国家认证)学习,为学生的学习申请提供奖学金。

(3)若匈牙利公民为少数民族群体,则教育部应支持学习民族语言的学生,为学生提供奖学金。

（4）匈牙利公民可申请学生贷款,学习由欧洲经济区内获得国家认证的高等学校开设的学位课程。

（5）本条所述的留学生可以获得文凭。

（6）政府规定第（2）款、第（3）款奖学金的申请要求和评估,学生贷款的申请、支付和结算,以及文凭的申请、颁发要求等。附带条件为应根据有关地方少数民族政府的规定提交、评估第（3）款所述的申请。

匈牙利境内留学

第 119 条

（1）在外国学校完成中学教育后获得的毕业文凭和证书,其认证事务遵守《认证法》规定执行。

（2）本法适用于在匈牙利境内学习的非匈牙利公民,同时需要遵守下列要求:

①在匈牙利无住所的非匈牙利公民,则在获得学籍前应取得其他法律规定的入境签证及居留许可证;

②若第 39 条第（1）款所述学生（②、③类型除外）参加公费培训课程,学生只有资格获得国际协议、法律、工作规划或国际互惠协议中的助学金、福利补贴、教科书、食宿或其他补助;

③学生可以通过申请获得中央预算提供的奖学金;

④匈牙利海外居民符合《匈牙利居民境外居住法》（以下称《优惠法》）要求的条件,可以参加公费培训;

⑤非匈牙利居民在接受高等教育前,可进行至多两个学期的预科学习。

（3）政府决定匈牙利境内的外国学生和匈牙利海外学生学习奖学金的有关规定,时间可延长至本法所述的公费期,范围可包括《优惠法》涵盖的人员。

第七部分　高等学校经费

高等学校的经济活动

第 120 条

（1）高等学校应根据年度预算实施工作。高等学校可根据创校章程的规定,在经济活动范围内做出有关决议或采取行动,但不得有危害本校、公共资金和有效利用公共资产的活动。为此,高等学校可签订合同,取得所有权,与其他机构合作进行商业活动,建立商业组织,减少或转移资产,使用和利用自己的资产。高等学校应坚持妥善、合理利用自己可支配资金,保护知识产权和其他财产。

（2）若资方未特别说明资产所有人,则公立高等学校为资方可支配资产（以下称"高等学校可支配资产")的管理者,私立高等学校则为使用者,高等学校应使用可支配的动产和不动产,完成创校章程规定的任务。公立高等学校可按照《公共资产和国有资产法》以及本法的规定,处置可支配资产。高等学校应分别记录可支配资产和自有资产。

(3)高等学校应按照合理的经济的管理要求,独立管理可支配资产和自有资产,该权力不得被剥夺。若高等学校无拖欠债务,可将真实收入和上年度的预算剩余的差额投资财政部网络教育的政府证券。作为高等学校可使用拨款或执行任务的预算剩余。若作为高等学校将年度预算法中分配的收入用于高等学校翻新或投资,则可以免除缴税。[见 122 条第(2)款]

(4)高等学校可以开展第 4 条第(1)~(2)款所述活动,作为其主要活动的补充。此外,还可以开展商业活动,但商业活动不得影响到基本任务的执行。若作为高等学校将营业利润用于执行基本任务或取得对基本任务有帮助的所有权或用于投资对冲基金,则无须支付营业税,也无须缴纳其主要活动和补充活动产生的纳税。用作高等学校可以在财政部建立自己的结算子账户,管理资金流动。计算高等学校上年度盈余时,结算子账户的年终余额不计算在内。

(5)高等学校应计算上述有关的成本和费用。

(6)高等学校每季度应编制资产负债报告,并提交给办学者。

第 121 条

(1)公立高等学校可以用自己的收入或资产建立私人股份有限公司或有限责任公司,无须政府批准入股,但不得用国有资产出资。此类公司的运作及高管责任依据另外立法中的国家参与公司的规定执行。

(2)公立高等学校可建立或参与商业组织,但其负债不得高于其认缴资本,认缴资本不得高于股息支付比例。该类商业组织不得建立任何额外商业组织,也不得参与任何商业组织。

(3)公立高等学校应用自己的收入为商业组织提供资金。

(4)公立高等学校应向财务委员会提交年度工作报告,说明已建立或已加入的商业组织的运作情况。根据报告内容,财务委员会应起草有关该组织持续运营或规避可能出现的资产损失的活动建议。

(5)作为预算组织的高等学校只有在预期业务计划三年内能获利的情况下,可建立商业组织,且任何赤字都由高等教育机构在单独账户上的收入支付。

(6)高等学校应在不损害自身利益的基础上建立或加入商业组织。除组织活动外,执行第 11 条第(1)款、第(3)款课程有关任务的高等学校不得建立商业组织。

(7)若高等学校为智力产品的受益人,则可向商业组织转让此类财产作为注入资金,也可建立公司,将智力产品用于商业用途。为此建立的商业组织可以根据《科研发展与技术创新法》(2004 年第 134 号法案)的规定运作。

(8)高等学校高级行政职位持有者和行政职位持有者及其近亲(见《民法》第 685 条

②)在其所任职的高等学校建立或参加的商业组织中不得担任行政职位,不得成为监理会成员或者负责审计工作。

(9)校长行使建立高等学校或参与建立高等学校的商业组织的所有权。

第 122 条

(1)高等学校发展规划框架内,公立高等学校应:

①参加发展工作;

②有权使用可支配资产或自持资产进行投资或实施合作项目。

(2)若出售不动产的收入用于高等学校的翻新、投资或其他用于执行高等学校基本任务的发展项目,则一般不得拒绝高等学校管理者提出的国家资产的转让。转让不动产获得的收入盈余,即为公立高等学校管理的国有资产部分,支付公共费用、转让成本外,剩下的用于高等学校重建、投资等事宜,包括政府和社会资本合作(PPP)框架内的投资还款或其他任何帮助高等学校执行基本任务的发展项目。

(3)若与非政府投资者合资,则公立高等学校有权在没有竞争的情况下将自己管理的不动产转让给投资者,或授予投资者土地使用权。应根据与投资者签订的协议条款决定土地分配权或使用权,但有效时间不得超过 20 年。

(4)公立高等学校可在预算方面做出长期规划(至多 20 年),用于积累或购买投资替代服务。此类承诺产生的年度应缴纳金额不得超过其分配给具体项目或用于积累的年度预算金额的 10%。若由于高等学校预算的减少,导致年度应缴纳金额超过上限,则在此类问题得到解决前不得再做出任何规划。长期规划应在年度报告中说明,该报告书为年度预算和财务报告的一部分。根据有关预算法规,可由教育部承担高等学校规划获批的年度拨款的 50%。承担的规划金总额不得超过获批的中央投资拨款的 33%。若要承担超过上限的规划金额,须获得公共财政部部长的批准。

第 123 条

(1)公立高等学校可通过其建立或参股商业组织所得利润(股息)、商业活动税后所得利润、自费课程所得收入、现金捐赠、动产不动产或遗产的捐赠获得资产。除捐赠和获得遗产外,高等学校为可支配财产提供保护条件或进行更换,也可获得资产。高等学校可获得其他法律规定的国有资产。

(2)若本法未做另外说明,则:

①本法有关资产及资产获得的规定,是指高等学校的托管制度;

②若任何高等学校以任何名义获得任何资产,其所有权归国家所有。但应与高等学校签订无限期托管协议。

(3)若所获资产已计入高等学校收入,则第(4)款规定不适用。

(4)教师或科研人员通过智力产品(见第 4~5 条)应遵循聘用关系或与雇主相关的智力产品转让的规定。

(5)公立高等学校的资产[第(1)款所述]应以国有资产适用方式登记为国有资产;

为此,高等学校有义务提供其他法律规定的数据。经办学者同意后,可以通过竞争出售。

第 124 条

《公共财政法》第 18 条第③项,第 92 条第(2)款及第 95 条第(2)款第①项不适用于公立高等学校。本法未进行说明的内容,可适用《公共财政法》第 110 条第(1)款第③项的规定。

培训服务和学费

第 125 条

(1)为国家资助学生提供的服务如下:

①讲座、研讨会、咨询、实习课程、现场操作课程、演奏会及考试各两次;对未通过的演奏会和考试再重考一次;参加期末考试,完成教育项目规定的教学要求及学业要求;颁发资格证书和毕业文凭与学位证书,学籍有效期内的学位授予过程根据第 68 条第(3)款规定办理;

②宿舍及学生的学院课程;

③使用设施,包括图书馆、实验室、计算机、体育和娱乐设施;

④高等职业培训提供实习课程所需工作服、防护服和卫生用品;其他课程提供防护服和卫生用品;

⑤学术和职业咨询;

⑥培训有关的最新消息,授予博士学位;

⑦必须参加的颁奖典礼或其他典礼或高等学校举办的纪念活动。

(2)若相关法律未做说明,则任何高等学校不得向学习公费课程的学生收取任何行政服务费(例如注册费)。

(3)向国家资助学生提供的付费服务如下:

①学生可选择一门课程,用匈牙利语之外的语言授课;课程科目在以匈牙利语授课的匈牙利本科及研究生课程中确定;

②高等学校为学生提供的工具、设备制作出的物品为学生所有(例:复制材料);

③使用设施,包括图书馆、实验室、计算机、体育和娱乐设施,以及免费服务以外的设备;

④宿舍住宿和学生学院住宿中可使用的设施,特别是图书馆、实验室、计算机、体育和娱乐设备以及宿舍设备;

⑤提供可获得超过必备学分的课程,或超过高等学校根据本法要求提供的学分总数的课程。

(4)高等学校学业考试要求可规定同一科目的第三次或其他额外重考费用,费用和补助规定可说明未能履行或延迟履行学业考试规定需要支付的费用。此类费用每次不得超过每个学生标准收费的 5%。

（5）基于第（3）款、第（4）款情况收取的费用要求在费用和补助规定中规定，此类收费不得超过首次交费标准。

（6）若学生参加公费培训，本条规定也适用于外来的学生。

（7）除基本服务外，其他补充服务产生的费用按费用和补助规定的情况收费。

支付培训费用

第 125 条/a

（1）若国际协议中未另做说明，公费学生必须支付自本科第三学期或本硕课程第三学期或学习研究生初级或全部课程的培训费。弱势学生、享受无薪育儿假的学生以及注册期间领取怀孕津贴、育儿津贴、抚育津贴或儿童福利的学生无须支付培训费。

（2）学生需支付的研究生培训课程年培训费为年度标准金额乘以中央统计局预算年度第二年平均月工资总额所得结果 1.5 倍的 20%，在考虑所有提供给本科课程及研究生课程的资金的基础上，相应的研究生课程的支付费用为 30%。

（3）高等学校决定培训费用的实际金额，数额不得低于标准金额的 50%，也不得超过标准金额。高等学校可免除学习成绩突出的学生 15% 的培训费用。高等学校可减免实际培训费用，以使高等学校在这方面获得的年度收入可以达到或超过学生支付的培训费用总数与按第（2）款标准计算的标准收入金额之和。

（4）按照政府规定，培训费用所得收入的部分（至少 1/3，但不得超过半数）应用于资助学习成绩突出的学生。剩余部分应根据参议会决议用于高等学校的发展。

（5）政府确定支付培训费用的详细规定。

支付学费

第 126 条

（1）自费学生应付费享受第 125 条第（1）款、第（2）款提供的服务，也需支付第（3）款、第（4）款服务产生的费用。学费和其他费用收取的有关规定应在学费和补助规定中说明。根据学费和补助规定，学生和高等学校应在协议中规定学费和其他费用金额。学费收取标准应在《高等学校入学指南》中公布。本款所述的费用不包括学生公寓的住宿费。学生公寓住宿费收取标准按双方签订的协议收取。

（2）高等学校确定学费金额，需要考虑高等学校教育总支出。学费金额须少于每个学生经常性教育开支的 50%。若学生不符合获得法律规定助学金的要求，则第 56 条第（2）款所述服务、学费金额不得少于每个学生经常性教育开支的 50%。若学生在学期开始前宣布暂时休学或停学，则应按照校规收取适当比例的学费。

（3）校规应说明校长颁发给自费学生的补助方式（根据学生学习成绩或社会状况确定），以及分期付款的事宜。

（4）任何高等学校都可与商业组织达成协议，赋予商业组织员工学籍。符合本法所述标准者签订此类协议后,方可授予员工学籍。协议应规定,与学习相关的所有费用均由商业组织承担。

高等教育经费筹措原则

第 127 条

(1)高等学校办学经费来源于资方提供的补助和资金、中央预算的子系统分配以及公共财政之外所得的收入。根据《职业教育法》(2003 年第 86 号法案)规定,需要支付职业教育费。《教育系统发展支持法》可能会导致高等教育的成本增加。

(2)《年度预算法》应按公立高等学校和私立高等学校执行任务的比例进行分配。分配给高等教育的资金,金额不得少于教育部依照《预算法》(2007 年)划拨给高等教育的经费,但不包括拨给军事高等学校和高等执法学校的拨款。预算应说明高等学校资金的年总额,使其不低于预算编制加上上一年度通货膨胀指数上涨后的总额。高等学校也可以通过申请或签订协议来获得资金支持。

(3)可提供下列规范性补助金:

①学生助学金;

②培训;

③科研;

④管理;

⑤指定的工作。

高等学校有权获得中央预算在平等基础上提供的规范性补助金,本款所述条目,除①、⑤外,不得对其使用加以干涉。

(4)教育部应将中央预算拨给的规范性补助金直接转让给公立高等学校,通过资方转给私立高等学校。教育部可经资方同意后直接转给私立高等学校。规范性补助金应根据法律规定申请,且需要提供有关法律规定的某些数据。若高等学校是私立高等学校,应根据与教育部签订的协议融资。

第 128 条

(1)申请获得的资助用于以下方面:

①支付高等学校教师和科研人员的奖金;

②执行科研和开发任务,对科研成果的利用;

③实施积累(投资、翻新)计划;

④奖励"质量奖"获得者;

⑤实现欧盟目标,促进国际教育与科研间的关系,支持高等学校在匈牙利境内向非匈牙利公民提供的本科、研究生和博士课程的付费培训;

⑥开设匈牙利境外的匈牙利语培训;

⑦促进机会平等;

⑧开展并维护少数民族学生项目；

⑨完成高成本的学位论文和硕士项目；

⑩完成高等学校图书馆工作；

⑪完成学生学院工作；

⑫完成学生协会工作；

⑬完成博士生协会工作；

⑭匈牙利研究相关课程；

⑮支持优秀学生的活动。

本款规定的预算金额按申请进行分配。此类申请应由高等学校负责人或学生公寓维护者提交。社会组织、基金会和公共资金会也可申请资金，以执行⑪、⑫及⑮的工作。

(2)部长可以根据签订的协议提供资助，特别是为：

①个别高等学校的特殊工作；

②达到发展目标；

③国家理科生会开展的活动；

④匈牙利国家学生会、匈牙利哲学和文学博士协会的活动；

⑤博士生学院，包括国家博士生委员会的活动；

⑥支持高等学校的优秀教学、科研和发展活动；

⑦贵重设备的使用。

(3)每个预算年，为执行第(1)款第⑧项、第(2)款第⑥项工作而提供资助的资金总数不得超过规范性资金[见第 127 条第(3)款第②项]的 5%。签订的协议有效期至少为 3 年。教育部规划的拨款应：

①资助匈牙利国家学生会，每位学生获得的资金资助为国家规范性资金的 0.0025 倍；

②资助匈牙利哲学、文学博士协会，每位学生获得的资金资助为国家规范性资金的 0.0065 倍；

③资助国家理科生会，每位学生获得的资金资助为国家规范性资金的 0.001 倍。

(4)开设匈牙利语课程的其他国家高等学校，也可根据匈牙利高等学校的申请规定申请资金。

(5)为匈牙利认证委员会运作提供的资金应为第 127 条第(3)款第②～④项所提供资金总数的 0.002 倍，为高等教育研究委员会运作提供的资金应为第 127 条第(3)款第②～④项所提供资金总数的 0.0007 倍。

(6)政府决定本条所述申请的条件和提交细则，但总人数少的学生项目中的学生总数不得超过高等学校录取人数的 5%。确保每个高等学校的总人数少的学生项目能够获得 5～8 年的预算拨款。

(7)本条所述的资金和补助根据教育部预算进行规划。规范性补助比例在《年度预算法》中说明。

第 129 条

(1)本法规定的学生助学金包括在为学生提供的助学金中。

(2)学生助学金数额根据公费课程录取学生的数量决定,可根据学生助学金的申请资格考虑获取助学金的学生人数。政府决定学生助学金的规范性补助、补助范围和符合要求的学生人数。

(3)提供学生助学金的资金为:

①提供给助学金的规范性补助;

②提供给宿舍、学生公寓住宿生的规范性补助;

③住宿方面的规范性补助;

④博士助学金的规范性补助;

⑤教科书、体育和文化活动的规范性补助;

⑥匈牙利国家奖学金的规范性补助。

①~⑥情况,每年应根据上一年度的学生数量来计算《预算法》中的人均拨款额,使其不少于《预算法》(2007 年)中相同内容的规范性补助金额。

(4)教科书补助可增加至政府规定的用于购买教科书和电子教学材料、教学电子设备的资金上限。

(5)若学生公寓维护者根据与高等学校签订的协议,为公费学生提供食宿,则公寓可获得同规范住宿补助相同金额的补助。补助金额与同教育部签订的协议一致。

(6)高等学校和学生公寓资方可自行决定协议条款,但内容应包括:

①学生公寓提供的基本服务和补充服务;

②学生公寓可为高等学校学生提供食宿,享受公寓基本服务的学生每月需要支付费用。

(7)若学生宿舍根据与高等学校签订的协议,为高等学校的国家资助学生提供食宿,则高等学校有资格获得同规范性住宿补助相同金额的补助金,学生公寓须在与高等学校签订的协议要求下运作,且公寓资方处于政府和社会资本合作框架内[见第 122 条第(1)款第②项]。除第(5)款外,资方有权享受与高等学校签订协议中规定的其他服务。

(8)在学生补助金资助范围内,高等学校应按照相关政府法令的规定,将拨款集中用于助学金、食宿补助、教材补助以及体育文化活动的补助方面。

第 130 条

(1)高等学校组织的教育服务,由中央预算通过培训补助予以支持。

(2)培训补助根据公费培训的学生人数计算。其金额由培训课程的专业特点及周期(例如:理论导向型、实践导向型)决定。

(3)高等学校的培训课程应根据规范性补助获得资格划分为各资助小组。年度规范性培训补助金额根据本法附件 3 进行计算。

（4）根据就业监测系统评估，可对培训补助进行增减，波动控制在10％以内。

（5）若国家资助学生在欧洲经济区的其他国家学习，且所学课程在匈牙利高等学校同样有效，则学习此类课程的学生有资格获得其学籍[按第（6）款规定获得]所在学校的奖学金。

（6）若学生经高等学校同意已开始在国外学习，则有权获得第（5）款所述奖学金。高等学校应在学习条例中说明出国留学条件。若学生在本科期间留学，则只要获得要求学分的60％即可获得奖学金。年度奖学金总额不得少于助学金的3倍。高等学校应在其年度预算中预留出奖学金额度。

（7）政府应决定：

① 培训补助的计算、分配及申请要求，以及专项资金的课程；

② 欧洲经济区留学生奖学金的增加要求，奖学金的设立及发放规定；

③ 培训补助转移至其他高等学校需要遵守的规定。

第 131 条

（1）科研补助应全部用于高等学校开设的课程研究。科研补助不得少于该年度培训补助的50％。

（2）确定科研补助金额时，应当考虑高等学校的研究成果。此类工作支持资金的50％应分配给各高等学校。

（3）根据第（2）款要求分配后的科研补助剩余金额，应根据高等学校学术员工（建立雇佣关系或以公务员身份工作的教师或科研人员）人数及其工作表现分配给各个高等学校，包括参加公费培训的哲学博士、文学博士。有资格获得补助的教师及科研人员数量根据第84条第（5）款规定确定。

（4）政府决定科研补助的计算、分配和使用，科研成果的评估以及高等学校排名的规定及要求。

第 132 条

（1）管理补助金额不得少于该年度培训补助总额的50％。

（2）管理补助为公立高等学校维护费用的一部分。管理补助应根据参加公费课程的学生人数以及由此计算出的员工人数进行分配。

（3）政府决定管理补助的计算、分配和使用的有关规定。

第 133 条

（1）高等学校学生会的活动应由高等学校获得的规范性补助提供资金支持，作为按学生人数规范性补助的一部分。规范性补助应为每位学生规范资金支持的1％。

（2）政府决定学生会活动支持资金的计算、分配和使用。

第 133 条/a

（1）为符合中央预算的支持要求，公立高等学校应与资方签订为期3年的办学协议[见第7条第（4）款]。办学协议应包括高等学校3年内工作的绩效标准，正常的资金投入及可能获得资助的可变的资金投入。可变的资金投入按每年情况决定并计算。

（2）办学协议中应说明如下固定资助：

①管理补助（见第 132 条）；

②购置投资与相关服务提供的教育部资金；

③为支持学校与规范性补助无关的工作提供的资金。

（3）非固定资助下：

①学生助学金补助［见第 129 条第（1）～（3）款］；

②培训补助（见第 130 条）；

③为高等学校办学提供的科研补助［见第 131 条第（1）款］；

④为执行公共教育有关工作提供的支持；

⑤为特定任务提供的支持。

（4）绩效标准应根据年度发展规划决定。从教育、科研、财务管理（财务创造及维护、能力的利用、国家资助学生所占人数）、有效管控、组织活动、与国内外其他高等学校的国际地区合作或社会、经济行为等方面评估，并以该领域的指标表达。

（5）资方对 115 条内容进行的评估、监督及管控，可包含在办学协议中规定的其他要求之内。

（6）若未能遵守或未能充分遵守办学协议规定及其绩效标准，则资方有权采取第 36 条第（10）款规定的措施。若双方当事人就办学协议存在异议，则可以提出要求，根据第 115 条规定由法院做出判决。

（7）为使私立高等学校也能获得中央预算资金支持，私立高等学校资方可以根据第 137～139 条的规定，要求与教育部签订为期 3 年的框架协议。本条第（4）款、第（5）款规定适用于此协议。

其他资金使用原则

第 134 条

（1）为提高教育科研质量，政府应为学生、教师和科研人员设立奖学金。根据法律规定，政府拨款中不再提供奖学金。

（2）政府决定获得奖学金的条件和使用原则。

第 135 条

（1）高等学校可设对冲基金会，用于开展第 4 条规定的投资、发展和培训任务。若至少 10 所以上高等学校参加且签订了基金契约，则可设对冲基金会。此基金由公共采购程序选出的金融机构管理。对冲基金会的章程应根据本法规定，确定需要承担风险责任的事务、条款、条件及需要承担的风险程度。

（2）任何高等学校只要将其年度预算中 1％的金额投入基金会中，即可加入对冲基金会。若高等学校作为预算组织运作，则可按照自己的收入支付。不作为预算组织运作的,其支付给对冲基金会的款项构成对公共利益的承诺。若高等学校设立或参加的商业组织为对冲基金会提供资金,则可以减少高等学校需支付的金额。

(3)对冲基金会可以为高等学校的发展、翻新和投资事项提供优惠贷款。其提供的贷款需要部分或全部偿还,根据金融条款提供无息贷款或低息贷款。

(4)在第(1)款规定的范围内,对冲基金会应部分或全部负责减少因意外或不可抗力事件造成的损失及学生因高等学校解散而转学所产生的费用。

第 136 条

(1)加入对冲基金会 3 年内,基金会不提供任何服务。根据高等学校加入的时间决定对冲基金会提供的服务。

(2)对冲基金会有权投资高等学校或购买政府证券。其章程应说明各投资形式的资金分配。

(3)高等学校若退出对冲基金会,有权无息获得其投入的资金,基金会应在接到退出通知之日起 3 年内偿还款项。若高等学校解散,且无须承担学生转学费用,则其投入的资金根据规定偿还给原资方或继承者。

(4)对冲基金会决策机构为董事会,由高等学校校长组成。

(5)为保证对冲基金会运作,需要高等学校投入资金,金额不超过 4%。

(6)《公共财政法》第 18 条/c 第(5)款、第 100 条第(1)款不适用于对冲基金会的资金投入。

第八部分　其他条款

主办私立高等学校的特别规定

私立高等学校

第 137 条

(1)不归属国家、当地政府或少数民族政府管理的高等学校(本款以下"宗教法人实体所办的高等学校之外的其他学校"统称"私立高等学校"),可作为致力于某宗教或宗教信仰的机构办学,并将其有关的哲学、伦理和文化知识纳入教育项目。接受或认可某种宗教或意识形态可作为私立高等学校的入学条件,从预算中获得培训经费的高等学校除外。

(2)私立高等学校的校规可与第 28 条规定有所出入,根据第 139 条/c,第 88 条第(1)款,第 96 条第(3)款、第(5)款、第(6)款、第(9)款及第 126 条第(1)款、第(2)款和第(4)款规定,作为公益组织办学的高等学校校规也可有所出入,第(2)款第 3 句情况除外。此外,第 97 条第(2)~(3)款规定也不适用,公费培训学生数量超过学校 5 年平均学生总数 50%的情况除外。

（3）在同样条件下,私立高等学校与公立高等学校同样有资格获得第 127 条第（3）款第①～③、⑤项规定的补助金；在同样条件下,私立高等学校可按照公立高等学校同样程序申请第 128 条第（1）款所述补助金。根据第 128 条第（2）款规定,私立高等学校与文化教育部签订的协议中的条款也适用于公立高等学校与文化教育部签订的协议。

（4）第（3）款规定也适用于由地方政府或少数民族政府主办的高等学校。

第 138 条

（1）私立高等学校可以参加第 4 条规定开展的活动,并根据本法及政府规定管理高等学校（以下称"私立高等学校管理体制"）。私立高等学校应在其创校章程中说明其活动方式（作为公益组织或商业组织）。若私立高等学校符合第 137 条第（2）款要求,则第 115 条第（2）款规定适用,高等学校根据会计规则起草的预算、年度报告、校规及机构发展规划取得资方同意的情况除外。另外,高等学校可按第 115 条第（14）款程序提起诉讼。

（2）若私立高等学校不作为公益组织运作,则应按照第 4 条规定开展商业活动以完成目标,不受第 120 条第（4）款限制。

（3）第 121 条第（1）～（5）款规定适用于私立高等学校,其创校章程另做规定的情况除外。资方应在创校章程中说明高等学校的盈利如何分配,以及资方在其中所占的份额。购买政府证券的限制性规定及公立高等学校的财政账户维护规定不适用于私立高等学校。

（4）私立高等学校可按照创校章程规定独立管理可支配资产,或根据公共财政有关规定,在预算范围内获得国有资产。

（5）私立高等学校的收入包括：

①资方提供的资金；

②国家资助；

③其他收入。

（6）私立高等学校的费用和开支包括：

①执行第 4 条规定任务产生的直接和间接费用；

②商业活动的直接和间接费用；

③其他费用。

（7）私立高等学校应根据会计标准核算收支账目。

（8）高等学校资方应作为保证人,负责担保私立高等学校因资产不足未能履行的职责。

（9）若私立高等学校解散且没有继承人,则该校权利和义务由资方承担。

教会高等学校

第 139 条

（1）宗教实践课程及神学研究（以下称"宗教培训"）由宗教法人主办的高等学校（以

下称"教会高等学校")提供。教会高等学校可开设宗教培训课程以外的课程。

(2)教会高等学校的规定。

①建立聘用关系时,可在第 22 条规定范围内确定聘任条件;

②可根据宗教或世俗信念区分申请人,但该类信仰须源于高等学校组织特征基础理论,且该类信仰活动的内容或性质合理;

③除第 29 条第(2)～(4)款规定外,资方确定行使雇主权利、使用资产和开展管理工作需要遵守的规定;

④第 98 条第(1)款规定不适用。

(3)第 18 条第(3)款已有规定,即便只授权开设一门本科专业课程,组织开展至少一门以上科学或艺术专业的博士课程并颁发博士学位,提供宗教培训课程的高等学校也有权使用"大学名称"。

(4)教会高等学校有权决定宗教培训课程的内容,决定对授课教师和导师的要求。

(5)根据匈牙利与教廷签订的协议,由匈牙利天主教会主办的高等学校或为执行任务与政府签订协议的教会也有资格获得单笔规范性拨款[见第 127 条第(3)款第④项]。

(6)由教会主办的高等学校,若为执行高等教育任务与部长签订协议,则也有资格获得规范性拨款[见第(5)款]。

(7)参加由教会主办的高等学校[见第(5)款]宗教课程以外课程的学生名额应根据每年与宗教法人签订的协议决定,每年开设的国家资助点及其学生名额不得少于该教会所办的高等学校年度招收国家资助学生占参加公立课程的所有学生的比例。参加公费宗教课程的学生名额根据第(5)款所述协议内容决定,学习研究生课程的学生数量应等同于学习本科课程的学生数量。若申请者为匈牙利海外公民,即便第 39 条第(1)款未做规定,也可参加公费宗教课程或自费宗教课程。由宗教法人出资的学生公寓,有权根据与教育部签订的协议获得第 129 条第(5)款规定的拨款。

(8)宗教培训课程:

①证明承认某宗教或意识形态后方可进行学习;

②教会高等学校校规应规定第 20 条第(4)款、第 21 条第(3)款、第(6)款、第 22 条第(4)款、第(5)款、第 27～28 条、第 29 条第(2)～(8)款、第 30 条第(4)款、第 46 条第(2)款第⑥项及第 125 条/a 以外方面的规定(政治观点除外),地方或少数民族成员除外;

③尽管第 12 条第(2)款已有规定,但教会高等学校即便只开设一门课程也可获得国家认证;

④资方有权设立职位、行使雇主权利、授予除学院和大学教授以外的头衔,并决定第 52 条第(3)款所述的规定;

⑤第 15 条第(8)款(公共教育教学实习机构除外)、第 84 条第(5)款、第 105 条第(3)款、第 108 条及高等学校发展规划不适用;此外,须遵守国家认证的有关要求;

⑥第 15 条第(1)～(7)款、第(9)款及第 106 条适用于本条第(4)款未规定的情况;

⑦授予大学教授学衔无须匈牙利认证委员会的初步意见。

（9）教会高等学校为宗教课程提供的规范性拨款金额应与提供给人文课程、教学实习有关课程的规范性拨款金额相同。在教会高等学校学习宗教培训课程的学生，其学生教育拨款应作为单独预算进行规划。

（10）本法所述的聘用关系，也指神职人员与教会高等学校的关系。

（11）宗教培训课程方面，教育部应根据宗教法人要求，决定完成本科课程及研究生课程的要求。

（12）主办高等学校的宗教法人可以要求在匈牙利认证委员会内设立神学分会。

（13）本条例未说明的关于主办高等学校的宗教法人的要求，高等学校基本规定可适用。教会高等学校应根据以下内容办学：

①《信仰、宗教及教会自由法》（1990 年第 4 号法案）和《教会财政状况、教会公共目的活动法》（1997 年第 124 号法案）的有关规定；

②第 137 条第（2）~（4）款，第 138 条第（3）款、第（9）款的规定。

（14）只开设宗教培训课程的高等学校，只有在无学生入学的情况下才可暂时停办。若注册中心已对暂时停办的学校进行记录，则暂时停办学校自接到资方通知后开始。若暂时停办超过 5 年，注册中心应在停办结束前进行官方检查，检查该校是否符合办学许可规定的条件。

公益性组织的高等学校的特别规定

第 139 条/a

（1）若私立高等学校创校章程及校规获得许可，并在注册中心登记为公益性组织，则可作为公益性组织办学。

（2）要求登记为公益性组织的高等学校，在其创校章程中规定的第 4 条所述的活动（任意一种）应为公益活动（目标活动）。

（3）作为公益性组织的高等学校，根据第 16 条规定，在创校章程中规定的主要活动应为公益性活动。

（4）作为公益性组织的高等学校可开展商业活动。

（5）作为公益性组织的高等学校在开展目标活动和商业活动时，有权获得《公益组织法》（1997 年第 156 号法案）（以下称"公益组织法"）第 6 条规定的利益。

第 139 条/b

（1）高等学校资方可要求注册中心将其登记为公益组织或取消其身份。

（2）若根据有关要求（见第 15 条），在提交高等学校建立申请时要求登记为公益性组织，则高等学校可成为公益性组织。为此，高等学校应在建立第一阶段（即注册阶段）遵守第 15 条第（5）款规定。

第 139 条/c

(1)第 28 条第(1)款第⑤～⑨项不适用于用作公益性组织的高等学校。

(2)若法律未另做规定,则作为公益性组织的高等学校可以公开办学。若存在危及或侵犯个人权利、高等学校商业活动的有关贸易机密(不为公益服务的活动)或智力产品的合法权益的可能,则根据校规规定,高等学校活动的公开性可能会受限。

(3)《公益组织法》同样适用于以下公益性组织的高等学校的未尽事宜:

①参议会每年至少召开两次会议,高等学校校规中应规定《公益组织法》第 7 条第(2)款第①、②项、第 7 条第(3)款第①～④项情况;

②根据《公益组织法》第 7 条第(2)款第③项中有关监督机构运作和权利的规定,应由资方在创校章程中规定,还应设立监督机构。

(4)高等学校成为公益性组织后,校规做出的任何修订都应由校长提交至注册中心。创校章程的修订内容通过注册中心最终决议,登记后即可生效。

军事高等学校的特别规定

第 140 条

(1)军事高等学校及高等司法学校无须设立财务委员会。国防部长和司法部长分别行使资方权利。若军事高等学校及高等司法学校设立财务委员会,则第 23 条第(5)款规定的权利分别由国防部长、司法部长行使。军事高等学校与高等司法学校的国家经费应分别按照国防部和司法部的预算规划。

(2)其他法律条文也适用于第(1)款所述的高等学校:

①行使托管权利、开展管理工作;

②组织单位的设立要求和运作顺序;

③高等学校领导人的聘用、任命及法律地位;

④决定学生入学要求、校规,可获得的补助和需支付的学费。

(3)第(1)款规定的军事高等学校,教育部长和国防部长应对以下内容负责:

①每年新生数量及录取的专业性要求;

②确立外国学生录取条例和身份、学生守则、福利体制和学费标准。

(4)关于第(1)款所述的高等司法学校事务,教育部长及司法部长应:

①向政府呈交年度预算报告与资金使用规划;

②监督国家提供的资产使用的合法性和使用效率;

③行使第 105 条第(1)款权利;

④确定本法规定之外的管理和资助条例。

(5)军事高等学校和高等司法学校可提供不属于在军事高等教育及高等司法教育范围外的培训。第(2)款第①项,第(3)款第①、②项,第(4)款第②、③项规定不适用于此类培训。该类培训应遵守本法的规定,包括国家资助的高等学校及其财政的规定。

(6)分别取得国防部长及司法部长授权后,方可建立军事高等学校及高等司法学校。

高等医科大学的特别规定

第 141 条

(1)开设医学及健康学课程的大学(以下称"高等医科大学")应参加医疗保健服务,并建立持续提供医疗服务的机构或与提供医疗服务的机构建立伙伴关系。高等医科大学可以与医疗服务机构签订协议,保证大学医院、专家会诊及药学实践等工作的正常开展,达到实习目的。根据其他法律规定,高等医科大学可从事司法鉴定活动。若高等学校是非高等医科大学,但开设健康学课程,本法规定同样适用于该大学实习培训的事务。

(2)高等学校校内的或作为独立组织运作的高等医科大学可经营一所医疗机构。医疗机构可作为高等医科大学的一部分(以下称"附属医院中心")或独立运营(以下称"大学医院中心")。若附属医院中心所属的高等学校为预算组织,则附属医院中心应作为具有部分权利的公共单位运作。有部分权利的预算单位持有财务部账户。若大学医院中心创始者为高等医科大学,则医院中心为法人实体。

(3)高等医科大学的医疗机构可以根据所签订的协议提供区域医疗服务和分级护理服务。在此种情况下,医疗保险机构应与高等医科大学的医疗机构签订融资合同。医疗保险机构提供给医疗机构的资金只能用于合同规定的用途。

(4)高等医科大学可以参加区域卫生改善活动,也可参加模拟实验,并提供资金支持。

(5)若医疗机构作为预算组织的部分加以运作,则应在卫生部预算章程中规划出高等医科大学的预算投资、翻新和发展基金。卫生部有权根据预算对拨款进行管控。卫生部可要求高等学校提供初步信息或报告,并在大学论坛上就医疗服务问题进行讨论。若医疗机构由商业组织或公益组织主办,则卫生部可作为创始成员参与其成立事宜。

(6)高等医科大学可组织专家开设牙科、医药学、临床心理学和公共健康专业课程,为其他学位持有者提供医学方面的职业培训或研究生培训,同时此类医疗服务课程须接受卫生部的专业监督。卫生部应监督并协调高等医科大学在教育、治疗、预防、部门研究及发展方面的工作。卫生部应为此类活动划拨国家经费。高等医科大学应遵守卫生部在医疗方面的专业管理和组织规定、遵守医疗服务规定、开展医疗服务活动及其资金使用的规定,开展医学活动、医学研究、医疗职业培训和研究生培训。

(7)作为岗位职责的一部分,高等医科大学负责授课和从事医疗服务的员工,应规定其工作时间与医疗服务时间的比例,也应规定合适的薪资分配和专业活动的内容安排。

(8)若未建设任何中心,则应在校规中明确医疗服务负责人(以下称"医疗服务负责人"),该负责人应担任高级行政职位。医疗服务负责人应根据规定对医疗服务进行单独管理,行使雇主权利。若校长为非医疗服务负责人,则校规应说明负责人的职责、义务及其权力。医疗服务负责人可作为顾问参加财务委员会会议。

(9)政府确定高等医科大学的教育监督和资金使用规定。

(10)高等学校提供医药卫生科学课程,注册中心须征得卫生部主管机关的意见。主管机关的意见应在 60 天内提出。注册中心不得违背主管机关的意见。

第 142 条

(1)开设医学、健康学方面课程的组织单位可向高等医科大学提出通过兼并方式成立且开设 3 门学科以上课程的倡议,设立医学和健康科学中心(以下称"健康科学中心")。健康科学中心由高等学校的医学院、健康学学院、教学医院、从事医疗服务的科研所和其他教学单位组成。健康科学中心主任行使医疗健康教学、卫生保健、医疗和预防活动的资产的管理权。

(2)健康科学中心主任应以高级行政职位开展工作。校规中应说明主任选举规则。健康科学中心主任也负责第 141 条第(8)款规定的相关工作。设立健康科学中心后,健康科学中心主任代表其所在大学行使权力。健康中心主任负责分配第 141 条第(2)款、第(5)款和第(6)款规定工作所需的执行资金。

高等农业大学的特别规定

第 143 条

(1)为协调教学、科研和农业工作,通过兼并等方式成立并开设了提供两个学科以上课程的农业大学的院系。单独的实习基地、实践农场、科研院所、博物馆和植物园可作为农业中心的部门运作。若高等农业大学为预算组织,则农业中心作为具有部分权利的预算组织进行运作。具有部分权利的预算组织持有财务部账户。

(2)农业中心应帮助开展农业领域内的部门科研、发展、创新专家咨询和研究生教育以及实习培训活动。为此,拨给农业部门的预算资金应由农业部根据部门预算单独规划,数额不得少于农业发展资金的 1%。

(3)健康科学中心的有关规定[见第 142 条第(2)款]也适用于农业中心负责人及其预算事宜。

(4)政府决定高等农业大学的监督和资金的有关规定。

高等艺术大学的特别规定

第 144 条

(1)若高等学校提供所有艺术类课程培训(以下称"高等艺术大学"),本法决定本条第(2)~(7)款的未尽事宜。

(2)高等艺术大学可成立并维护艺术工作室。

（3）可以在中学毕业考试前开始学习舞蹈，但学生需要同时持有中学学籍及有关高等学校学籍。学生需要同时符合中学毕业要求和艺术教育要求。《劳动法》第 129 条/a 第（2）～（6）款同样适用于本条所述的学生。

（4）尽管只开设一个培训专业的本科课程和一个科学学科的博士课程，且只授予该学科博士学位，高等艺术大学仍享有大学地位。

（5）学士学位和专业资格持有者，若专业工作经验超过 10 年，则可任职讲师或导师职位。科学学位作为教师招聘要求的情况除外。

（6）为完成艺术教育本科课程及研究生课程的学习，除第 60 条第（3）款要求外，期末考试内容还应包括创作艺术作品或产品、宣读论文和答辩。

（7）高等艺术大学通过设立公共教育机构，从事小学艺术教育和职业艺术培训工作。高等艺术大学可在中学培养新生。高等艺术大学应登记未获学籍学生（以下称"预备籍"）。高等艺术大学的预备籍学生也有资格获得小学艺术教育学生获得的规范性补助。每位预备籍学生每周与教师或导师的交流时间至少为 4 个小时。高等学校校规中规定参加培训的学生的权利和义务。

（8）非高等艺术大学的高等学校开设艺术类课程，根据第（2）款、第（3）款、第（5）～（7）款的规定办学。

教师培训的特别规定

第 145 条

（1）根据其他法律规定，师范类高等学校除规定课程外还可提供公共教育类课程。师范类高等学校应根据公共教育需求提供教师培训，保持或促进与公共教育机构的联系并与其开展合作。

（2）师范类高等学校学生在公共教育机构完成实习。若公共教育机构由高等学校主办，则该机构可以部分或全部作为公共教育机构进行教学实践活动。高等学校可与《公共教育法》授权建立的机构合作进行公共教育教学实践活动。

若宗教法人主办的公共教育机构从事教师培训，则可作为公共教育教学实践机构。学生根据与公共教育机构签订的协议进行教学实践活动。根据《年度预算法》，公共教学实践机构进行的公共教育工作，有资格获得当地政府提供的经费。

（3）师范类高等学校应致力于教师培训和教育研究，帮助开展教育部的公共教育工作。

（4）教育部应在部门职责范围内，在师范类高等学校内，建立并运行区域服务科研网，帮助发展高等教育体系内公共教育和教师培训工作，促进教师培训现代化，并提供所需的专业条件。教育部应与执行第（2）款规定的高等学校签订协议。教育部应组织教师培训研究发展工作。

（5）若高等教育内一个以上的组织单位开设教师培训，则校规应说明授课的组织单位或参议会设立的机构,负责协调不同单位的指导工作和相关教学实践工作。此类组织单位负责人应负责协调高等学校的教师培训工作。

(6)学习研究生课程方可获得中学教师资格且须参加连续的实践课程培训。取得中学教师资格,需要获得 150 学分。

(7)政府应决定师范类本科课程及研究生课程专业体系的基本规定。教育部应以法令形式规定完成师范类专业项目的要求。

(8)匈牙利认证委员会应设立教师培训的常务分会和专家分会。

第 146 条

(1)若高等学校在其创校章程中说明开设地方或少数民族教师培训课程,则此类培训应根据符合入学要求的申请人的情况开设。

(2)地方或少数民族的教师培训应优先录取少数民族申请人。若以少数民族语言参加中学毕业考试,则视为少数民族。

(3)地方或少数民族教师培训课程全程应使用少数民族语言授课。

(4)地方和少数民族教师培训课程为少数民族学生资助课程。

(5)需要匈牙利认证委员会就地方及少数民族教师培训课程提出意见的事项,需要地方少数民族政府指派的专家给予配合。

定义

第 147 条

本法目的

(1)博士论文指在读哲学博士、文学博士在博士学位授予过程中展示的、证明其能够独立完成学位要求的研究任务的书面作业、作文或论文。

(2)博士生院指博士课程的组织框架,旨在确保科学学位的准备工作。

(3)健康检查指体格检查和健康状况检查,旨在决定个人是否能够完成所选定的活动、参加该类活动是否会危害其健康。

晚间培训课程表指培训时间安排,授课时间为工作日的下午 4 时后或在休息日。

(4)中期成绩指学生在学习和考试规则中具体规定的评分期内,所获得的学业成绩。

(5)淘汰体制指根据新修订的学业考试规则确立的组织原则,条例修改后开始学习的学生或修改前已在读且修改后继续学习的学生可按新的学习和考试规则要求攻读学位。

(6)学期指为期 5 个月的教学时间。

(7)高等职业培训指高等学校在高等学校框架内提供的职业培训,或由与高等学校签订协议的中学提供的职业培训,为高等学校本科课程的组成部分,可取得国家资格登记记录在册的资格。

(8)残疾学生(申请人)指患有身体、意识、语言失常,自闭症、认知混乱和行为发育障碍的学生(申请人)。

(9)资格制指对持有科学学位的教师的授课、教学技巧和学术能力的考核。

(10)弱势学生(申请人)指注册时年龄低于 25 岁,由于家庭或社会背景原因在中学教育期间接受儿童保护或获得儿童福利津贴或享受儿童权益保护或已经受国家法律监护的学生(申请人)。

严重弱势学生(申请人)指达到义务教育年龄时,监护人按照《儿童保护法》和《儿童福利管理法》中规定的自愿完成基础教育的学生(申请人)或安排长期监护的学生(申请人)。

(11)公布于官网是指将信息公布在所有人都可访问的网页上。

(12)机构指协调几个部门或几个部门职能的组织单位。

(13)机构文件指本法规定的创校章程、规定、项目和规划,特别是校规、教育项目、高等学校发展规划、学生会章程、科研、发展创新战略。

(14)学院指管理一个或多个学位培训项目或科学学科的教育、科研和艺术活动的组织单位。

(15)资格框架指在同一专业内多周期培训系统中特定学位的基本特征。

(16)具有培训能力的部长指《职业教育法》中规定的部长负责的事务。

(17)课程分科指某个特定专业的训练课程,培训初始阶段的内容相同。

(18)课程完成要求指知识、技能、熟练程度和才能(能力),是证明学位证书及获得专业资格的先决条件。

(19)课程时长指法律规定的需要获得的学分、学位、职称和专业资格所学课程的法定时限。

(20)学期指学习时间及考试期的时间总和。

(21)教育项目指高等学校的综合培训文件。包括:

①本科、研究生和研究生专业项目的详细规划和学术要求;

②高等职业教育的高级职业培训项目;

③博士课程规划及其详细培训规划,即课程、学习科目及课程单元,对学习的评估和评价方法及其有关程序的规定。

(22)培训领域指政府法令规定的培训项目和项目分支,内容大致或部分相近。

优秀学生是指学习表现超过高等学校学习条例规定的平均标准的学生。

(23)少数学生项目指根据国际承诺、文化或有关教育政策开设的项目,全国年录取学生名额不超过 20 人;包括地方或少数民族培训课程。

(24)教学医院指辅助医学教学和医疗科研工作的医疗服务机构。

(25)咨询指高等学校教师在指定地点与学生就学习问题进行交流的机会。

(26)学分代表学生学习课程单元或全部课程所取得的成果,证明其已经完成所学知识要求的学习时间,并已达到要求;1 学分相当于 30 学时。

函授课程的培训日程指培训的课程安排,若与学生签订的协议未另做说明,则应明确规定授课时间,即在工作日或假日授课,至多两周进行一次。

(27)辅导项目指特殊培训形式,由高等学校学生或教师为弱势学生提供帮助。

(28)能力测试指对申请人的能力进行测试,决定其是否具备学习和继续从事职业或专业有关活动的资格。

(29)区域中心指高等学校通过本法规定的兼并方式建立的组织单位,在高等学校校址外办学,是高等学校办学组织单位的一部分。

(30)在另一所高等学校学习指获得另一所高等学校旁听资格,获得学分的学习时间。

(31)自身收入指公共财政(包括欧盟提供的未经中央预算参与的,以及职业教育提供的资金)以外的收入,以及科研技术创新基金会的收入。

(32)项目指专业资格培训,包括体制内的统一要求(知识、熟练程度、技能)。

(33)专业培养指为获得职业资格所需专业知识提供的课程。

(34)专业资格指学士学位或硕士学位,证明已掌握专业知识,根据学生职业课程及专业内容决定此类知识。

(35)能力认证指高等学校的考试,也指高等职业培训和实习组织者共同举办的考试,旨在测试考生是否符合所选职业或专业资格的要求,以确保考生具备完成初级阶段的能力。

(36)专业任务支出指专业任务的运作、维护和积累的支出。

(37)校外培训指在高等学校办学场所(校址、校区)以外的场所提供的全日制或非全日制教育。

校外培训地指提供校外培训(除研究生专业培训外)的自治市。

(38)学年指为期 10 个月的教学时间。

(39)接触时间指教师为完成课程规定的教学要求的授课时间(讲课、讨论会、实习、咨询)。

(40)部门指管理一个专业以上的教育、科研和教学规定的组织单位。

(41)远程教育指特殊培训方式,是需要使用信息通信技术辅助、包括基于师生互动的教学方法和学生的个人学习方式,且接触时间少于全日制课程的 30%。

(42)设立地点指创校章程指定地点以外的地区,为组织单位办学地区。

(43)知识中心指促进科研发展创新、促进特定统计区域的管理知识和科研成果的机构,通过创造需求和自身提供的各种服务,促进知识成果及科研成果在经济领域的利用。

(44)科学学科指人文科学、宗教学、农学、工程学、医学、社会科学、自然科学和艺术科学,包括多种分支学科的学科。

(45)预学位证书指证明学生已通过课程考试(除通过语言考试和撰写课程论文外),且符合其他学术要求、获得足够学分(学位论文的学分除外)并完成学习的证书。

(46)考试指对知识、技能和能力的评估和证明的方式。

其他规定

第 148 条

（1）凡符合本法规定的聘用要求的问题，高等学校都可在集体协议中进行规定。

（2）匈牙利国徽可用于高等学校建筑，助其开展主要活动，也可用于布告牌、门面、圆形邮票、毕业文凭及其补充文件上。

（3）外语教育中心、布达佩斯罗兰大学研究生法学院和布达佩斯科维努斯大学经济学院作为高等学校机构的一部分运作。研究生院可提供外语教育和考试，也可提供研究生专业培训课程和课外课程。研究生院作为独立法人，在高等学校中发挥作用，是具有部分权利的预算单位。

（4）位于布达佩斯的安德烈国际运动障碍治疗教育研究院和指导教师培训学院至2010 年 12 月 31 日前为学院办学，提供一门以上培训专业的课程。根据本法规定，该学院自 2011 年 1 月 1 日起继续办学。若学院未能遵守此项义务，则在 2011 年 9 月 1 日开始的第一学年不得录取任何学生。上年度录取的学生可继续学习，条件不变。

（5）兹里尼·米克洛什国防大学即便只开设一门培训专业的本科课程、开设一个学科的博士课程并颁发学位，仍可使用"大学"字眼。

（6）本法生效后，不影响国家大学图书馆履行《博物馆、公共图书馆、通识教育规定》（1997 年第 140 号法案）第 63 条规定的任务。上述图书馆可继续开展公共图书馆、专业图书馆及学术图书馆的有关工作。大学图书馆有资格获得有关法律规定的、由国家文献供应系统提供的资金。

（7）自 2007 年 1 月 1 日，即独立办学授权程序结束之日起，根据本法中高等学校的有关规定，位于布达佩斯的塞麦尔维斯体育大学作为独立高等学校办学。塞麦尔维斯体育大学可使用"塞麦尔维斯大学"字眼，校址位于布达佩斯。

第 149 条

（1）1984 年 9 月 1 日前通过博士程序授予的"大学博士"头衔仍有效。

（2）1984 年 9 月 1 日之后获得的"医学博士"头衔者，仍有资格使用缩写"Dr. Univ"。

（3）神学大学于 1993 年 9 月 1 日前授予的"神学博士"头衔仍有效。

（4）各大学在 1993 年 12 月 31 日前授予的博士学位或同等学历仍有效。

（5）若法律规定科学学位为就业或专业资格的必备条件，则该科学学位为在读博士学位、科学博士或在国外取得的已经认可的科学学位。

（6）在读科学学位者有权使用"博士学位"字眼。

（7）凡根据《高等教育法》（1993 年第 80 号法案）授予的文学博士学位与本法规定的文学博士效力等同。

(8)本法实施前,获得匈牙利大学或学院颁发的毕业证书者,有权使用下列头衔:

①认证为大学学位的,使用医生、牙医、兽医及律师博士头衔;

②①项未述的大学学位持有者,根据学习内容,使用"认证"工程师、"认证"经济学家、"认证"教师,及资格要求中的其他头衔;

③学院学位持有者,根据学习方向,使用工程师、经济学家、教师、小学教师、学前教师、特殊教育教师、培训人员或资格要求中的其他头衔。

(9)可继续使用本法生效前授予的以下学衔及其缩写:

①学衔:

a)总统授予的学衔;

b)名誉博士学位;

c)教授资格。

②缩写形式:

a)哲学博士学位,"Phd"或"dr.";文学博士学位,"Dla"或"Dr.";

b)①②项学位,"Dr. h. c.";

c)①③项学位,"Dr. habil."。

(10)高等学校(或其继承者)颁发毕业证书时应签发第(8)款所述头衔的证书。

(11)已认证的毕业证书,根据第(7)款、第(8)款规定使用。前管理部门认证的须经教育部长签发。

(12)1996年9月1日前颁发的,证明已完成高等学校研究生专业课程、取得职业资格的专业资格证书,等同于本法规定的任何研究生专业课程中可获得的职位和职业(活动)的专业资格。

(13)本法生效前使用教授头衔的学院教授,在本法生效后仍可使用。

(14)本法生效前获得荣誉教授头衔的相关权利如下:

若行使头衔有关权利无时间限制,则可享受该权利(包括经济利益)至2010年12月31日,且不得低于2005年的补助金额。期满后,高等学校可签订协议,在条款中明确规定荣誉教授头衔的职责和福利,最长期限为5年,或确定最大福利金额。即便已无法获得福利,但荣誉教授头衔获得者有权使用此类头衔。荣誉教授头衔的有关权利在一定时间内不发生改变。

第150条

(1)通过一般外语考试后方可获得毕业证书或资格证书,40岁以上开始第一学年学习的学生,无须符合此要求。此规定最后一次适用于2015—2016学年参加期末考试的学生。

(2)政府决定欧洲委员会编制的欧洲共同语言参考框架建议的6级语言考试体系,与国家认证的初级、中级、高级或同等难度的语言考试之间的等值转换,以及国家认证语言考试(证明外语知识能力)的有关规定。

（3）2010年12月31日前,评估的认证程序及高等学校建设、运作事项包括：

①在《科苏特和塞切尼奖法》（1990年第12号法案）规定奖项；

②在高等体育大学：

a）奥林匹克运动会、成人世界锦标赛或成人欧洲锦标赛前3名获得者；

b）经国际体育协会国家体育委员会决定,若未设立该协会,则由国家体育协会决定的②a项所列赛事的教练；

③高等艺术大学,根据政府法令或其法律规定获得的艺术表彰或外国的艺术表彰等同,若有学士以上学位的持有者,与持有博士学位、职位、资格者及表彰者等同。

（4）根据第（3）款规定决定的任命,高等学校只能提名一次。

第九部分　条文制定

尾项条文

第151条

（1）本法［本条第（2）款未述的内容］自2006年3月1日起生效。

（2）第170～172条自2006年7月1日起生效,第46条第（8）款及第118条第（4）款自2006年9月1日起生效。

（3）位于布达佩斯的安德拉什·古拉大学的国家认证（2001年第66号法案）及中欧大学的国家认证（2004年第61号法案）自2010年12月31日起废除。自2011年1月1日起,位于布达佩斯的安德拉什·古拉大学和中欧大学根据本法规定继续办学。若大学未能履行此项义务,则从2011年9月1日起一年内不得招生。此前入学的学生可以继续学习。教育部长应执行第105条规定的程序。

（4）本法生效后,不影响《高等教育法》（1993年）规定的效力。但须在2006年9月1日前重新审查其内容,高等学校发展规划应在2006年12月31日前起草完毕。若未进行修订,则培训协议中与本法要求不符的条款将在上述日期终止执行,根据该协议开设的课程也将终止。

（5）关于本法规定的官方行政程序,若将《官方行政程序及服务基本法》规定用于本法规定程序,则程序性行动可采用电子方式进行。

（6）本法生效前已获得教育部授权办学的外国高等学校,执行活动所需的授权程序至2010年12月31日停止,而后根据本法要求再次办理授权程序。若未能履行此项义务,则在2011年9月1日起第一个学年内不得招生。此外,此前入学的学生可以继续学习,条件不变。教育部长应执行第105条规定的程序。

第152条

（1）本法生效后,不影响按《高等教育法》（1993年）规定建立的机构及其办学,若本法未另做说明,也不影响其负责人和成员的地位。机构可继续运行至其办学期届满。

（2）自 2006 年 1 月 1 日起,匈牙利认证委员会秘书处改名为匈牙利认证委员会。作为独立结算机构的匈牙利认证委员会秘书处自 2006 年 7 月 1 日起解散。秘书处的继任机构为匈牙利认证委员会。根据本法的规定,匈牙利认证委员会和高等教育研究委员会为法人实体,组成方式相同。继任机构应在两个机构判决生效前处理好相关问题,继任机构在继任前也不应影响此前做出的决定、承诺或所得权利。匈牙利认证委员会和高等教育研究委员会成员在任期届满前应履行其任务,机构只有任期届满后方可按新规定建立。按新规定建立后,高等教育研究委员会由需要 4 名成员,逐渐增加到 25 名成员。上述成员不包括各办公室指派的非高等学校员工。

（3）《公务员法律地位法》中有关雇主实体改变的规定适用于匈牙利认证委员会秘书处和高等教育研究委员会职工的再就业问题,也可参考第 111 条第(5)款及第 113 条第(5)款的相关规定。

（4）按《高等教育法》(1993 年)规定开设的课程,无须更改课程要求、考试规定或毕业要求。

（5）《高等教育法》(1993 年)第 10 条第①与②项规定的学业奖学金最迟于 2006 年颁发。本法生效前已设立的奖学金不受影响,该奖学金按其设立及延续的有效期下发。

（6）政府决定补助下发规定、具体数额和合格人士范围,以及与本法有关的过渡规定。

可能采用的条文

第 153 条

（1）政府有权通过法令规定：

①成为研究类大学的条件[见第 5 条第(6)款]；

②培训结构[见第 11 条第(2)款]；

③高等学校设立的最低(法定)条件、办理设立手续和收费的有关规定以及设立公共教育实习机构的条件[见第 12 条第(4)款、第 15 条第(12)款和第 38 条第(1)款]；

④设立质量奖[见第 108 条第(4)款]；

⑤多周期课程顺序、资格框架、课程开设程序和博士教育的规定[见第 32 条第(11)款第①项、③项及第 145 条第(7)款]；

⑥国家认证的外语考试的规定[见第 150 条第(2)款]；

⑦高等教育信息体系、数据的提供、学生证、教师证、教师编码和学生学号的有关程序问题,以及高等学校面积和布局要求、国家资助期记录要求、公费课程与自费课程间重新分配的要求[见第 35 条第(2)款、第(11)款、第 55 条第(6)款,以及第 73 条第(1)款]；

⑧高等职业教育组织要求[见第 32 条第(11)款第②项]；

⑨中学毕业考试科目、申请人成绩比较、申请人评估要求、入学要求和程序费用金额[见第 39 条第(6)款、第 42 条第(2)款、第(5)款]；

⑩为提高申请人的机会平等而采取的优惠待遇政策规定，辅导项目组织要求[见第39条第(7)款、第66条第(6)款]；

⑪残疾身份确认的要求、残疾学生学习的有关规定、优惠待遇标准和程序的相关要求[见第44条第(3)款、第61条第(2)款]；

⑫学生获得助学金和其他福利的规定[见第51条第(3)款、第104条第(5)款、第118条第(6)款、第119条第(3)款及第125条/a第(4)款]；

⑬关于提供住房设施的规定[见第52条第(8)款]；

⑭学分型教育的基本规定[见第57条第(5)款]；

⑮授予荣誉博士的有关规定[见第65条第(1)款]；

⑯就业申请体系[见第88条第(3)款]；

⑰有关任职、福利和行政安排的规定[见第80条第(3)款、第93条第(4)款、第94条第(3)款、第95条第(6)款及第96条第(6)款]；

⑱负责高等学校登记、办学和监督机构的运作程序的时间和规定[见第107条第(7)款]；

⑲匈牙利认证委员会、高等教育研究委员会和国家学分委员会的职能规定(第110条第(8)款、第113条第(8)款及第114条第(6)款)；

⑳高等学校管理的有关问题[见第127条第(2)款、第128条第(6)款、第129条第(2)款、第130条第(7)款、第131条第(4)款、第132条第(3)款、第133条第(2)款、第141条第(9)款及第143条第(4)款]、私立高等学校管理的问题[见第138条第(1)款]；

㉑学业奖学金的建立及相关事宜[见第134条第(1)款、第(2)款，第152条第(6)款]；

㉒学生缴费事宜、登记及完成要求、取得外校(同步学习)学籍可获得的福利和其他福利要求[见第125条/a第(5)款]；

(2)教育部长有权通过法令规定：

①教育权利委员办公室的职责和运行规则；

②完成和退出本科教育及研究生教育项目的要求；

③组织研究生专业课程的基本要求。

(3)政府应行使：

①在决定多周期课程顺序、资格框架和课程开设方面行使第(1)款第②项、⑭项、⑮项管理权利时，须经匈牙利校长会议同意；

②第(1)款第①项规定的权利、博士教育规定的⑤项权利，须经匈牙利认证委员会同意。

(4)教育部长就第(2)款②项、③项问题颁布法令规定时，须经匈牙利校长会议同意。

(5)政府有权通过法令规定：

①登记高等学校的机构；

②负责高等教育信息系统运作的机构；

③教育协调服务及其他服务。

暂行条文

高等学校转型、建立新学校

第 154 条

(1)本法生效时运作的高等学校理事会,自 2006 年 3 月 1 日将继续作为本法案所指的参议会运作。若参议会组成不符合本法要求,则应根据本法要求于 2006 年 12 月 31 日前进行调整。

(2)本法生效前运作的公立高等学校需在 2006 年 3 月 1 日前建立财务委员会。财务委员会成员数量根据招生数量决定。

(3)高等学校应在 2006 年 12 月 31 日前,根据本法规定建立相应的组织结构。为此,应审查校外培训的规定和合作协议的内容。

(4)本法生效前办学的高等学校应在 2006 年 6 月 30 日前审查其校规,并将修订后的校规送交校长审核。新校规自 2006 年 9 月 1 日起适用于所有学生,不受学生学籍起始时间的影响。新校规应确定过渡规则,包括学业和考试要求,以完成此前培训体系的学习。要求学生会应在 2006 年 6 月 30 日前制定规则,并送交参议会批准。

第 155 条

(1)附件 1 所列的高等学校根据《高等教育法》(1993 年)制定的创校章程第 16 条第(1)款规定修改,并由资方于 2006 年 6 月 30 日前送交注册中心,以便中心能够在 2006 年 9 月 1 日至 2007 年 12 月 31 日期间,在该校创校章程中注明该校授权开设课程的课程领域、课程分支、科学学科、艺术领域、培训水平及可录取学生的人数。

(2)本法规定的创始人和资方可于 2006 年 9 月 1 日首先发起设立程序。

(3)自 2006 年 7 月 1 日起,根据第 17 条规定确定办学者的权力。

第 156 条

(1)根据第 101 条第(1)款第①项规定,政府应在分析本法实施的实例后,出具高等教育中期发展规划,应在 2008 年 12 月 31 日前提交该报告。

(2)高等学校应从 2006 年 9 月 1 日起第一学年引入职业检测体系。

行政工作、就业问题

第 157 条

(1)新的高等学校组织结构建立前,仍按原职位进行工作,时间最迟推行至 2006 年 12 月 31 日止。校长重新审查所有任务后,根据本法内容进行确认或删减。应用第 96 条第(5)款任职延期的有关规定时,应考虑本法生效时工作职位的情况。

(2)本法生效不影响教师和研究人员的任职、聘用合同或公务员身份任职书,也不影响其在岗位上获得学院或大学的头衔。本法生效后，教师和科研人员可继续根据《高等教育法》(1993年)规定任职。只有符合新要求，才能改变此前聘用的教师和研究人员的职位。自2008年9月1日起，只能根据本法规定任命教师和科研人员。根据《高等教育法》(1993年)规定聘任的教师和科研人员，符合新规定要求者，无论受聘于学院或大学都可任大学教师职位。在此情况下，只能根据新规定聘用人员，第91条规定时限内聘用的教师除外。若能在5年内达到上述标准，教师在签订新的就业合同或公务员任职书之日起5年内必须达到这些标准。若教师为学院教师，则应享受大学教师工资，应重新计算工资下发时间。

(3)教师或科研人员的月工资不得以过渡到新的薪酬制度为由减少。为逐步调整薪酬制度，奖励教师或科研人员的突出表现[见第97条第(2)款、第(3)款]，教师和科研人员可增长的定期工资比例(见《年度预算法》)应根据分配给用于奖励教师和科研人员表现确定拨款额度，在达到规定水平之前，此金额不得少于全校支配总金额的1/3。若拨款少于规定额度，则每人每月的额外奖金不得少于每人每年可支配奖金的3倍。

(4)第144条第(5)款所述的情况不适用有学士学位的从事艺术教育的教师或导师;新的聘用条件出台时，即便此教师或导师年满50岁，仍可继续任职。

培训体系的过渡

第158条

(1)自2006年9月1日本法生效后，高等学校应按照本法要求制定的教育项目，开始本科课程第一个学期的学习，包括本硕系列课程。自该日起，任何学院或大学不得按照原培训体系开始第1学年的学位课程。参议会在2006年6月30日前通过的课程，高等学校有权将其作为教育项目的一部分开设。若取消完成原有课程要求会影响教育项目的内容，在匈牙利高等教育认证委员会的倡议下，教育部长可暂免此规定，时间不超过一学年。

(2)2006年9月1日前录取的高等学校学生可根据各高等学校通过的原教学大纲要求完成学业，并根据《高等教育法》(1993年)的规定，获得学院学历或本科学历毕业文凭。学生辍学和休学应根据学生入学时有关规定执行。高等学校自2015年9月1日可不受此规定的限制。

(3)考虑到本法第154条第(4)款学业考试要求的过渡性，2006年9月1日前根据《高等教育法》(1993年)规定开始学习但仍未完成学业的学生，可继续按照本法要求学习，但须经过学习和考试的验证系统验证。

(4)凡法律规定的大学文凭和专业资格文凭，应理解为具有学士学位和专业资格文凭。凡法律规定的学士学位和专业资格，则应理解为同样具有大学学位和专业资格的文凭。

(5)凡法律规定的大学学位和专业资格，也可称为硕士学位和专业资格证书。凡法律规定的硕士学位和专业资格，也是本科文凭和专业资格。

（6）大学学历和专业资格持有者有权学习根据本法提供的本科课程。学院或本科学历及专业资格持有者有权学习根据本法开设的研究生专业培训课程。

第 159 条

（1）若根据本法要求开设本科课程,在开设研究生专业课程和研究生课程前,高等学校有权根据《高等教育法》(1993 年)开设研究生专业课程和学院—大学学位课程。

（2）若博士课程建立在按照本法规定开设的本科课程基础之上,高等学校即可根据本科学位课程要求开设博士课程。自该日起,博士课程将在本科课程基础上开设。本科学历持有者有机会接受博士教育。

（3）若哲学博士生、文学博士生根据《高等教育法》(1993 年)规定接受博士教育,则可根据其规定完成学业。哲学博士生、文学博士生将获得本法规定的学位。《高等教育法》(1993 年)规定的博士学位等同于本法授予的博士学位。

（4）第 53 条第(4)款国家资助博士生名额的有关规定适用于 2009—2010 学年,2006—2007 学年学习博士课程的学生人数不得少于 2005—2006 学年。

学生的权利和义务

第 160 条

（1）自 2006 年 9 月 1 日本法生效之日起,高等学校须根据第 59 条新的学业考试要求组织安排考试。

（2）第 62 条规定适用于根据本法开设的课程和颁发的文凭。若开设课程时已做规定,则文凭应根据《高等教育法》(1993 年)中语言考试的有关规定颁发。

（3）自 2006 年 6 月最后一个考试期起,所颁发文凭应标有高等学校的认证编码,且应根据本法规定把颁发文凭事宜告知高等教育信息系统机构。

第 161 条

（1）第 53～56 条规定可适用于 2006 年 9 月 1 日开设的课程。

（2）本法生效后,凡能证明取得高等学校文凭的自费学生有资格参加公费培训(见第 53～55 条)。2006 年 1 月 1 日后取得高等教育文凭或证书,想继续高等教育学习但无法证明自己参加过自费培训者,根据第 55 条第(2)款、第(3)款规定执行,已参加 7 个学期的公费培训即为具备资格。学生可以此为据,驳回否定其资格的决定。

（3）高等学校学分转换委员会应根据第 58 条第(7)款规定,决定根据《高等教育法》(1993 年)颁发的证书及文凭在按本法规定开设的课程中的效力,及该类证书和文凭对应的学分。无论学生学的是学分型还是非学分型课程,都应对所学学科的知识体系进行比较。

（4）自 2006 年 3 月 1 日本法生效后,第 73～75 条中有关补救权的规定可用于本法生效时仍未解决的事件。

（5）学生学籍终止的有关规定也适用于本法生效前获得学籍的学生。

(6)第 47 条第(4)款规定的责任保险自 2006 年 9 月 1 日起执行。

新型资助体系简介

第 162 条

(1)第 53 条第(3)款规定首次用于 2006 年 9 月 1 日开始的本科课程。本科课程、博士课程和研究生专业课程的国家资助学生名额根据 2009 年首次使用的规定执行。政府应根据国家资助的高等教育学生名额,自行决定 2006～2009 年可接受国家资助的研究生数量。

(2)根据第 53 条第(3)款规定的新生与正规中学毕业的全日制学生的比率,不得超过 2005 年国家资助学生与正规中学的全日制学生的比率。

(3)第 127～133 条、第 141 条第(5)款及第 143 条第(2)款规定的资助体系下[第 129 条第(3)款除外],应首先编制 2008 年度预算,第 128 条第(2)款第⑤项及第(3)款所述的申请自 2008 年 1 月 1 日起实施。资助体系初期学生助学金金额不得少于 2005 年该项的预算金额。

(4)第 129 条第(3)款规定自 2006 年 9 月 1 日起实行。

(5)留学生奖学金制度自 2006 年 9 月 1 日起实行。

第 163 条

本法生效前成立的私立高等学校,自 2008 年 9 月 1 日起须根据本法中教师和科研人员有关要求运作。

新授权体系简介

本法规定的授权程序适用于 2006 年 8 月 31 日后提交的申请。按照《高等教育法》(1993 年)规定判定该日期前提出的申请。

遵守欧盟法律

第 175 条

本法应遵守欧盟下列法律的部分规定:

①欧洲理事会有关长期居住的第三国公民身份的规定(2003 年 9 月 25 日)第 11 条第(1)款第②项和第 21 条的内容;

②欧洲议会下属欧洲理事会在有关欧盟公民及其家属在成员国间自由迁徙和自由居住权利的规定(2004 年 4 月 29 日,第 38 号)及其修订法令(欧洲经济共同体规定 1612/68 号),以及已废除的规定,欧盟规定 64/221 号、68/360 号、79/194 号、73/148 号、75/34 号、75/35 号、90/364/号、90/365 号及 93/96 号。

附件 1

2005 年第 139 号法案
获得国家认证的匈牙利高等学校

公立高等学校

布达佩斯考文纽斯大学

布达佩斯经济与技术大学

德布勒森大学

罗兰大学（位于布达佩斯）

考波什堡大学

弗朗茨·李斯特音乐学院（大学）（位于布达佩斯）

匈牙利工艺与美术学院（位于布达佩斯）

米什科尔茨大学

匈牙利艺术设计大学（位于布达佩斯）

西匈牙利大学（位于肖普朗）

帕农大学（位于维斯普雷姆）

佩奇大学

塞麦尔维斯大学（位于布达佩斯）

塞格德大学

圣伊斯特万大学（位于格德勒）

伊什特万大学（位于杰尔）

戏剧与电影大学（位于布达佩斯）

兹里尼·米克洛什国防大学（位于布达佩斯）

私立大学

安德拉什·古拉大学（位于布达佩斯）

德布勒森改革宗神学大学

新教信义宗神学院（位于布达佩斯）

卡斯珀归正宗神学大学（位于布达佩斯）

中欧大学（位于布达佩斯）

犹太神学院——犹太研究大学(位于布达佩斯)

帕兹马尼·彼得天主教大学(位于布达佩斯)

公立学院

布达佩斯商学院

布达佩斯技术大学

多瑙新城大学

厄特沃什·约瑟夫大学(位于巴奇)

埃斯特哈齐学院(位于埃格尔)

卡罗利罗伯特学院(位于珍珠市)

凯奇凯梅特学院

匈牙利舞蹈学院(位于布达佩斯)

尼赖吉哈佐学院

警官学院(位于布达佩斯)

索诺克学院

特塞狄克塞缪尔学院(位于萨尔瓦斯)

私立学院

"教育之门"佛教学院(位于布达佩斯)

基督复临安息日神学院(位于佩采尔)

布达佩斯管理学院

亚伯威摩斯天主教学院(位于佩斯郡)

浸信会神学院(位于布达佩斯)

巴提韦丹塔学院(位于布达佩斯)

布达佩斯当代舞蹈学院

布达佩斯商学院

埃格尔神学院

埃斯泰尔戈姆神学院

加博尔·丹尼斯学院(位于布达佩斯)

杰尔神学院

约翰·夏仙义学院(位于布达佩斯)

海勒·法尔卡经济旅游学院(位于布达佩斯)

国际商学院(位于布达佩斯)

科多郎艺杰诺什学院(位于赛克白什堡)

克尔切伊·费伦茨改革教师培训学院(位于德布勒森)

现代经济学院(位于陶陶巴尼奥)

安德烈国际运动障碍治疗教育研究院及治疗教师培训学院（位于布达佩斯）

帕波归正宗神学院

佩奇神学院

五旬宗神学院（位于布达佩斯）

索菲亚神学院（位于布达佩斯）

沙罗什堡陶克归正宗神学院

舒拉圣经神学院（位于布达佩斯）

塞格德神学院

圣·安塔纳斯·久格天主教神学院（位于尼赖吉哈佐）

圣·博尔纳特神学院（位于齐尔茨）

圣帕尔学院（位于布达佩斯）

托莫里·帕尔学院（位于考洛乔）

维斯普雷姆大主教神学院

韦克勒·桑德尔商学院（位于布达佩斯）

卫斯理神学院（位于布达佩斯）

西格蒙德皇家学院（位于布达佩斯）

附件 2

2005 年第 139 号法案

第一部分　高等学校登记管理的个人和专用数据

一、员工数据

1. 根据本法要求登记的信息:

(1)姓名、性别、出生日期和地点、母亲姓名、国籍、身份证号。

(2)地址和居住地。

(3)就业、公务员身份、固定期限劳动等有关数据:

①雇主名称,若数量超过一名,则写出所有人的姓名,表明建立了额外的工作关系;

②资格等级、专业资格、职业资格、语言水平、科学学位;

③就业时间、作为公务员的任职时间、工资状况有关数据;

④所获荣誉、奖项和其他公认的奖项、头衔;

⑤职位、执行工作、职位未指定工作、额外工作关系、纪律处分、赔偿金支付情况;

⑥工作时长、加班时长、工资、薪金、有关税收和其他福利;

⑦休假期、已休假期;

⑧职工支出金额和类别;

⑨职工所得福利和类别;

⑩职工欠雇主的债务和类别;

⑪科研活动、科学著作、艺术活动及成果、学习博士课程并参与博士学位程序的教师或导师的有关数据;

⑫根据第 84 条第 5 款所做的声明。

(4)学生对教师的评估结果。

(5)对所提供数据证明文件的相关鉴定数据。

2. 登记任何其他数据须征得当事人同意。

3. 第 1 点所述数据,在行使资方权利需要时可全部转交给资方;在下发工资、薪金或其他福利需要时,可全部转交至社会保障支付办公室或其他支付工资、薪金或其他福利的办公室;在高等教育信息系统根据本法处理事务时,可全部转给高等教育信息系统运作负责人;在调查高等学校办学条件时可全部转交至匈牙利认证委员会;在判定案件时,可全部转交给法院、警察、人民检察院、法警及公共管理部门;可转交至授权监督就业有关信息规定的负责人;可转交至国家安全服务部;可转交给高等学校学生或与其有工作关系的职工,根据该校章程进行评定的学生对教师的评价结果。

二、学生数据

1.根据本法要求登记的数据:

(1)入学所需数据:

①申请人姓名、性别、母亲姓名、出生日期和地点、国籍、住址及居住地、电话号码;非匈牙利公民提供匈牙利境内居留的法律依据及该文件的名称、编号;若该申请人属其他法律规定的自由迁徙及居住权享有者,则提供证明该权利的文件;

②中学毕业考试有关数据;

③中学时期的有关数据;

④评估入学申请时需要的数据;

⑤办理入学程序所需数据。

(2)学籍有关数据(宿舍成员、在读博士):

①学生姓名、性别、母亲姓名、出生日期及地点、国籍、住址及居住地、电话号码、通信地址及邮编、电子邮件地址;非匈牙利公民提供匈牙利境内居留的法律依据及该文件的名称、编号;若该申请人属其他法律规定的自由迁徙及享有居住者,则提供证明该权利的文件;

②学籍建立时间、建立方式和数据(宿舍成员、在读博士生、旁听资格)、国家资助学生提供参加课程的名称、课程表、学生的学习评价、考试有关的数据、所处学期、已经过的国家资助期、休学时间、缴纳学费的有关数据;

③留学时间和地点;

④已获得且有效的学分和学习过的课程;

⑤学生福利及宿舍安排数据、获得福利所需的数据(社会状况、父母信息、资助数据);

⑥学生就业有关数据;

⑦纪律处分及赔偿情况的有关数据;

⑧为残疾学生提供优惠待遇所需的数据;

⑨学生事故的有关数据;

⑩学生证序列号、主文件编码;

⑪学生身份证和社保号;

⑫毕业考试有关数据(职业考试、博士论文答辩);

⑬学籍规定权利与义务的行使和履行数据。

(3)毕业生职业监测系统有关数据。

(4)学生税务号。

（5）所提供证明文件的识别数据。

2.登记其他数据须征求当事人同意。

3.数据可在行使资方权利需要时全部转交给资方；在判定案件时，可全部转交给法院、警察、人民检察院、法警及公共管理部门；可全部转交至国家安全服务部；可全部转交给高等教育信息系统运作负责人；可在处理贷款事务时转交至学生贷款中心。

第二部分 高等教育信息系统中保存的个人及专用数据

一、本法登记的高等学校的重要数据

1.高等学校有关信息

（1）办学者姓名、注册地址、名称、通信地址、其代表的详细联系方式（电话号码、传真号码、电子邮件）；

（2）行政人员［校长、财务主任或总管、内部审查主任或负责人、财务委员会主席及成员、筹备委员会主席（临时负责人）及其成员、院领导、行政办公室主任］的姓名、通信地址及详细联系方式（电话号码、传真号码、电子邮件）；

（3）根据本法第31条规定签订的合作协议及其数据；

（4）高等学校教育项目负责人姓名及其教师编号；

（5）若作为公益性组织表现，则提供监督委员会成员的姓名和通信地址。

2.匈牙利境内办学的外国高等学校

（1）办学者姓名、注册地址、名称、通信地址、其代表和匈牙利境内代表的详细联系方式（电话号码、传真号码、电子邮件）；

（2）行政人员的姓名、通信地址及详细联系方式（电话号码、传真号码、电子邮件）；

（3）高等学校教育项目负责人姓名及其教师编号。

3.学生公寓有关信息

（1）办学者姓名、注册地址、名称、通信地址、其代表的详细联系方式（电话号码、传真号码、电子邮件）；

（2）学生公寓负责人姓名、通信地址和详细联系方式（电话号码、传真号码、电子邮件）；

（3）根据本法第31条规定签订的合作协议和数据。

4.匈牙利认证委员会、高等教育研究委员会、匈牙利校长会议、匈牙利国家学生会

（1）组织名称和注册地址；

（2）行政人员和监理会成员的姓名和通信地址。

二、教职员工的重要数据

1.按本法要求登记的数据

（1）姓名、性别、出生姓名、出生日期和地点、母亲姓名、国籍、身份证号。

（2）地址和居住地。

（3）就业、公务员身份、定期劳动数据：

①员工姓名（匈牙利文化教育部认证编号）——数量超过一名应全部列出；

②资格等级、专业资格、职业资格、语言水平、科学学位；

③职位、执行工作；

④工作时长；

⑤科研活动、科学著作、艺术活动及成果、所得荣誉、奖项及其他公认奖项、头衔；

⑥根据第 84 条第（5）款规定所做的声明。

（4）所提供证明文件的识别数据。

2.登记其他数据须征求当事人同意。

3.第 1 点所述的数据，在下发工资、薪金或其他福利需要时，可全部转交至社会保障支付办公室或其他支付工资、薪金或其他福利的办公室；在判定案件时，可全部转交给法院、警察、人民检察院、法警及公共管理部门；可转交至授权监督就业有关数据规定的负责人；可转交至国家安全服务部；可将所有员工数据转交给高等学校。

三、学生和在读博士生的重要数据

1.根据本法要求登记的数据

（1）（在读博士）学籍有关数据

①学生（在读博士）姓名、出生姓名、母亲姓名、出生日期及地点、国籍、性别、住址、居住地和通信地址；

②非匈牙利公民提供匈牙利境内居留的法律依据及该文件的名称、编码；若该申请人属其他法律规定的自由迁徙和享有居住权者，则提供证明该权利的文件；

③学籍建立时间、方式和状态；

④若为国家资助学生，提供学习课程的名称、课程表、所处学期、休学时间；

⑤培训时或参加培训前已经过的国家资助期；

⑥留学时间和地点；

⑦优惠待遇要求符合数据；

⑧若已安排宿舍，提供宿舍姓名，住宿起止时间；

⑨若居住在学生公寓，提供学生公寓的匈牙利文化教育部认证编号和居住的起止时间；

⑩为残疾学生提供优惠待遇所需的数据；

⑪学生事故的有关数据；

⑫学生证序列号；

⑬主文件编码；

⑭学生身份证及社保号；

⑮毕业考试（职业考试、博士论文答辩）有关数据和考试项目；

⑯已颁发文件的内容和证明的数据。

(2)颁发的毕业文凭、资格证书数据包括：

①认证的专业资格或职业资格名称；

②毕业文凭、资格证书签发信息,及签署文件人员姓名；

③所提供毕业文凭、资格证书的格式序列号；

④主数据库的学生数量；

⑤毕业文凭、资格证书的其他数据；

⑥文凭补充文件数据。

(3)毕业生职业监测系统有关数据。

(4)所提供证明文件的识别数据。

2.登记其他数据须征求当事人同意。

3.在判定案件时,数据可全部转交给法院、警察、人民检察院、法警及公共管理部门;可全部转交至国家安全服务部;可在处理贷款事务时转交至学生贷款中心;处理社会保障金事务时可全部转交至社会保障局;将所有入学申请人及学籍拥有人(宿舍成员身份、在读博士生)的数据转交给高等学校;将所有已批准入学的申请人数据转交至高等学校;将所有学籍拥有人的数据转交至公共教育信息系统。

四、入学的重要数据

1.根据本法要求登记的入学有关数据：

(1)申请人姓名、性别、出生姓名、母亲姓名、出生日期及地点、国籍、住址及居住地、通信地址;非匈牙利公民提供匈牙利境内居留的法律依据及该文件的名称、编码;若该申请人属其他法律规定的自由迁徙和享有居住权享有者,则提供证明该权利的文件。

(2)中学毕业考试有关数据。

(3)中学时期的有关数据。

(4)评估入学申请时需要的数据。

(5)办理入学程序所需数据。

2.登记其他数据须征求当事人同意。

3.在判定案件时,数据可全部转交给法院、警察、人民检察院、法警及公共管理部门;可全部转交至国家安全服务部;将所有入学申请人的数据转交给高等学校;将所有已批准入学的申请人数据转交至高等学校。

附件 **3**

2005 年第 139 号法案
年度标准补助金额（用乘法计算）

分类	本科课程	研究生课程	博士课程	高等职业教育课程	研究生专业课程
第 1	1	1.75	2.5	1	1
第 2	1.5	2.625	3.75	1.5	1.5
第 3	2.25	4	—	2.25	—

1. 计算依据（1）是由政府综合考虑教育部根据其预算章程在《年度预算法》分配给高等教育的资金数额后，通过法令确定的数量。

2. 本硕系列课程可在前 3 年使用此数据计算，但 3 年后根据研究生的有关规定计算。医学类本硕系列课程除外，其金额至少为计算基础的 3 倍。

3. 高等学校的教育经费应根据学生数量计算。计算学生数量时，每位全日制学生视作一名，每两名非全日制学生视作一名。

匈牙利高等教育法(2011 年第 204 号法案)

国民议会

——明确国家的责任

——秉持《基本法》的国家信条

——为实现国家智慧复兴、精神复兴

——坚持大学生教育方针

——坚信我们的子孙后代能够用自己的能力、决心和精神推动匈牙利发展,特制定以下法律:

第一部分　总则

第一章　总则

1.本法的目的和适用范围

第 1 条

(1)本法旨在提高高等教育标准,根据《基本法》第 10 条第(3)款规定的框架,确定知识的传授与获取的标准体系,保障高等教育体系正常运作。根据政府法令规定高等学校财务管理使用的法律制度。

(2)本法适用于参与高等教育活动及管理事务的所有个人和组织,也适用于匈牙利高等学校在匈牙利境外开展的高等教育活动。

①本法由国民议会于 2011 年 12 月 23 日召开的会议通过;

②高等学校基本运作原则。

第 2 条

(1)本法规定,高等学校是主要从事教育活动、学术研究及艺术工作的组织。

(2)国家负责制定高等学校运作规则,财政部负责高等学校的财务运作工作。

(3)高等学校的主要教育活动包括高等职业培训、学士学位课程、硕士学位课程、博士学位课程及研究生专业课程。本法若无另外规定,高等学校只能组织开展教育活动。

(4)高等学校不得允许政党组织或政党的附属组织使用其场所开展经营或其他活动。

(5)国家须确保以匈牙利语设置的每个学习专业的课程。高等学校开设的课程,可以部分或全部用匈牙利以外的语言授课。少数民族学生可以根据本法的规定,用民族语言或匈牙利语学习,或采用上述两种语言学习。

(6)高等学校须按有关立法规定备案,须为国家数据统计及高等教育信息体系提供数据。

第 3 条

(1)提供高等教育学位的高等教育连续课程:

①学士学位课程;

②硕士学位课程;

③博士学位课程。

(2)学士学位课程和硕士学位课程可安排为周期连续课程,或根据其他法律规定安排为单个长周期课程。政府应规定多周期课程及单个长周期课程的课程结构。

(3)除第(1)款规定外,高等学校还可在高等教育框架内,提供下列非学位课程:

①高等职业培训;

②研究生专业课程。

(4)根据其办学章程,高等教育机构可以参加成人教育,无须获得培训计划中提供的《成人培训法》或《培训计划认证法》中规定的认证。高等教育机构以及培训计划中提供的课程在完成《成人培训法》规定的注册程序后,应符合官方认可的机构的计划。

第 4 条

(1)下列机构,可单独或与其他授权方合作建立高等学校:

①匈牙利国家、地方少数民族政府授权机构;

②匈牙利境内注册的宗教法人(包括具有法人地位的组织,以下称"宗教法人")授权机构;

③匈牙利的商业组织[见《民法》(1959 年第 4 号法案第 665 条 c 点),以下称《民法》]授权机构;

④匈牙利注册的基金会或公共基金会。

(2)创始人的权利可根据本法规定行使。行使创始人权利的个人(以下称"资方")应负责高等学校维护事务。

(3)若高等学校为第(1)款第①项所列实体办学,则该校可获得预算拨给的经费、第(1)款第①项及第②~④项所列实体,也有权行使有关权利。

(4)若无法律另外规定,则教育部长(以下称"部长")代表国家维护相关权利。

第 5 条

(1)高等学校具有法人资格。

(2)《公务员法律地位法》《劳动法》与本法规定都适用于公立高等学校。

(3)根据本法规定进行的高等学校转型(合并、解体、整合)不视为《不公平市场行为、限制竞争法》中的市场行为。

第二部分　高等学校的运作

第二章　建立高等学校

2. 国家认证

第 6 条

(1)为提供本法规定的教育活动而建立,且被国民议会认可的组织可称为高等教育组织。

(2)符合活动条件,且在下列类型课程中提供两个以上专业或至少提供 4 门课程以上的高等学校,国家可认证其为高等学校:

①学士学位课程;

②学士及硕士课程;

③学士、硕士及博士课程;

④硕士及博士课程。

(3)若高等学校校规规定的活动符合继续运营所需的教职人员和管理要求,且具有必要的硬件、经费和制度,则该校可视为符合提供规定任务所需的条件。

(4)根据国家认证内容建设高等学校。

(5)若符合下列条件,高等学校可开始运作:

①根据办学者的请求,已经注册并获得高等学校注册机构(以下称"教育局")下发的运营许可;

②国民议会已经认可。

3. 运营许可证

第 7 条

(1)高等学校须有两个固定校址,且有稳定的教研队伍。

(2)若高等学校符合政府规定的高等教育活动要求(至少 8 年),则其固定校址是高等学校主要活动地点和行政管理中心。

(3)若高等学校直接聘用的教职人员或以公共服务就业合同聘用的职工人数达 60% 以上,则可认为符合固定教学、教研人员条件。

第 8 条

(1)作为获得运营许可证的前提条件,申请者应证明,高等学校已符合或能够根据教育及科研需求逐步达到运作要求。

(2)若许可证中所列的与教育、科研有关的活动须在取得国民议会认可、有关国家认证法律修正案生效后方可开始,则教育局应授予运营许可证。教育局至少每 5 年审查一次运营许可证。

(3)本法附件 1 列出国家认证的高等学校。

(4)资方应批准高等教育机构的办学章程及其修订事务。附件 2 列出了办学章程和运营许可证的最低要求。

(5)高等学校有权建立并维护组织机构,以执行办学章程及任务。

(6)根据与高等学校签订的协议,为高等学校录取的学生提供食宿(宿舍、学生公寓)的组织有权参与高等学校入学筹备工作,参与高等教育工作,并作为一个科研机构进行运作。

第 9 条

(1)大学或学院都为高等学校。

(2)只有本法附件 1 所列高等学校及依本法规定在匈牙利境内运作的外国高等学校有权使用"大学"或"学院"及同义外语词汇。

(3)下列大学为高等学校:

①授权开设两个以上研究专业的硕士课程及两个以上学科的博士课程,且有权授予博士学位;

②直接聘用的教研人员或以公共服务合同聘用的职工中,有博士学位者占总职工人数的 50％以上;

③至少管理 3 个以上二级学院;

④设有学生学术研究室;

⑤能在部分系开设外语课程。

(4)学院由教学人员构成,直接聘用的教研人员或以公共服务合同聘用的职工中,有博士学位者至少占总职工人数的 1/3。学院也有权开设高等学校学生学术研究室。

(5)大学和学院有权开设非学位课程:高等职业教育课程、研究生专业课程。

(6)教育局应通过部长就高等学校(本法附件 1 所列)官方名称的变更做出确认声明。

第 10 条

(1)为实施国家战略目标,政府有权根据颁布的政令,将公立高等学校列为重点教育机构。

(2)根据政府所定标准,课程表现或学术表现突出的大学或学院可获得"研究型"高等学校排名。

(3)根据政府所定标准,在多个专业开设课程,且在该专业应用研究方面获得国际认证的学院,可获得"应用研究学院"称号。

(4)根据协议,部长可授予资金,用于运作第(1)～(3)款所述组织及组织单位。

第三章　高等学校一般运作规定

4. 一般运作规定

第 11 条

(1)高等学校应：

①在法律允许范围内或根据立法授权,规定其运作及组织结构(以下称"组织和运作指南"),并在其他法律的相应条款内加以规定;

②批准通过《组织和运作指南》,其中的强制性内容见附件 2,由高等学校按传统方式公开,也可供残疾人查阅;

③在高等教育期间,通过提供信息问询服务,帮助学生调整状态,支持学生进步,特别关注残疾学生,并在学生毕业前后提供就业指导;

④开展人才培养工作,提高社会科学认知度;

⑤确保教师课程安排与课程出勤率,确保不属于该校的个人能依照《组织和运作指南》规定同等对待;

⑥根据本法规定决定并公布录取标准(以下称"入学标准");

⑦办学过程中,保证负责开展工作的职工在对学生、教师及高等学校聘用的个人有关事务做出决策时符合待遇平等、机会平等的要求。

(2)主要活动方面,高等学校须确保健康发展,包括确保定期运动、组织体育活动、提供图书馆服务、传授与知识经济有关的金融及商务技能、提供提高匈牙利语专业术语和专业外语技能的机会。

5. 高等学校的相关机构

第 12 条

(1)参议会为高等学校最高机构,主席由校长任命。

(2)参议会有权享受《基本法》规定的高等学校的权利。

(3)参议会应：

①决定高等学校的教育和科研活动,并对其执行情况进行管控;

②决定本会运作程序的相关规定;

③批准同意高等学校中期发展规划(至少 4 年),决定每年需要完成的工作,中期发展规划的科研、发展及创新战略;

④就校长职位申请发表意见,并对校长的管理工作进行评价;

⑤接收高等学校的：

a)教育方案;

b)《组织和运作指南》,博士程序规则;

c)根据工作质量及表现确定工资差别的原则;

d)资方框架内预算；

e)根据会计规定编制年度报告。

⑥决定高等学校校内的：

a)学生咨询网络；

b)学生使用的教师工作评价系统。

⑦与办学者签订协议，做出下列事务的有关决策：

a)开展拓展活动；

b)高等学校资产管理规划；

c)建立商业组织、获得商业组织股份及与商业组织合作事宜。

⑧此外，参议会还应做出下列事务的有关规定：

a)签订合作协议；

b)设立学术委员会、任命其成员和主席；

c)对教师、科研人员提出的申请进行排名，职称和奖励的管理与授予；

d)设立、关闭博士研究所，开设博士课程；

e)匈牙利共和国授予的奖学金的颁发；

f)各项目的启动与暂停。

（4）若高等学校发展规划中有明确的发展规定，则使用、保护和转让财产产生的预计成本和收入由资方上交给高等学校。

（5）若参议会设立的委员会或理事会处理学生相关事务，除学分转换委员会事务外，则需要确保学生代表参与此类工作中。参议会应设常务委员会，负责处理学生的课程、考试和社会事务。处理影响学生事务的委员会，必须保证有学生参与。负责处理学生课程、考试和社会事务的常务委员会成员中，学生数量不得少于成员总人数的25%。

（6）除学生会代表和博士生学生会代表外，直接聘用的教职人员或以公共服务合同聘用的教师、科研人员及其他职工也可任命为参议会成员。

（7）在公立高等学校参议会成员中，校长及财务主管以外的成员可通过投票产生。参议会运作的所有事项，在高等学校《组织和运作指南》中规定，规定时应考虑下列事项：

①参议会成员不少于9名；此外，由教师和科研人员选出的成员（包括主席）应占大多数；各院系应保证教师代表是非行政人员；

②根据第60条第（1）款第②项标准，学生会应指派参议会成员，人数至少占该议会成员总数的20%，至多占25%；

③博士生学生会应向参议会指派一名代表；

④参议会中，任其他职位的成员，主要工会代表人数至少一名，但不得超过该会成员总数的5%；

⑤参议会成员任期4年，学生会和博士生学生会指派的成员任期至少为1年，至多为3年；

⑥参议会会议向所属高等学校的职工及学生公开；

⑦若法律或《组织和运作指南》未规定更高的票数比例,只要60%以上的成员出席且决策得到大多数成员的通过,即视为参议会达到法定人数;

⑧若参议会50%以上的成员要求,可召开闭门会议并举行无记名投票;

⑨应对参议会会议进行记录;参议会做出的决定应纳入决议内容,并根据《组织和运作指南》的规定进行披露;

⑩应提前将参议会议程提交给资方代表,以告知参议会会议的预定日期;资方代表有权出席会议,行使商议权;

(8)第(3)款第①~⑦项、⑧a项、⑧b项、⑧d项及⑧f项所述权限范围不可分配转让。

第 13 条

(1)高等学校的主管领导为校长,根据法律、《组织和运作指南》和集体协议,负责并决定其他个人或机构权限外的事务。

(2)校长负责高等学校的专业和合法运作,行使雇主权利(包括财务主管及内部审计单位负责人)。

(3)某些情况下,或在某些事务中,校长有权将第(1)款、第(2)款范围内的权限授予其直接代表或其他同等级职工。行使上述授权的个人不得进行再授权。

(4)财务总管,若未设财务总管校长即为财务主管,负责制定财务措施、提出有关建议。

(5)拥有管理、组织及金融方面专业知识及工作经验的职工或与高等学校签订公务员任职合同的职工或与高等学校有此类聘用关系的个人也可任命为校长。若为大学,校长职位候选人须为大学教师或大学教授;若为学院,则为学院教师、学院教授、学术顾问、科研教授或高级研究员。

(6)参议会 2/3 以上成员投票,可以罢免校长。

第 14 条

(1)组织单位提供计算机、社交、体育、图书馆、档案馆、博物馆和医疗保健服务,并提供政府法令规定的宿舍服务或其他服务,特设培训中心、学员公寓、训练场、艺术工作室、植物园及高等学校可能进行其他活动的单位。即使高等学校在多个校区运作,一个教育组织单位也只能负责一个学院的教育活动,应在教育方案中注明有法定资格的主管单位。

(2)高等学校图书馆及目录系统为公共学术收集机构,帮助开展阅读、信息、教育及科研有关工作,也可用作博物馆或档案馆。按照《博物馆法》《公共图书馆法》《社区文化服务法》规定,大学图书馆可开展公共图书馆、学术或高等学校图书馆工作。根据有关法律规定,大学图书馆可获得国家文献供给系统的资金支持。

(3)高等学校组织单位可以是中心、大学或学院中心。公立高等学校拥有的公共教育机构享有法人资格,预算机构财务管理条例适用于该机构。

(4)财务委员会应按政府规定,在公立高等学校内运作,也可在私立高等学校内运作。

第四章　高等教育学分制

6. 高等教育学位和资格

第 15 条

（1）高等学校教育应根据教育方案内容开展。高等学校应根据部长颁发的方案要求及结果，编制高等职业培训、学士学位课程、硕士学位课程或研究生专业课程，作为教育方案的一部分，课程每 5 年修订一次，并逐步引入新课程或修订后的课程及考试标准。

（2）接受高等职业培训可获得高等教育学位，并获得相应的文凭。完成高等职业培训获得的学位证书不视为独立学位。完成高等职业培训须取得至少 120 学分，至多 150 学分。方案要求及结果要求规定，高等职业培训所得学分在学习同一专业的学士学位课程时可至少转换 30 学分，至多转换 120 学分。若欧盟法律未规定特定领域的教育时限，则教育最长期限为 5 个学期。

（3）完成学士学位课程学习后可获得学士学位和资格。学士学位为本科学位，持有者可学习硕士学位课程。方案及结果的要求规定了完成学士学位课程后可获得教育学位。若学士学位课程有培训要求，则需至少组织 6 个月的长期专业培训（以下称"专业培训"）。完成专业培训后方可参加期末考试。参加专业培训至少获得 180 学分，至多获得 240 学分，完成学士学位课程至多需要 240 学分。此课程最短教育期限为 6 个学期，最长为 8 个学期。

（4）学习硕士学位课程可获得硕士学位和资格，硕士学位为研究生学位。方案及结果的要求规定了完成硕士学位课程后可获得的资格类型。考虑到第（5）款的情况，学士硕士学位课程期间需要获得至少 60 学分，至多 120 学分。此课程最短教育期限为两个学期，最长为 4 个学期。课程结束时，硕士学位教育期间可获得 60 学分，教育期限为 2 年。

（5）长周期教育项目可至少获得 300 学分，至多获得 360 学分。最短教育期限为 10 个学期，最长为 12 个学期。

（6）完成学士学位课程和硕士学位课程后可另外获得资格。学习研究生专业课程期间至少获得 60 学分，至多获得 120 学分。此课程教育时长最短为两个学期，最长为 4 个学期。

第 16 条

（1）博士课程也是教育计划的一部分，是为完成硕士学位课程后攻读博士学位的学生提供的课程。教育期限为 6 个学期。博士课程有固定标准，由 36 个月的长教育周期组成，可分为数个学分统计期。

（2）有权在某一学科开设硕士学位课程的高等学校有权开设博士课程。

（3）高等学校有权开设授权专业的博士课程，并授予该学科、科学或艺术的博士学位。高等学校可开设哲学博士课程，授予艺术专业的哲学博士；开设文学博士课程，授予"文学博士"（以下称"博士课程"）。

（4）"哲学博士"（缩写 Phd）为学术学位，完成哲学博士课程后可获得。所得文凭由校长及博士委员会主席签署。

（5）高等学校博士委员会有权组织博士课程并授予博士学位（以下称"博士程序"）。高等学校博士委员会可在各学科，及根据该校博士条例的规定在各科学学科、艺术学科中设立学术和艺术博士委员会。除博士生外，博士委员会每位成员须持有学术学位。

7. 课程组织模式

第 17 条

（1）高等学校组织全日制、非全日制及远程教育课程。全日制课程每学期至少有 300 节课。

（2）根据日间课程的时间表，全日制课程应安排在每周的 5 个工作日内进行。其他条例须经高等学校学生会同意。

（3）非全日制课程可根据夜间或函授教育工作时间表安排。除研究生专业课程外，非全日制的课程时长至少为全日制课程的 20％，至多为 50％。研究生专业课程的时长至少为全日制课程的 30％，至多为 50％。

第五章　高等学校数据管控、高等教育信息系统

8. 数据管控对象

第 18 条

（1）为确保下列所需个人基本数据和特殊数据，高等学校应登记如下事项：

①高等学校的正常运作情况；

②申请人及学生的权利和须履行的义务；

③教育及科研活动；

④雇主权利及教师、科研人员和职工的权利与义务；

⑤登记有关法律规定的数据；

⑥法律规定或高等学校《组织和管理指南》中规定的津贴的确定、评估及下发情况。

（2）附件 3 详细说明了第（1）款数据的范围，数据管控对象及期限，以及转移注册信息的条件。登记的数据可用于统计，并发送至统计局以供统计之用。

9. 高等学校信息系统

第 19 条

（1）行使国家范围内高等学校的权利、规划国家经济、行使高等学校有关个人权利并

履行义务所需数据应登记在中央数据库。本法所称中央数据库,指高等学校信息系统。

(2)高等学校信息系统是由下列子系统和应用程序组成的真实数据库:

①高等学校办学章程及运营许可中需要登记的高等教育文件;

②高等学校招生体系中,办理高等教育入学程序所需的机构数据及个人数据;

③高等教育个人档案中,登记高等学校的学生和聘用的个人数据;

④文凭证书文件的认证、证明、附件及完成高等教育课程后获得高等学校学术学位所需数据;

⑤毕业生检测系统,提供数据群、分析高等学校信息系统子系统的构成,以及高等学校提供的防伪的毕业生档案;

⑥部门执行信息系统,为公立教育管理者提供支持,为维护管理提供数据;分析高等学校信息系统子系统的构成,以及高等学校提供的防伪的毕业生档案。

(3)各高等教育和高等学校办学者根据有关政府法令,向高等教育信息系统提供数据,此为强制性要求。

(4)高等学校负责运作信息系统的机构可以颁发:

①高等学校办学许可证中的高等学校注册码(以下称"高等学校注册码");

②教师身份证号码;

教师、科研人员和有关职工的教师证;向任公务员职位或类似选聘者的教师、科研人员和教授颁发教师证。

③学生身份证号码;

学校颁发给学生的学生证。

(5)根据第(4)款第②项或第(4)款第③项,在高等教育信息系统中,每人只能拥有一个账号或学生身份证号码。

(6)附件3详细说明了教师和学生身份证号码,教师、科研人员、职工证,学生证文件的数据管控范围,数据管控对象及期限,转移注册信息的条件,以及学生身份证号码和通行证的技术参数等。学生身份证号码和账号颁发的程序及有关规定根据政府法令规定。

第六章 高等学校的转型及停办

10.高等学校的转型

第 20 条

(1)高等学校可以通过合并(以下称"合并")来协调高等教育机构的活动。办学者应根据参议会的初步意见决定合并事务。

(2)合并后的高等学校可派遣同样数量的成员至筹备委员会。也应指派部长代表至该委员会,若为公立高等学校,还应指派国家资产管理部门的代表。

(3)新的高等学校应通过合并程序建立,为合并的高等学校的继任机构。若主要活动范围和高等学校运作条件不变,则无须取得专家的许可,但必须执行新高等学校建立的程序。

第 21 条

(1)若高等学校停办,则原高等学校停止运作,建立新的高等学校。新的高等学校为已停办的高等学校的法定继承者。有关法定继承的相关决定将根据停办和建立的有关程序框架做出。

(2)若高等学校解体,而原高等学校需要继续运作,则可建立新的组织单位或与另一所高等学校整合。

(3)整合的高等学校合并后原高等学校不复存在,整合的高等学校为法定继承者,负责整合高等学校的工作。

(4)第(1)~(3)款所述转型情况开始后,必须执行新学校建立程序。若主要活动范围和办学条件不改变,则无须专家意见许可。

(5)由预算提供资金的高等学校可与预算机构合并或并入预算机构。若取得政府同意,则由预算提供资金的高等学校可在政府规定的其他法律程序框架内,与其他类高等学校合并或并入其他类高等学校。

11. 高等学校的停办

第 22 条

(1)若撤销国家认证,则高等学校应停办。

(2)下列情况下,政府应撤销国家认证:

①法院裁定该高等学校停办;

②资方停止运作且没有继承者,或已经停止办学;

③申办者不再存在,或申办者的高等学校办学权利已经终止;

④高等学校的办学者将丧失或业已丧失上述权利,办学者的权利转移给新任办学者的情况除外。

(3)第(2)款第②~④项规定不适用于公立高等学校。

(4)若资方决定高等学校停办,则政府也应撤销该校的国家认证。

(5)若高等学校与另一所高等学校独立、并入或合并,则政府也应撤销该校的国家认证。

(6)第(4)款所述情况,可逐步开展停办程序,以便已经开始学习的学生可以继续完成学业。高等学校可在学期结束的最后一天停办,但须保证学生能在另一所高等学校继续学习。

第 23 条

(1)在决定停止办学前,高等学校资方应与学生后继学习的高等学校签订协议。

(2)若停止办学后无法确定继承者,则资方有权恢复高等学校的资产。

(3)教育局应将有关高等学校及其转型的最终决定,根据政府规定在其官网及教育部官网上公布。

第三部分　高等教育的员工聘用

第七章　高等教育聘用范围及基本聘用规定

12.聘用范围、基本聘用规定

第 24 条

(1)聘用为讲师或教授的职工应承担高等学校的教学任务。可在开展的自主科研活动中设立学术委员会。

(2)也可聘用其他职工负责高等学校的运作工作。

(3)若高等学校设立公共教育、文化、公共档案馆、医疗保健、社交、体育或其他机构或组织单位,上述部门、工作或活动适用的规定同样适用于上述单位聘用的职工[第(1)～(3)款所述职工以下统称"职工"]。

(4)《公务员法律地位法》适用于由预算资助的高等学校,而《劳动法》及本法中的不一致的情况则适用于其他高等学校。

(5)欲就业于高等学校,须无犯罪记录,并持有规定的学位及资格。

(6)关于《公务员法》。

①与上述《公务员法》第 40 条第(5)款规定相反,本法第 73 条第(2)款适用于校长的薪酬及工作表现;

②第 30 条/a 第(1)款第②项、第③项、第 30 条/b、第 30 条/e 有关就业义务及注册规定适用于由预算资助的高等学校。

第八章　教师、学术职工及聘用为教师的特殊规定

13.教师任职范围、职位

第 25 条

(1)除第(3)款所述内容外,授课应在教师聘用范围内进行;由预算资助的高等学校,在公务员聘用框架内进行;与其他高等学校建立教师聘用关系的,也在公务员聘用关系框架内进行。学士学位持有者方可应聘教师。

(2)教学和学术研究活动可在同一就业范围内进行,在此种情况下,需要确定在职职工全日制或非全日制的工作时间比率。聘用合同或公务员聘用书中应说明。

(3)若学术研究活动性质允许,且开展此类活动所需的时间不超过总工作时间的60%,则可以以合同形式聘用教师(以下称"客座教师")。第 24 条第(2)款和第(5)款规定适用于受聘的客座教师。此外,以合同形式聘用的教师可以临时授课,而非定期授课。高等学校可以与受聘为公务员或以合同形式受聘的个人签订协议,在任职范围外开展授课活动。

(4)高等学校中,可签订并保存转让协议,转让者须无犯罪记录,且未被禁止开展被转让的活动。

(5)第(4)款所述的资格证明应:

①由有签署意向的个人在签署合同前提交至校长;

②由合同签署者根据校长的书面要求,在签署合同期间,说明提交不合格文件的法律后果;应在接到通知后 15 天内提交此证明,若由于不可控原因无法在期限内提交文件而导致合同暂停签署的,也应提交此证明。

(6)若合同签署者能够证明第(4)款所述的理由不成立,则高等学校应偿付合同签署者办理犯罪登记机构出具文件过程中支付的服务管理费。

(7)下列情况,高等学校应终止立即生效的转让合同:

①若合同签署者未能在收到多次要求后 15 天内或在收到重复要求后未能在 15 天内完成第(5)款②项要求的义务,且未能证明此情况是由于不可控原因造成的;

②犯罪登记机构出具的文件内容中,校长认为的不合格原因[见第(4)款]仍然存在。

(8)为验证是否存在不合格现象,校长应对第(5)款所述个人数据进行管控:

①至决定合同生效之日;

②若合同已建立且生效,则有效期至合同终止之日。

第 26 条

(1)教师应从每周工作时间中抽出 10 个小时(平均连续两个学期)为学生举办讲座、研讨会、提供培训及咨询(以下称"教学时间")。教师在其职责范围内应参加学术研究并承担高等学校办学的有关工作,在负责学生工作或参加学术科研之余,教师需要在任教高等学校学习专业知识。

(2)根据劳动标准体系规定,雇主有权增减教学时间(至多增加 70%,至多减少 20%),但须确保高等学校每位教师每周授课时间不少于 12 个小时(平均连续两个学期)。教学时间确定原则在劳动标准体系中加以规定,决定教学时长时须考虑测试、课程调整情况、课程发展、教材编写及其他课程准备活动。时长的增加或减少可实行两个学期。

(3)无论教师任职于多少所高等学校,在评估高等学校的办学条件、决定资金数量时,该教师只能计算一次。教师出具的书面声明将决定其在评估时算在哪一所高等学校。

14. 教师身份的生效及终止

第 27 条

(1)高等学校可设下列职位:

①助理讲师;

②高级讲师;

③学院或大学副教授;

④学院或大学教授。

（2）教师可获得职位对应的头衔，并有权使用该头衔。

（3）获得总理任命的学院教授或总统任命的大学教授头衔后方可聘用为学院教授或大学教授（以下称"学院或大学教授头衔"）。总理或总统的任命是任职为学院教授或大学教授的先决条件，授衔者也应名副其实。若雇主未规定特殊比例，则应确保学院或大学教授头衔不受聘用关系的建立或终止的影响。某些行使高等学校雇主权利的校长有权为聘用学院或大学教授建立或终止某一职称。

（4）除学院或大学教授外，聘用关系终止后所属职位权利也将终止。总理或总统撤销该权利前可一直行使该权利。

第 28 条

（1）若高等学校聘用要求未做严格规定，则：

①学习博士课程者是任职助理讲师的先决条件；

②在读博士是任职高级讲师的先决条件，或博士学位持有者方可任大学高级讲师。

（2）持有博士学位，能够监督学生和助理讲师的学术及艺术工作，并拥有相关专业工作经验是任职学院副教授的先决条件。

（3）持有博士学位，能够监督学生、在读博士生和助理讲师的学术及艺术工作，能够用外语授课并拥有教育领域的相关专业工作经验，是任职学院和大学副教授的先决条件。

（4）任职学院和大学的副教授至少具有 10 年的高等教育教学经验。已取得任职资格的讲师无须符合有关授课经验的标准。

（5）持有博士学位、特许任教或拥有同等效力的国际高等教育的教学经验，在所属学术或艺术领域具有国际声望且取得突出学术研究成果和艺术作品，是任职大学教授的先决条件。根据教育、科研及科研管理方面需求，任职者应有能力管理学生、在读博士生及助理讲师的课程、学术及艺术工作，编写外文出版物，并以外语举办研讨会和讲座。大学教授有权使用"教授"头衔。

第 29 条

（1）若大学和学院副教授、教授聘用时间超过一年，应执行公开招聘程序。校长应结合劳动标准体系要求进行招聘。

（2）未在高等学校任职或高等学校聘用的个人也有资格提出申请。参议会应对符合聘用要求的申请者进行评估并排名。聘任讲师时，校长根据申请排名，与申请人签订聘用合同或公共服务就业合同。聘用学院或大学教授时，若该申请人未持有此类头衔，则校长可在签订聘用合同时授予其学院或大学教授头衔。

（3）校长应将授予学院或大学教授的有关提案提交给高等学校办学者，提交给部长以授予申请人头衔。提案中应说明头衔授予的目的。

第 30 条

（1）有权使用学院或大学教授头衔者可与另一雇主建立聘用关系且任同一职位，无须授予新的头衔。

(2)若讲师改变工作地点,或建立了新的或其他的聘用关系、公共服务关系,则雇主可以按原职或低于原职聘用。

第 31 条

(1)若作为讲师,未能达到国家硬性标准,则不再聘用。

(2)任职 12 年后仍未取得学术学位,则停止聘用。

(3)任职期间,因产假、育儿、照顾亲属、严重疾病、在外国高等学校或科研所工作、游学原因暂停聘用关系且休假超过 90 天以上,不应包括在第(1)款和第(2)款规定的期限内。讲师的聘用关系在合同到期后终止。

(4)在大学和学院受聘为讲师和研究员或讲师、研究教授、学术顾问的个人可聘用至 70 岁。校长有权终止学院和大学讲师的聘用关系。

(5)若讲师出现下列情况,除《劳动法》或《公务员法律地位法》规定外,雇主有权通过正式通知或其他解雇方式终止聘用关系。

①未能达到劳动标准体系的要求;

②未能满足聘用合同或聘用证明中说明的所处岗位的硬性要求(应说明完成期限);

③根据第 26 条第(3)款所做的规定,评估高等学校办学条件或向高等学校拨款过程中不考虑上述不合格的讲师。这种情况下,《劳动法》或《公务员法律地位法》中有关就业及公共服务就业方面的规定、解雇的有关规定、宽限期及离职金等规定不适用。

(6)若总理撤回学院教授头衔及其权利或总统撤回大学教授头衔及其权利,则雇主不再聘用其为学院或大学教授。校长应根据第 29 条第(3)款的规定,启动撤销学院或大学教授职位头衔的有关程序。

(7)具有法律约束力的决策决定对学院或大学教师的处分力度,校长可以根据在职者要求,启动撤销学院或大学教师头衔的程序,法院做出具有法律约束力的决定,禁止在职者继续任职;或任职者因故意犯罪而被判处刑期,此判决也具有法律约束力。

(8)若在职者有权使用学院或大学教师头衔,但仍未与高等学校建立聘用关系,则部长有权撤销使用该头衔的权利并解雇。

15. 非讲师工作范围头衔

第 32 条

(1)参议会有权向职位为学院或大学讲师且已经退休的个人授予荣誉教授头衔或名誉教授头衔(以下统称"名誉教授")。名誉教授有关授权事务、教育及其他义务、薪酬及头衔持有期限在高等教育劳动标准体系中界定。

(2)参议会有权授予客座讲师下列头衔:

①若任职者持有博士学位,可授予私人讲师头衔;

②若任职者为国家知名专家,可授予大学荣誉副教授或学院荣誉教授或大学荣誉教授;

③若任职者实践工作突出,可授予骨干教师头衔。

（3）在高等学校任讲师或教授者，若实践工作突出，参议会可授予骨干教师头衔。

（4）拥有第（2）款所述头衔的个人可聘用为教授，特殊情况下应根据参议会决定是否聘用。

（5）第（2）款、第（3）款所述头衔的授予与撤销标准、头衔授予程序、头衔对应薪酬及其撤销程序在高等教育劳动标准体系中界定。

16. 研究员

第 33 条

（1）根据签订的聘用合同或公共服务就业合同的规定，在学术研究岗位上任职的高等学校职工至少应将工作时间的 90% 用于学术科研活动；作为工作范围的一部分，还应从事高等学校与教学有关的活动，此为硬性要求。

（2）高等学校可设以下科研岗位：

①助理研究员；

②研究员；

③高级研究员；

④研究顾问；

⑤研究教授。

（3）其中，第 25 条第（1）～（3）款、第 26 条第（3）款、第 27 条第（2）款、第 29 条第（1）款和第（2）款、第 30 条第（2）款规定适用于通过公开招聘的研究员，在职者应担任研究教授、研究顾问或高级研究员职务，任期一年以上，签订合同的研究员为客座讲师。若在合同框架外开展个人研究范围外的科研活动，高等学校只能与聘用的个人签订委派合同或建立其他民事法律关系。开展与职位无关的科研活动应签订委派合同。

17. 讲师工作范围

第 34 条

（1）持有高等教育学位及资格者可受聘为讲师。

（2）第 25 条第（1）～（3）款规定适用于讲师的聘用事务。讲师的教学时间至少为每周 20 个小时（连续两个学期的平均值）。雇主有权根据劳动标准体系的要求，增加或减少讲师 15% 的教学时间，但高等学校讲师每周教学时间不得少于 18 个小时（连续两个学期的平均值）。

（3）与第（2）款规定相反，负责教师培训及传授技术方法论的讲师，每周工作时间为 18 个小时（连续两个学期的平均值）。雇主有权根据劳动标准体系要求，增加或减少讲师 15% 的工作时间，但此类讲师的教学时间不得少于每周 12 小时（连续两个学期的平均值）。

18. 讲师的权利与义务

第 35 条

（1）任职讲师有权根据自己的世界观、意识形态和价值观开展教育活动，但不得鼓励或强迫学生接受;在教育方案框架内设置教学大纲,选择适用的教学方法或教学技术。任职讲师参加教育活动与在读博士生及客座教师享有同等权利。

(2)负责教育活动的个人需要采取多种方式、以客观的态度传授知识和信息;对已经批准的课程进行评估;尊重学生的人格尊严和权利,并在教育活动开展过程中,考虑其个人才能和能力、天赋及身体健康状况。

(3)受聘为讲师、教授和研究员的个人在开展教育活动过程中,应承担刑法规定的保护学生的义务。

(4)签订聘用合同或公共服务就业合同的讲师、教授和研究员有权通过出示讲师证获得权利。此证为官方文件。

(5)签订聘用合同或公共服务就业合同的讲师、教授和研究员,有行使教育委员的权利和义务。

19.工资、津贴

第 36 条

(1)高等学校讲师和研究员的工资和津贴(以下称"月工资")可根据《年度预算法》1级工资中讲师职位的保障工资,采用《公务员法律地位法》附件 2 内容计算。

(2)政府应根据教师职业生涯规划有关法律规定的工资等级决定教师的薪酬。

(3)自当年 3 月 1 日至第二年 2 月末,由预算拨款资助的高等学校,职工的月工资(工资、薪酬)不得超过匈牙利中央统计局正式发布的前一年国家税前平均月收入增长率的 10 倍。

第九章　行政职位及行政职务

20.任行政职务

第 37 条

(1)根据《组织和运作指南》,高等学校可设下列行政职位:

①校长;

②副校长;

③院长;

④系主任;

⑤首席财务主管,若未设此职位,则为财务主管;

⑥行政办公室主任(秘书或《组织和运作指南》中的同等职位)。

(2)根据《组织和运作指南》,高等学校也可设下列第(1)款未述职位:

①第(1)款所述职位助理,①②项职位除外;

②组织单位负责人及其助理。

(3)任第(1)款和第(2)款行政职位的个人需签订 3～5 年的定期合同,而任第(1)款

⑥项及第(2)款行政职位的个人合同期限可多次延长。第(1)款和第(2)款职位应公开招聘。

(4)聘用校长时,参议会应对提交应聘书的所有申请者给出意见。办学方决定校长人选。

(5)除第(4)款情况外,参议会应对申请高级行政职位及行政职位的申请者进行排名。除第(4)款情况外,参议会应将本会决定呈报校长。校长根据参议会意见决定聘用人选。校长应对财务主管及内部审计主任的申请人进行排名并呈报给办学者。根据第73条第(3)款第⑥项,若在聘用财务主管和内部审计主任过程中,受聘者不是任职者,则受聘者与任职者应签订公共服务就业合同。

(6)任高级行政职位和行政职位的个人可任职至65岁。

(7)若雇主属于《劳动法》管辖范围,则第(1)款至第(6)款规定视情况应用,行政职务即聘用于行政职位的职工。

(8)若总理有权聘用或解雇学院校长,则第29条第(3)款规定可适用于学院或大学校长的聘用或解聘程序。

第十章　利益的保护和协调

21.高等教育机构利益协调委员会

第38条

(1)高等教育部门在职业问题、社会问题、生活环境、工作条件及工作人员薪酬等主要问题方面应在高等教育利益协调委员会框架内协调。主要工会代表、匈牙利校长会议代表、各部门代表及教育方案的既得利益代表应共同参与高等教育利益协调委员会工作。

(2)高等学校工会及机构协调委员会(以下称"委员会")可协同雇主在高等学校内运作。高等学校和机构工会应在协议中确定委员会的组织结构及议事规则。

(3)根据工会在高等教育机构中的倡议,应强制性设立和运作理事会。

第四部分　学　生

第十一章　学生入学、权利及义务

22.录取与入学

第39条

(1)匈牙利每位公民有权学习由匈牙利国家部分或全部资助的课程(以下统称"全部或部分国家奖学金"),或自费学习。此外,此权利还包括以下人士:

①其他法律规定的拥有自由迁徙权和自由居住权的人;

②难民、寻求庇护并已取得许可者及①项范围外在匈牙利定居者；

③以国际条约和协议为依据,享受匈牙利公民同等待遇的外国公民；

④根据互惠原则,为匈牙利公民提供高等教育服务的其他国家公民；

⑤《匈牙利海外居民法》(以下称"优惠待遇法")范围包括周边国家居民,非匈牙利国籍但拥有自由迁徙权和自由居住权者；

⑥第三国公民根据《第三国公民入境及居住法》,确认自己的身份为匈牙利公民,条件是此类公民不属《优惠待遇法》范围,但未持有匈牙利国籍；

⑦取得许可(欧盟蓝卡),有权在高新技术区就业和居住的第三国公民。

(2)第(1)款范围外者只能自费学习。

(3)学生录取入学或转学后,可获得学籍。(由国家助学金资助者)应在入学前,按照第15条第(2)款、第(6)款规定签订学生助学金合同,或与自费学生签订学习合同。附件5内容包括管理局登记个人数据的方法,数据管理的目的、时间,数据转交条件。

(4)申请入学的学生在一次入学程序中最多可提交5份申请。若申请入学的学生也在同一学院或系部申请国家资助、国家部分资助及自费课程,可视为一次申请。

(5)高等学校应根据申请人的成绩、学生最高数量及可允许入学的学生数量、按国家标准的名次(硕士学位课程除外)、申请人申请高等职业教育、学士学位课程、硕士学位课程和单周期课程的名次决定学生的入学事宜。申请人办理一次入学程序可学习一门课程。

(6)处理特殊课程和博士课程入学事务时,高等学校应根据申请人的成绩、学生最高数量及可允许入学学生的数量、申请人的申请顺序,决定学生的入学事宜,需要考虑可接受国家助学金全部或部分资助的学生数量。

(7)录取的学生将与高等学校建立法律关系。

第40条

(1)通过中学毕业考试后方可参加高等职业培训。高等学校应根据学生的健康状况、专业水平及有关资质进行录取,不得存在歧视现象；在中学期间应通过健康检查、资质考试或测试,并在参加中学毕业考试时取得一定成绩并取得职业资格。

(2)符合下列要求后,方可学习学士学位课程及长周期课程：

①通过中学毕业考试；

②掌握一定水平的外语技能；

③通过健康检查、获得能力认证并通过资质测试。

(3)至少在办理入学程序的前两年需达到如下标准：

①政府应颁布法令,决定中学毕业考试的难度标准；

②在同一院或系开设课程的高等学校应确定每个院或系的考试标准。

(4)获得学士学位及资格证书,且至少通过一门中级c级国家语言考试[中级(b2)通用语言考试证书]或其他同等效力的语言考试的学生,可学习硕士学位课程；已取得硕士学位课程学位和资格的学生可学习硕士学位高级课程。

(5)已取得学士学位和资格或硕士学位及资格的学生可学习研究生专业课程。学习特殊教育课程,须在特定领域就业且具备一定时间的专业工作经验,并取得相应资格。

(6)取得硕士学位及资格,至少通过一门中级 c 级国家语言考试〔中级(b2)通用语言考试证书〕或其他同等效力的语言考试的学生,方可学习博士课程。

(7)高等学校应进一步规定硕士学位课程、研究生专业课程及博士课程的入学要求,统一高等学校入学标准,不考虑学生的毕业学校。

第 41 条

(1)决定国家资助学生数量,入学考试成绩标准的过程中,政府应确保下列申请者机会平等:

①弱势学生;

②休无薪哺育假或享受孕妇、儿童福利者;

③残疾申请者;

④少数民族申请者。

(2)除符合第(1)款要求外,申请人还须取得高等教育职业培训、学士学位课程和硕士学位课程要求取得的资格。

23. 申请者或已录取学生可行使的权利和义务

第 42 条

(1)学生

①有权转学,学习与主要学习课程有关的其他课程者;

②可要求转学至另一高等学校的院或系,继续本教育周期和专业的学习。

(2)高等学校可以接受具备高等教育资格但未在本高等学校所设课程或课程单元获得学籍的个人,无须办理入学手续,但学生须自付全额学费。高等学校需出具证明,证明学生的课程成绩。课程或课程单元学习完毕后,应根据学分转换的有关规定进行转换认证。

(3)招生高等学校应确定第(1)款和第(2)款所述的招生要求。

(4)高等学校录取的学生或转学生入学后建立学籍。

(5)学籍有效期间,不得再次入学。学生应在正式学习前,根据高等学校校规,登记正式学习时间。没有支付费用的学生不得申请。

第 43 条

(1)学生有权获得充分、准确及辅助信息,以开始并继续学业,自行决定学习时间表,利用高等学校提供的教育机会和能力,学校则应提供适合学生个人心态、能力或缺陷的服务。

(2)学生有义务:

①遵守高等学校校规;

②尊重高等学校传统。

24.学生就业规定

第 44 条

(1)学生可以根据学生的就业合同:

①在教育方案框架内,高等学校作为课程的一部分设立的实习培训或实习课程中工作;在高等学校设立的商业组织工作;在校外培训地点工作;

②在高等学校与教育方案没有直接联系的行业工作,或在高等学校设立的业务部门工作。

(2)根据学生的就业合同,《劳动法》有关规定也适用于学生的就业工作。政府决定学生就业合同的有关规定后,合同条件应比《劳动法》对学生更有利。

(3)学生:

有权获得第(1)款第①项规定的薪酬,若连续实习培训时间达到6周,每周至少获得最低义务工资(最低工资)的15%;若未另做规定,则应根据双方签订的合同〔见第(1)款②项〕,根据实习培训单元获得工资,作为交换学生在此段法律关系中创作成果的所有权或知识产权;若未另做规定,学生的知识产权应转移至高等学校或该校设立的业务部门。

(4)提供实习培训的实体应该签订责任保险合同,为参加高等职业培训的学生提供保障。

(5)以下内容连同本条第(3)款第①项规定,适用于在读博士生的教育科研活动:

①课程框架内,在读博士生应参加高等学校的教育和科研活动,时间应为每周工作时间的20%;

②在读博士生工作时间(包括①项工作时间),不得超过每学期每周平均工作时间的50%;

③在读博士生的工作时间表应合理安排,以便学生能够完成课程要求,准备并参加考试;

④若就业时间占全部工作时间的50%,则每月支付的薪酬不得少于最低义务工资(最低工资),其他类型就业也不得低于此比率。

25.学籍的终止、休学

第 45 条

(1)若学生宣布自己在下学期休学,或下学期未注册,则学生的学籍中止。学籍总中止时间累计不得超过两个学期。学生可根据课程和考试要求,多次中止学籍。

(2)根据学生的要求,高等学校可暂停学生的入学事宜:

①中止时间超过第(1)款所述时限;

②若学生由于不可控原因,例如育儿、事故、疾病或其他意外问题,未能完成学籍要求,且高等学校校规未有此方面规定的原因。

(3)若学生因受纪律处分而中断学习,该生学籍中止。

第十二章　匈牙利(部分)资助学生或自费学习学生

27.缴费方式

第46条

(1)根据高等学校缴付学费的方式,学生可以:

①为国家全额资助学生;

②为国家部分资助学生;

③自费学生。

(2)国家应通过政府有关第(1)款学生范围的法令,确保学生贷款。

(3)国家全额资助学生的全部费用及国家部分资助学生的部分学费由国家承担,而自费学生若未出具弃权声明书,需自费。负责学生补助(部分)的机构可设立类似税收的还款程序。不论程序如何规定,任何学习周期、高等职业教育或研究生专业课程录取的学生均可通过国家奖学金获得全额或部分资助。

(4)政府应在举行入学考试的前一年,根据第41条规定,决定通过国家奖学金全额或部分资助的学生数量,及全额资助学生的学习周期、学习专业及资助程序。政府在决定国家奖学金全额或部分资助的学生数量及资助课程科目时,国家经济和社会理事会应就政府提出的建议进行咨询。应向政府报告理事会的立场及经济厅的有关意见。

(5)获悉高等教育规划委员会的立场后,部长应就学生数量及各高等学校的人数分配[见第(4)款]做出决定。

(6)在做出第(4)款和第(5)款决定时,政府和部长应考虑:

①国家战略目标及农村发展战略目标;

②劳动力市场中期、长期前景;

③毕业生职业监测所得数据;

④指定学习专业中,学时与长周期课程的比率。

(7)部长应在每年12月31日前,即录取程序开始前,公布入学程序的综合信息资料,内容包括提交申请需要的所有信息。

28.学生助学金合同

第47条

(1)个人可由国家奖学金(部分)资助,学习高等职业教育课程、学士学位课程和硕士学位课程(以下称"资助期"),学习时间至多为12个学期。若学生学习长周期课程,且学习时间超过10个学期,则最长资助期为14个学期。

（2）学习博士课程的学生，资助期至多不超过 6 个学期。

（3）为取得相应学位（文凭），资助期可至多延长两个学期。同一教育项目使用的资助期包括在该项目的资助期内。若高等学校提供免费资助的课程，而学生在上述资助期内未能获得相应的学位（文凭），学生可以继续学习该课程，即使第（1）款所述资助期未满，也应自费学习。

（4）高等学校可将残疾学生的资助期延长，期限不超过 4 个学期。

（5）学生登记的每个学期均为学生使用的资助期。

（6）计算资助期时，下列时间不予计算：

①学生因育儿、疾病或其他不可控因素未能完成该学期的学习；

②若高等学校停办，学生不能继续完成学业，且学生无法在另一高等学校继续学业，在资助期内完成的学期；

③在已解散高等学校完成学期学习，但未获得转学的高等学校认可的学期。

（7）持有的高等教育学位和资格也可学习国家奖学金（或部分）资助课程，若学生学习了国家全额（部分）资助的学位课程之外的课程、同一专业的国家全额（或部分）资助课程，则在额外学习课程中花费的学期数应从资助期中扣除。

（8）若学生学习时间超过本条所述可资助期，学生应自付全部学费，继续学习课程。

第 48 条第（1）款

签订学生助学金合同的相关规定：

①学生要在国家（部分）资助期［见高等教育法第 48 条/（2）、（4）款］结束前，取得受资助课程的学位，所用时间不得长于方案要求及结果要求时长的 1.5 倍；

②获得学位后 20 年内，在匈牙利管辖范围内就业，或从事其他工作并享受雇主提供的社会保障，或在匈牙利管辖范围内创业（以下简称：匈牙利就业）的学生享受（部分）国家补助金的时间可延长 2 倍；

③根据第 48 条第（3）款规定，支付匈牙利 50％的国家补助金。

根据匈牙利规定接受国家资助的学生未能在第①项规定时限内取得学位。

④根据第 48 条第（3）款规定，偿还匈牙利国家补助金额。

若未能在毕业后按照②项所述在匈牙利就业，则在其学期最后一天须支付由于国家货币银行的基本利率提高而增加的国家补助金金额的 3％。

第 48 条第（2）款

①第 48 条第（1）款规定的义务可分阶段完成；

②如果一个由国家助学金（部分）资助的学生在由国家助学金（部分）资助的课程学习期间改变资助形式，自费继续学业，则须遵守第 48 条第（1）款中所列义务。第②～④项义务只须在享受国家助学金期间履行；

③属于《匈牙利境外公民法》范围者可在其国籍所在国家履行第 48 条第（1）款义务；

④享受国家助学金（部分）资助接受宗教教育的学生无须履行第 48 条第（1）～（4）

款规定义务；

⑤属于《匈牙利境外公民法》范围者,其在原国籍国家匈牙利就业时间、参军服役时间及其他享受社会保障的工作时间,按双倍时间计算；

⑥本法规定适用于从自费学习转型为由国家助学金(部分)资助学习的学生,以及学籍为国家助学金(部分)资助的学生；

⑦如果一个学生学习平行课程或连续获得数个学位,则第48条第(1)款所述义务期限自第一个学位颁发之日起计算,且学生所学的每个课程都需符合该义务要求；

⑧第48条第(1)款第①项所述义务允许中途改变课程。若改变课程,需要考虑学习新课程的法定时间,且须遵守合同义务。

第 48 条第(3)款

①根据学生助学金合同,匈牙利应：

a)向高等教育机构提供由国家助学金(部分)资助的学生的学习费用(以下简称"国家助学金"),以支持学生在指定高等学校的费用；

b)完成国家(部分)资助课程后,制定就业政策,为其提供适当的工作。

②国家助学金的数额,应等于高等学校依据国家有关法律规定的国家助学金(部分)资助学生有效学期内需要支付的学费。依据学生助学金合同内容,有效学期指学生注册后享受国家助学金补助的学期；

③接受国家助学金(部分)资助的学生,一个学期的国家助学金为同一课程同一学期享受的国家助学金全额资助的50%；

④若享受国家助学金(部分)资助的学生学习的课程为非付费课程,则上述第(3)款所述金额应根据其他高等学校对该课程的最低收费金额计算。

第 48 条第(4)款

①学生助学金合同应包括第48条第(1)～(3)款内容；

②负责登记国家助学金的政府当局(以下称"登记当局")应依据高等学校录取要求的相关政府法令确定分类决策,并在该决策中规定由国家助学金(部分)资助的课程的学生分类要求,及获得该学籍的学生需要签订的学生助学金合同的规定；

③签订学生助学金合同为入学程序的一部分；

④学生助学金合同由接受高等教育的学生与代表匈牙利的登记当局签订；

⑤接受国家助学金(部分)资助的学生应在8天内将签订的学生助学金合同副本送至登记当局。

第 48 条第(5)款

①接受高等教育并签署学生助学金合同的学生可允许学籍所在高等学校保存其签署的学生助学金合同副本,并在学籍有效期间进行管理；

②接受高等教育并签署学生助学金合同的学生应按合同要求,向登记当局提供合同规定的数据,以及对合同规定义务履行情况进行监督和追踪需要的数据,并允许登记

当局在学生助学金合同生效期内对国家助学金(部分)有关个人及其他信息进行管理;

③接受高等教育并签署学生助学金合同的学生若未能提供第(2)款所述数据,则在对合同规定义务履行情况进行监督和追踪时需要检查此类数据,登记当局有权从就业中心及其分支机构、匈牙利财政部、国家医疗保险管理中心、养老金管理中心、税务局及该学生居住地区的当地政府获得接受国家助学金(部分)资助学生的个人数据等相关信息:

a)个人身份证明数据;

b)永久住址及临时住址;

c)匈牙利就业及持续时间;

d)成为《促进就业和失业补贴法》规定的求职者情况,及其在求职期间的情况;

e)孕妇津贴获得情况及持续时间;

f)儿童保育津贴获得情况及持续时间;

g)儿童保育费获得情况及持续时间;

h)残疾情况及持续时间;

i)获得养老金的日期。

④签署学生助学金合同后,经接受高等教育的学生同意,在履行和遵守此合同所规定的权利和义务的过程中,登记当局可以通过电子方式与其联系。

第 48 条第(6)款

①学生助学金合同期限不定;

②若接受国家助学金(部分)资助的学生完成其合同义务或规定义务被免除,则学生助学金合同应终止。

第 48 条第(7)款

高等学校应:

①持有国家助学金(部分)资助的学生签订的助学金合同的签字副本,并在学籍有效期间保存;

②确保添加国家助学金(部分)资助的学生学籍,并将该生毕业日期纳入学生管理记录中;

③向登记当局提供(2)中数据。

第 48 条第(8)款

对于接受国家助学金(部分)资助的学生,登记当局应记录:

①签订的学生助学金合同及其签订日期;

②接受国家助学金(部分)资助的学生(部分)资助课程的有关数据,特别是:

a)完成培训所需的有效学期及学费;

b)开始学习时间及毕业日期;

③每学期结束后获得的国家补助金数额。

第 48 条第(9)款

①根据记录,登记当局应每年通知接受国家助学金(部分)资助的学生国家助学金数额;

②学籍终止后尚未完成学业的学生,登记当局应在毕业前 60 日,通知接受国家助学金(部分)资助的学生在其国家助学金(部分)资助课程的学习过程中获得的国家助学金资助总额。就本条而言,毕业日期指学位证书上的日期。

第 48 条第(10)款

①在学生助学金合同有效期内,登记当局应对国家助学金(部分)资助学生的就业创业途径进行跟踪;

②国家助学金(部分)资助课程毕业后,若学生仍未完成学业,则在学生学籍终止后,登记当局应每年通知接受国家助学金(部分)资助的学生,告知其助学金合同规定的国家补助金额。

第 48 条第(11)款

毕业情况及匈牙利就业情况、国家助学金还款义务及此类义务的免除情况的相关记录由登记当局负责一审,教育部长负责二审,《行政程序和服务一般法》规定适用于此项工作。

第 48 条第(12)款

下列内容算入匈牙利就业期中:

①生育津贴、育儿津贴及儿童保育费的获得时间;

②接受国家助学金(部分)补助的学生根据《就业促进及失业救济法》获得求职者津贴及失业补贴。

第 48 条第(13)款

①接受国家补助金(部分)资助的学生若生育 3 个以上的孩子,则无须履行第 48 条第(1)款第①、③项规定义务;

②接受国家补助金(部分)资助的严重弱势学生无须履行第 48 条第(3)款规定义务;

③接受国家补助金(部分)资助的学生若在还款期间根据本法要求在匈牙利就业,则可免除第 48 条第(1)款规定的部分义务。免除的义务按就业时长给予免除。

第 48 条第(14)款

①根据本法第 48 条第(1)款规定,考虑到学生的学习情况,若应接受国家补助金(部分)资助的学生,登记当局可同意该学生暂时无须履行学生助学金合同规定的义务:

a)在外国高等学校学习;

b)为取得国家语言能力证书接受成人教育。

②休学次数不超过两次,总时长不得超过两年,且此前接受国家补助金(部分)资助的学生需要出示下列证明:

a)外国高等学校及所学课程分别为国家法律承认的高等学校及高等教育课程;

b)接受成人教育是为取得国家语言能力证书。

③若此前接受国家补助金(部分)资助的学生参与匈牙利就业的时间为未完成学业法定学习时间的 2 倍,则该学生可根据第 48 条第(1)款第③项规定,向登记当局要求免除学生助学金合同规定的义务。

第 48 条第(15)款

①若学生因长期患病、意外事故或分娩不能毕业,则接受国家补助金(部分)资助的学生可根据第 48 条第(1)款第①项规定,向登记当局要求免除学生助学金合同规定的义务;

②若学生由于下列原因未能履行义务,则接受国家补助金(部分)资助的学生可根据第 48 条第(1)款第②~④项规定,向登记当局要求免除部分或全部助学金合同规定的义务:

a)残疾;

b)长期患病或意外事故或分娩;

c)生育两个以上的孩子。

③登记当局只能给予同一子女父母中一人第 2 条第③项所述优惠待遇。

第 48 条第(16)款

①若登记当局确定国家助学金(部分)资助学生的还款义务,则通过决议后生效。国家助学金须从决定生效后 30 日(到期日)内还款;

②除《行政程序和服务一般法》规定内容外,第①项所述决议还应包括下列内容:

a)需要返还的国家助学金金额及其计算方法;

b)分期还款条件及其申请方法;

c)还款信息;

d)国家助学金(部分)资助学生的雇主或其他人可向当局提交有关报告,全额或部分偿还国家助学金。

③还款义务是个人义务,不应对个人财产造成负担。

第 48 条第(17)款

接受国家助学金(部分)资助的学生可向登记当局提出要求,分期还款:

a)补助金金额在 500 万福林以下,最多可分期 10 年付款;

b)补助金金额超过 500 万福林,最多可分期 15 年付款。

第 48 条第(18)款

①若此前接受国家助学金(部分)补助的学生根据第 48 条第(16)款规定履行还款义务,则为增强匈牙利国家声明的权威性,登记当局应向税务机关发送一份确定还款义务的决策副本,并完善执行的相关资料:

a）在规定的期限内未履行有效决策确定的还款义务；

b）未能提交分期还款申请或其他申请，或未能在规定期限内遵守有效决策内容。

②在履行还款义务的程序中，税务部门应采取法律行动，行使维护匈牙利国家权益的权力。

第48条第（19）款

根据第48条第（1）款第③、④项要求支付的费用为国家收入。

第48条

（1）学生应按国家全额资助或部分资助或自费学习课程分类。

（2）高等学校每个学期应重新分配一次国家资助学生类型，未能获得课程大纲规定学分的50％的学生或未达到高等学校《组织和运作指南》中规定的平均成绩（最后两个学期），且此期间未终止学籍的学生，划定为自费学生。

（3）若国家资助学生的学籍在课程学习完成前终止，或出于任何原因，提出要求自费继续学习，则学生的身份转变为自费学生。高等学校应根据提交的申请及学生的成绩，对国家资助类别学生进行重新分类。

第十三章　履行学习义务

29. 课程要求及学生表现评估

第49条

（1）在高等学校学习期间，完成具体课程单元和大纲要求会获得点数（以下称"学分"）及分数。获得的学分代表学生在学习过程中取得的进步，而分数则代表学习质量。

（2）学生有机会学习《组织和运作指南》中的选修课程，获得文凭所需的学分（至多5％）（或参加志愿活动），并且可以选择其他可以获得学分的课程，获得所需学分总数20％的学分。学生可以获得所需学分总数的10％，且无须支付额外费用。

（3）学生有权获得自己学习的高等学校其他学位课程的学分，也可作为其他高等学校的旁听学生获得学分。

（4）高等学校应公布推荐课程名单，用于整合学生的学习时间表。高等学校应保证每名学生接受测试；无论考试通过与否，都可重考，且保证重考的安排方式与评估过程公平公正。

（5）成功学习一个课程后即可获得1学分。根据课程的学习要求，同获得学分所需的知识不同，学分只能通过考试获得。若75％以上知识与规定相符，则必须承认该学分。高等学校为此目的设立的委员会（以下称"学分转换委员会"）应对知识进行检测。

（6）学分转换委员会有权根据本法规定及政府有关法令，对此前学习的知识和工作经验进行认证，作为该生的学习成绩。

（7）执行第 49 条第（3）～（6）款所述工作的有关规定，应在考试要求中规定，即可对此前学生在高等学校取得的学分或课程学位或所学知识进行学分认证，学生取得学位（文凭）所需学分的 30% 以上须在此后学习的高等学校获得。

（8）学习和参加考试的条件应根据学生的残疾状况加以调整。此外，还应当为残疾学生提供帮助，以助其完成学籍规定的义务。适当情况下，有残疾学生可以不参加某些课程的学习，或不参加考试，免除部分考查。如有需要，可免除残疾学生的语言考试、部分考试或部分水平考试。考试期间应保证较长的准备期。撰写书面报告可使用辅助器材，特别是打字机、计算机，以保证顺利完成；或用笔试代替口试，口试代替笔试。本款免除事项可根据豁免要求情况实施，但不免除获得高等职业教育资格、学士学位和硕士学位文凭证书所需的基本学术要求。

第 50 条

（1）高等学校应向已经达到课程和考试要求（不包括通过语言考试和撰写毕业论文情况）、获得所需学分（不包括毕业论文所得学分）的学生颁发预学位证书。

（2）学生通过参加毕业考试完成高等职业教育、学士学位课程、硕士学位课程及研究生专业课程的学习。

（3）学生可在获得毕业证书后参加毕业考试。毕业考试可以根据法律规定的学业要求，在学籍框架内、考试期满两年内获得毕业证书后，在考试期举行。课程和考试要求应在毕业证书下发两年内，确定期末考试时间。不得在学籍终止 5 年后进行毕业考试。

（4）毕业考试用于核实并评估取得文凭所需的知识、技能和能力，考试过程中学生也应证明自己有能力应用所学知识。

（5）未付学费的学生不得参加毕业考试。

30. 文凭

第 51 条

（1）通过毕业考试后方可获得毕业文凭，证明已完成高等教育及相应的语言考试（若本法未另做说明）。若方案要求和结果未做严格要求，则学生应出示证明以下内容的证书：

①在学习学士学位课程中，通过一门中级（c 级）国家语言考试或中级（b2）通用语言考试；

②学习硕士学位课程中，通过方案要求和结果要求规定的语言考试并获得国家认证或已通过其他同等级语言考试（以下称"语言考试"）。若高等学校接受中学教育语言考试证书或接受其作为中学毕业考试同等效力的证明，则可在课程介绍中，规定语言考试的语种。

（2）第（1）款所述规定不适用于匈牙利语以外语言授课的课程，毕业考试除外。

（3）毕业文凭应在学生通过毕业考试并出具语言考试证明文件后 30 天内下发。若学生在毕业考试前已出具第（1）款所述证明文件，则应在通过毕业考试后的 30 天内下发毕业文凭。

（4）只有本法规定范围内的高等学校有权颁发毕业文凭。"毕业文凭"一词只用于高等学校根据本法要求颁发的资格证书，为证明高等教育学位的文件（高等职业培训和研究生专业教育课程除外）。

（5）毕业文凭为盖有匈牙利国徽，标有颁发该文凭的高等学校名称、高等学校校注册编码、文凭序列号、持有者姓名、出生日期及地点、学位水平及学位所属课程的名称、颁发时间（年月日）及地点、学位类型，取得匈牙利资格框架和欧洲资格框架证明的证书。此外，毕业文凭须有高等学校负责人（或课程和考试标准要求的行政级别官员）签字，盖有高等学校印章。

（6）颁发的毕业文凭应在中央数据库中登记。

第 52 条

（1）毕业文凭应以匈牙利语和英语或匈牙利语和拉丁语签发；若学生学习的是少数民族课程，则用匈牙利语和民族语言签发；若在海外学习，则用授课语言签发。

（2）欧洲委员会和欧洲理事会规定的毕业文凭的补充文件，以匈牙利语和英语双语印刷，颁发给取得学士学位文凭、硕士学位文凭、高等职业教育文凭的学生；若学生要求，也可用少数民族语言印刷。毕业文凭的补充文件为政府文件。

（3）完成学士学位课程、硕士学位课程、单周期长课程、研究生专业课程和高等职业培训后，根据有关法律颁发毕业文凭，持有者可上岗工作、参加活动。

（4）课程要求和结果要求可规定语言考试为获得高等职业培训毕业文凭的前提条件。

（5）匈牙利颁发的毕业证书所对应的学位，其英文和拉丁文缩写如下：

①学士学位："bachelordegree"或"baccalaureus"（缩写：Ba，BSc）；

②硕士学位："masterdegree"或"magister"（缩写 Ma，MSc）。

（6）硕士学位持有者可在毕业文凭前使用"硕士"一词（工程硕士、经济学硕士、教育硕士等）。学生学习法学，取得第二个硕士学位后，有权使用"法学硕士"或"法律硕士"头衔（缩写：Ll. m.）。学习教育学，取得毕业文凭后有权使用"教育硕士"头衔（缩写：Med）。

（7）持有医生、牙医、兽医和律师学位的个人，有权使用博士头衔。对应缩写形式为：Dr. med.，Dr. med. Dent.，Dr. Pharm.，Dr. vet.，Dr. jur。

（8）经匈牙利总统授权后，高等学校校长可以授予中学及高等教育时期成绩一直优异的学生博士学位，该生在攻读博士学位时成绩也应突出。获得博士学位的详细条件由政府确定。

第十四章 人才培养和博士课程的特殊规定

31.博士课程及博士学位的取得过程

第53条

(1)博士课程包括课程单元、根据各学科的特点进行的研究和报告,根据候选人情况可单独进行,也可分组开展。获得硕士学位后方可攻读博士学位课程。

(2)学习博士课程后,可以通过特殊博士程序取得博士学位。若学生已取得硕士学位且满足博士课程所有要求,则该学生即便自学而不参加博士培训,也可称为在读博士生。若在读博士生在学习期间启动了上述程序,则该生在拥有学籍的同时也为在读博士生。

(3)在读博士的身份应根据博士学位程序申请及接收情况确定。高等学校不得拒绝已成功完成本校博士课程的学生的申请。在读博士生期间,应完成第(5)款所述规定。

(4)在读博士生身份在学位程序接受后解除;若在读博士未能在取得此身份后的两年内提交博士论文,则此身份解除。若有关法律未另做规定,在读博士生的权利与义务与学生相同。

(5)获得博士学位,需要:

①完成博士条例规定的义务,通过特殊专业博士考试,此考试由至少3人组成的委员会进行评估;

②掌握两种语言,若在读博士生为聋人,则需提供机会学习非匈牙利语手语,所学语言须为博士条例中规定的、科学专业学习需掌握的语言;

③以文章、研究或其他形式独立发表的学术作品;获得文科博士学位,需要独立创作出文艺作品;

④根据学位要求,独立完成科研活动或艺术活动;发表论文或艺术作品;公开答辩自己的研究成果。

(6)授予的博士学位应登记在中央数据库,可在互联网上查阅。高等学校博士条例中应详细说明博士课程及博士学位授予的程序要求。

(7)哲学博士学位持有者可在姓名前使用"Phd"或缩写"Dr.",而文学博士学位持有者可在姓名前使用"Dla"或缩写"Dr."。

32.人才培养、学术学生工作坊和学院

第54条

高等学校应负责识别、认证并帮助学生的专业活动、艺术活动和体育活动,特别是向天赋突出、能力突出、成绩突出的学生,以及弱势学生和严重弱势学生提供帮助。高等学校可以独立或与其他高等学校合作建立和实施人才支撑与辅助培养制度,为此,可

为优秀学生设立机构,特别是学术学生工作室、特殊学院、学习圈等。授权建立并运作高等学校的个人可建立专业性学院,通过与其他高等学校合作,为优秀学生提供辅导。高等学校应在辅导计划框架内,为弱势学生提供帮助,使其进一步发展。

第十五章　学生的责任、退学

33. 纪律处分程序及赔偿责任

第 55 条

(1)若学生违纪或严重违反自己的义务,且纪律处分程序结果以书面形式下达,则可对学生处以以下处罚。

(2)可处以下处罚:

①批评;

②严厉谴责;

③减少或暂停《还款和津贴规定》中的津贴和福利,暂停时间至多为 6 个月;

④一段时间内禁止学生学习,时间至多为一个学期;

⑤从高等学校开除。

(3)确定处分方式时,要考虑每一种情况,特别是学生行为的后果、重复的可能性及其行为的严重性。实施第(2)款第③项处分时,不暂停学生的基本生活补助。实施第(2)款第④、⑤项处分时,学生学籍所得的补助和津贴,应暂时停止或停止一段时间。实施第(2)款第④项处分期间,学生学籍暂停。处分程序的启动或实施的处分不受学生成绩影响。

(4)若违纪情况出现后一个月才获悉,或该违纪情况已出现 5 个月,则不得启动纪律处分程序。使用此类规定时,所述情况为启动纪律处分程序的负责人获悉学生违纪行为(此行为可启动纪律处分程序)之日。

(5)若纪律委员会中至少三分之一以上成员由学生会指派,则政府应规定纪律处分程序中需要遵守的规定,听证会过程中,允许受处分学生自行辩护;若已经正式通知学生,但学生仍未出席纪律听证会的,则听证会可继续进行。

第 56 条

(1)若学生的违纪行为对高等学校履行学术义务造成损害,或对实习培训组织者造成损害,则《民法》有关规定和本法未述规定适用于此类情况。

(2)在过失损害情况下,赔偿率不得超过法定最低工资的 50%,若发生第(1)款所述情况,则按造成损失当日所在月份的工资计算。若为故意损害,则应全额赔偿。

(3)交由学生保管的物品,若存单或数据出现损坏或缺失,由学生承担全部责任。若物品一直由学生保管或学生为此类物品唯一的使用者或处理者,则对于此种情况,学生则应承担义务。由于不可控原因造成的损失,学生不承担赔偿责任。

(4)对学生学籍或实习培训中造成损害的高等学校或实习培训组织者应根据《民

法》的有关规定,赔偿对学生造成的损害。若高等学校或实习培训组织者能够证明该损失是由无法避免的原因造成的,或是由受害人不可阻止的行为造成的,则免除赔偿责任。

34.法律补偿权

第57条

(1)若学生权利受到侵犯,则学生有权:

①与学生会联系,寻求法律援助;

②使用教育调解服务;

③提交法律补救申请,高等学校应根据本法要求评估,且为强制性要求;

④若本法规定范围的法律补救机会使用完毕,可在教育权利委员处启动维权。

(2)若学生要求,高等学校应就根据本法所做的关于学生事务的决定、政府法令及《组织和运作指南》等内容制作一份书面通知,发送给学生。若学生未能在第(3)款所述期限内提交法律补救申请或选择不提交此申请,则高等学校所做的关于学生事务的决定具有约束力。

(3)高等学校做出的决定或采取的措施,在决定公布后15天内未采取相应措施(以下统称决定)或出现没有获悉通知的情况,学生有权提出法律补救要求,但事关学生学习情况评估除外。若学生学习情况的评估程序并未根据高等学校通过的标准进行,或评估结果与高等学校《组织和运作指南》内容相反或违背了该校的考试组织要求,则学生也可发起法律补救程序。

(4)审查法律补救申请的个人不得是:

①已对上诉做出决议,或未能做出决议者;

②与(1)款所述人关系亲密者;

③无法对申请内容提出客观意见者。

(5)高等学校可就法律补救申请做出下列决定:

①驳回申请;

②责令未能做出决定的个人做出决定;

③改变原决定内容;

④撤销原决定,并要求决策者执行学生投诉的法律程序。

(6)《官方行政程序及服务一般法》适用于澄清事实真相、设定最后期限、证明、确定与决定要求相关的形式和内容;根据请求或官方要求对决定进行校正、更改、修订、补充或撤销等事务。

(7)二审决定具有法律约束力。若法院未要求审查,则声明发出后可执行。

第58条

(1)若高等学校声明违反了法律或有关学生学籍规定,则在其公布30天内,学生有权要求法院审查法律补救申请的决定。运用此类规定时，有关学生学籍的规定以及规定学生权利和义务的高等学校文件的其他法律也适用。

（2）《民事诉讼程序法》中有关公共行政诉讼的规定适用于法院的审判程序。法院应立即解决此类案件。

（3）第 57 条第（1）款和第（2）款规定适用于下列人员：

①申请进入高等学校学习的申请人；

②在读博士生、博士；

③学习期间休学的学生。

（4）高等学校《组织和运作指南》应根据本法规定及政府法令，规定法律补救程序的要求。

35.学生学籍的终止

第 59 条

（1）出现下列情况，学生学籍终止：

①若学生已经转学至另一所高等学校，自转学之日起学籍终止；

②若学生宣布终止自己的学籍，则自宣布之日起终止；

③不再继续学习国家奖学金（部分）资助课程，且无意学习自费课程；

④规定课程第一次期末考试的最后一天，或研究生专业课程和高等职业教育最后一学期第一次期末考试的最后一天、博士课程的最后一天；

⑤接受高等职业培训的学生，若身体状况不适合继续学习，且高等学校不能提供其他合适的高等职业培训课程，或学生不愿继续学习，或学生无法符合继续学习的条件时，学生学籍可终止；

⑥若学生拖欠学费，经审查其社会条件且警告无果后，校长可终止其学籍，从终止之日生效；

⑦开除决定下达之日；

⑧不再满足本法规定的学籍要求，有关学籍终止决定自下达之日起终止。

（2）第（1）款④项情况中，若学习学士学位课程的学生已被硕士学位课程录取，且在完成学士学位课程后继续学习硕士课程，则不终止该学生学籍。

（3）下列学生，高等学校可以单方面宣布终止学生学籍：

①未完成学业考试规定或课程要求的学业任务；

②连续 3 个学期未注册；

③学籍终止后未重新学习，上述每一种情况，学校至少两次以书面通知形式提醒学生在规定的期限内履行义务，并告知违纪后果。

（4）重考未通过，且同一单元的重考仍未通过，且重考次数超过 5 次的学生，高等学校可以单方面终止学生学籍。

第十六章　学生社团、学生会、全国学生代表大会

36.学生会

第60条

(1)每位学生都是学生会会员,第63条情况中所述学生除外,享有选举权和被选举权。

(2)学生会章程应说明本会的规定。章程通过学生大会产生,经参议会同意后生效。在章程提交30日后,参议会在其举行的第一次会议宣布该章程是否通过。

(3)若该章程违反法律规定,或与高等学校校规存在冲突,将不予批准。若参议会未在规定时限内宣布结果,则章程及其修订版本视为已获批准。

(4)高等学校应为学生会运作、活动提供必要条件。学生会为履行职能,有权免费使用高等学校和宿舍的场所设备,但不得妨碍高等学校或宿舍的正常运作。

(5)本法规定的学生会权利一旦受到侵犯,包括其章程未得批准,学生会可以在维护者下发通知后的30日内,以违反学校章程规定的理由诉诸法庭。

(6)法院应以非诉讼程序做出裁决,错过最后期限不予审理。法院可以变更判决。由布达佩斯大都会法院负责处理此类事务。诉讼结果决定可否执行高等学校的决定。

(7)学生会应自行决定其运作方式、资金、国家补助及自身收入的使用方式、行使权利、高等学校信息系统建立与运行等事宜。学生会在其权利行使范围内不受他人干预。

第61条

(1)以下校规内容及修改须经学生会同意:

①学费及补助等方面的规定;

②学生对教师工作评价的有关规定;

③学业和考试要求。

(2)学生会应开展学生评价教师活动。青年政策和其他学生活动项目使用的资金须经学生会同意后方可使用。

(3)学生会可就高等学校运作事务或学生相关事务提出意见和建议。高等学校校规也需要征求学生会的意见,并取得学生会同意。

(4)学生会根据本会的章程行使权利。

(5)授权开展工作的个人或机构应在学生会提出建议后的30日内给予回应,参议会应在30日后举行的第一次会议上给予回应。

37.匈牙利国家学生会

第62条

(1)除第63条情况外,由匈牙利国家学生会代表全国学生。

(2)匈牙利国家学生会为法人,其章程由各地学生会代表组成的机构通过。总部设在布达佩斯,由主席作为代表。匈牙利国家学生会有权使用匈牙利国徽。

（3）匈牙利国家学生会由教育当局注册登记。由人民检察院对其进行司法监督。匈牙利国家学生会同样履行适用于其他组织的权利和义务。

38.哲学博士和文学博士生会、匈牙利哲学博士和文学博士生会、全国理科生会

第63条

（1）哲学博士和文学博士生会代表攻读博士学位的高等学校学生，作为高等学校的一部分进行运作。每名哲学博士、文学博士都为哲学博士和文学博士生会的成员，享有选举权和被选举权。第60条第(1)～(6)款适用于哲学博士和文学博士生会的运作事务。

（2）匈牙利哲学博士和文学博士生会代表匈牙利的哲学博士和文学博士，享有法人地位，其章程由哲学博士和文学博士生会代表组成的机构通过。总部坐落在布达佩斯，由主席作为代表。匈牙利哲学博士和文学博士生会有权使用匈牙利国徽，由教育当局登记注册。

（3）应邀请匈牙利校长会议代表做顾问，出席匈牙利国家学生会及匈牙利哲学博士和文学博士生会的会议。

（4）全国理科生会是由参加学术社团活动的学生，及支持该活动的教师组成的专业组织。该组织作为上述人员的国家代表，负责协调高等学校学生的学术活动和艺术活动，代表国家水准的学生社团举行活动，也负责组织为学生开设的全国性科研和艺术论坛。全国理科生会根据自己的规章制度进行运作。

第五部分　高等学校的组织及管理

第十七章　高等教育的国家权力

39.部门管理

第64条

（1）根据本法规定，部长负责高等学校的部门管理。

（2）作为高等学校组织事务的一部分，部长应：

①管理：

a)高等学校信息系统、高等学校信息系统运作负责机构、教育当局、外国文凭及证书认证机构；

b)教育权利委员办公室。

②决定教师的初期教育方向；

③就学院校长和学院教授的任命与解雇事宜向总理提出建议，就大学校长和大学教授的任命与解雇事宜向匈牙利总统提出建议；

④提交统计报告；

（3）作为负责高等教育发展的一部分，部长应：

①制定高等教育体系发展规划，包括中期发展规划；

②检查高等教育中出现的培训及教育问题，并提出解决方法；

③确保高等教育科研所需的组织条件和经费；

④促进新方法、新途径、新组织形式的传播，高等学校教育和培训网络的研发；

⑤审查高等职业培训课程、学士学位课程及硕士学位课程的结构；

⑥对高等教育与经济的关系进行评估（至少每 3 年进行一次）。

（4）部长应根据国家少数民族委员会对少数民族教育的有关政策进行决策。根据《民族权利法》，政府应为少数民族高等教育以民族语言或方言授课创造条件，部长应考虑其所有需要，并通过缔结国际协议、执行工作规划或在国内征集有关高等教育课程的意见或高等学校的意见，以保证实现少数民族教育。

（5）如经参议会推荐，部长可授予学业成就突出的学生匈牙利国家奖学金。

（6）若国家权力执行机构或教育当局特别提出意见，部长可根据第 65 条的规定，提起法律诉讼，撤销高等学校组织考试的成绩，并将该校颁发的毕业文凭和证书作废。

第 65 条

（1）部长应监督私立高等学校的合法办学。

（2）在合法监督过程中，部长应要求办学者履行办学义务，并设定期限。若办学者未能在规定期限内采取必要措施，部长可提起法律诉讼，并追究办学者的过失。

（3）可在规定期满 30 日内提起此类诉讼。若法院确定办学者违反了法律，且办学者在法院规定的期限内未能纠正其违法行为，则部长可以向法院申请下达解散高等学校的判决。

（4）若第（2）款所述警告无效，部长可以根据审查结果暂停高等学校的考试管理权。权利停止的同时，部长应提起法律诉讼，追究办学者的过失。部长所做决议中，应说明与学习、考试等学生相关问题的处理方法。

（5）本条所述程序根据《官方行政程序及服务一般法》规定办理。教育当局应配合办理。《民事诉讼法》（1952 年第 3 号法案）适用于第（3）款和第（4）款情况。法院可更改已通过的判决。

第 66 条

（1）若不符合法律要求（办学许可），部长应监督自然法人、法人实体及未具有匈牙利法人地位的组织举办的高等教育活动。部长做出决定后，教育当局应参与监督工作。

（2）若个人未取得活动许可，部长应禁止其参与高等教育活动，做出此种决议后，应处以罚款。罚款金额为法定最低工资（最低工资）的 5 倍至 250 倍不等。

（3）做出处罚决定，确定罚款金额的过程中，部长应综合考虑下列因素，特别是：

①第（1）款规定活动；

a）从事活动时间；

b)活动范围；

c)禁止活动外的常规性活动。

②活动所涉人员数量。

40.高等学校办学相关的登记工作及程序

第 67 条

(1)教育当局：

①应为高等学校校规中规定的真实数据和公开的个人资料或其他法律规定的数据存档；

②决定高等学校注册是否为预算组织、公共利益组织；

③登记高等教育规划委员会、匈牙利校长会议、匈牙利高等教育认证委员会(以下称"匈牙利认证委员会")、匈牙利国家学生会、匈牙利哲学博士和文学博士生会。

(2)教育当局应执行高等学校建立和注册的有关工作,管理并对其活动进行调整、对注册信息进行更改或做出删减。

(3)教育当局应处理以下有关事务：

①高等学校的办学许可；

②校规记录的数据变化；

③启动学习方案；

④确定可录取学生的最大数量并做调整；

⑤设立及解散博士生院；

⑥教会、宗教法人实体或基金会维护的学生公寓的注册事务。

(4)教育当局办理在第(3)款①项、第⑤项事务、办理学士学位课程和硕士学位课程有关事务[第(3)款第③项]、办理教育和科研有关事务[第(3)款第②项]过程中,需要取得匈牙利认证委员会的专家意见。处理第(3)款第⑤项事务时,匈牙利认证委员会专家意见对教育当局具有约束力。对教育当局提出的异议由部长裁决。若匈牙利高等学校有意向提供匈牙利境外教育,本款规定也适用于此方面事务。

(5)办理第(3)款第③项事务,即在匈牙利境内开设学士学位课程或硕士学位课程时,允许在高等学校注册校址或分校教授此类课程。

(6)教育当局或部长可采取有独特见解的专家意见,并撰写国际比较研究报告,为采取决议提供参考。

(7)申请提出本条规定的任何程序者,应按照法律规定额外支付行政程序服务费。

第 68 条

(1)教育当局

①应监督已登记在册的高等学校的合法运作；

②参与部长负责的监督工作。

(2)根据第(1)款第①项合法监督的结果,教育当局可：

①要求办学者采取行动；

②要求部长启动第 65 条所述合法监督程序；

③处以罚款，罚款金额为法定最低工资至 50 倍工资不等；

④若为外国高等学校，则可向本国和施教国主管机关通报其情况。

（3）教育当局应授权制作并分发中央发布的表格，匈牙利高等学校须使用此表格。若符合法律要求，不得拒绝使用。

（4）《官方行政程序及服务一般法》规定适用于第 67 条、68 条第（1）～（3）款所述的监督程序。

第 69 条

（1）提交大学教授任命申请前，校长应征求匈牙利认证委员会的专家意见。

（2）高等学校校长应综合专家意见后，提交大学教授任命申请，并连同专家意见一起转交至高等学校办学者。私立高等学校办学者应将校长决议连同专家意见及其审查结果呈报给部长。

（3）若校长的意见与匈牙利认证委员会专家意见不一致，则部长应取得匈牙利认证委员会的二审专家意见。若校长意见与匈牙利认证委员会专家意见一致，则部长可向总统推荐，任命其为大学教授。若校长意见与匈牙利认证委员会专家意见不一致，则部长可自行决定是否任命其为大学教授。

（4）第（1）款规定程序中，除有关法律要求外，匈牙利认证委员会应对候选人的教育、学术或艺术成就进行评估。

第十八章　国家权力行使机构

41. 匈牙利认证委员会

第 70 条

（1）匈牙利认证委员会为国家专家机构，旨在提高对高等教育质量、科研活动及艺术创作活动的科学素质的监督、保证及评估，并根据本法规定参与高等学校有关规程，特别是博士生院事务。

（2）匈牙利认证委员会应确保其专业评估标准对全国高等学校的一致性和适用性、通过的意见内容、立场以及与会专家的身份是公开的，这些信息是公开数据。匈牙利认证委员会的评估标准应统一适用于整个匈牙利高等教育，不论这些机构的维护人员如何。

（3）匈牙利认证委员会有权获得《结社权法》（2011 年第 175 号法案）规定的非营利法人地位，获得民间组织办学非营利地位及资金。

第 71 条

（1）匈牙利认证委员会成员共有 18 名：其中部长指派成员 9 名，匈牙利科学院指派成员 2 名，匈牙利艺术院指派成员 1 名，匈牙利校长会议指派成员 3 名，高等学校的宗教法人实体指派成员 2 名,匈牙利哲学博士和文学博士生会指派成员 1 名。除匈牙利哲学博士和文学博士生会指派的成员外,其他成员必须持有科学资格。在指派过程中,指派机构间应相互协调,确保各科学专业的成员人数比例适当。高等教育规划委员会成员、校长和政府官员不得为该委员会成员。

(2)部长及匈牙利科学院院长从匈牙利认证委员会成员中提名主席人选。主席由匈牙利国家总理任命。

(3)匈牙利认证委员会应从其成员中选出官员,并确立本会的运作顺序。

(4)由总理根据部长建议指派成员。成员任期可延长一次。除匈牙利哲学博士和文学博士生会指派的成员外,成员任期为 6 年。匈牙利哲学博士和文学博士生会指派的成员由总理任命,任期为 2 年。

(5)若为同一主体或个人,则在法律程序框架内,适用第 67 条和 68 条的情况,匈牙利认证委员会应秉持中立、客观的态度设立"审查委员会",审查委员会成员 3 名。部长向审查委员会指派成员。适用于匈牙利认证委员会其他成员的有关任期与利益冲突的规定,也适用于审查委员会成员,此前 3 年内成为匈牙利认证委员会成员的个人不得担任审查委员会成员。

42.高等学校的专业机构

第 72 条

(1)匈牙利校长会议为咨询机构,有权代表高等学校,旨在保护高等学校的利益。匈牙利校长会议享有法人地位,总部设在布达佩斯,由主席作为代表。由人民检察院对其实行司法监督。匈牙利校长会议由教育当局登记注册。根据其他组织适用规定履行报告和会计义务。匈牙利校长会议享有公益组织身份,但不必登记为公益组织。

(2)匈牙利校长会议由各高等学校校长组成。

(3)匈牙利校长会议应在其章程中决定本会的运作顺序,并选出官员及能够代表本会的代表。匈牙利校长会议有权使用匈牙利国徽。

(4)高等学校负责确保匈牙利校长会议运作所需的财务及行政条件。

(5)全国博士委员会由高等学校博士委员会主席组成,就博士课程及博士学位授予的有关事务发表意见。委员会应根据学生质量、成绩分配名额的规定决定高等学校接受国家奖学金(部分)资助的学生名额。

第十九章　办学者管控

43.办学者权利的行使

第 73 条

(1)由保证高等学校运行条件的机关,根据本法规定对办学者进行管控。若本法未另做说明,则办学者管控的有关权利和义务与行使此类权利和履行此类义务的实体相同。

（2）办学者管控的权利和义务可以在签订协议的情况下转让，以教育当局最终登记的日期为准。若此类转让不影响高等学校的运作和活动，则教育当局应检查办学者是否符合高等学校继续运作的要求。办学者权利的变化不影响高等学校的国家认证，也不影响学生的权利和义务。

（3）办学者应：

①在能力范围内［若为公立高等学校，不受《公共财政法》2011年第195号法案约束］，颁发或修订高等学校的办学章程。

②与高等学校的（负责人）沟通预算拨款，并根据会计规则计算高等学校的年度开支。

③审查：

a）高等学校校规；

b）高等学校机构发展规划；

c）高等学校预算。

④监督：

a）高等学校的管理情况及高效合法运作情况；

b）专业工作的效率。

⑤负责校长办公室人员的任免事务，经校长授权行使雇主权利。

⑥任命高等学校（用作预算组织）的财务主任或内部设计单位负责人，根据校长建议或自己意愿撤销此类任命。对于公立高等学校而言，为行使本款权利，办学者的决定将由国家资产监督负责部门的部长通过。

⑦负责管控高等学校（用作预算组织）的年度预算报告。

（4）办学者应按效率要求，检查校规的一致性、完整性及合法性。

（5）为确保合法性，应检查高等学校文件内容、高等学校运作和高等学校决策的合法性。

第74条

（1）根据管控结果，办学者可要求高等学校领导人修正其存在的任何非法决策，或采取必要措施，恰当地规定纠错的最后期限。

（2）办学者应根据高等学校按会计要求编制年度报告，及该校质量发展规划的执行报告，评价该校专业活动及运作的效率。必要时可以设定适当的截止日期。

（3）高等学校应将其校规、机构发展规划、预算、计划目标及实施计划，以及参议会做出决议后15天内做出的任何修改决定呈报办学者。对于高等学校计划中不符合预算或计划目标的决策内容，高等学校应提前通知办学者。办学者可接受参议会其他决议通知。公立高等学校，其机构发展规划、预算、计划目标及实施计划，以及做出的任何修改决定都应呈报国家资产监督负责部门部长和国家预算负责部门部长，以供参考。

（4）办学者可以在收到通知后的30天内，就高等学校预算、计划目标及预算实施方案问题与高等学校沟通。应在接到通知后的60天内提出意见，在90天内提出对高等学校机构发展规划有关问题的意见。上述期限可延长一次，至多 30 天。若办学者在高等学校预算、计划目标、实施方案或校规内容、机构发展规划内容方面提出任何反对意见，则可返还一次，并规定合适期限，以敦促高等学校加以修改。

（5）高等学校可以赞成或拒绝办学者的要求。高等学校反对的措施及决定可不执行。

44. 办学者管控框架

第 75 条

（1）办学者管控不影响高等学校的教育及科研自主权，也不影响其在科研项目和科研内容方面的自主权。根据高等学校参议会决议，校长可以在与办学者进行交涉后的 30 天内，以办学者决议违反本法规定的自主权为由，提起诉讼。法院应做出裁决。逾期将丧失诉讼权利。法院可改变办学者所做的决议。诉讼程序由都市法院负责。

（2）公立高等学校的办学者应：

①决定校长的薪酬；

②核准校长除教学、科研之外的工作职责。

（3）若为公立高等学校，属于第 67 条第（3）款第②项、第④项规定的事务，不得对教育当局所做出的决议提出上诉。

（4）若为公立高等学校，第 12 条第（3）款第⑦项所述办学者同意权由国家财产监督部门部长行使。

（5）若为公立高等学校，办学者就第 73 条第（1）款事务所做决定应呈报公共财政部部长。公共财政部部长可在收到办学者通知后的 15 天内，对有关措施提出反对意见。未经批准的措施不得执行。若超过规定期限，则视为公共财政部部长已同意办学者的决定。

第六部分　国际相关规定

第二十章　匈牙利境内外国高等学校

45. 匈牙利境内外国高等学校的办学

第 76 条

（1）若外国高等学校在原国籍国家获得批准，为国家承认的高等学校，且其运作经教育当局批准，则该外国高等学校可提供学习项目，在匈牙利境内颁发证书。若各国教育制度的原则与欧洲高等教育领域的教育原则一致，则教育当局应承认外国决议。若具有合理理由，教育当局可撤销允许外国高等学校运作的决策，此决策具有同等效力。

（2）教育当局可根据获得的专家意见，拒绝授予办学许可。专家意见应包括教育的个人和物质要求、教育质量、办学及培训要求等，以及在匈牙利注册并签发的办学许可。

（3）若学位证书或资格证书在匈牙利不受认可，则可不授予办学许可。外国高等学校由教育当局登记。部长应行使第 65 条、第 66 条有关外国高等学校运作的权力。办学许可至少每 5 年由教育当局审查 1 次。

(4)在审查中，教育当局可以要求外国高等学校提交符合第(1)～(2)款要求的文件的文本或匈牙利语译本。教育当局应在官网公布清单，用于提交没有真实匈牙利语译本的文件。

(5)若法律未另做规定，外国高等学校的设立、教育、科研活动、有关监督程序、机构的运作和入境条件，应根据注册地所在国家的有关规定确定。

(6)第(1)款所指授予外国文凭或证书的高等学校可根据国际协议，在匈牙利设立和运作。此类高等学校由教育当局注册。若国际协议未以法令形式规定，有关法律监督的规定适用于该学校。

(7)若国际协议未以法令形式规定，匈牙利境内的外国高等学校不得占用匈牙利国家奖学金(部分)资助名额。

(8)本条规定的高等学校应当在高等教育信息系统进行注册并提供相应的数据。教育部应创立一份清单，内载匈牙利境内获得办学许可的外国高等学校名单。登记册于每年 12 月在匈牙利官方网站公布，同时在教育部官网公布。

第 77 条

(1)第 76 条规定的条款适用于在欧洲经济区国家注册的高等学校，包含其中第(2)～(3)款所述的情况。

(2)根据第 76 条第(3)款规定的同等效力要求，不得拒绝签发在另一个欧洲经济区国家高等学校的办学所需的许可证。若另一欧洲经济区国家的高等学校颁发的学位或资格证书在匈牙利不受认可，则该机构应以明确和可认证的方式通知申请人。教育当局应监督这一要求的遵守情况。

(3)根据《关于从事和继续服务活动一般规定法》规定，服务提供者若有意在匈牙利境内提供跨境教育服务，则有权提供免费服务，并应将此意向通知教育当局。有免费服务提供权的服务提供者，若符合第 76 条第(1)款规定，由教育当局登记。

46.匈牙利境外开展的匈牙利高等学校的教育活动及联合方案规定

第 78 条

(1)根据有关国家的法律，匈牙利高等学校可根据政府法令的规定，提供匈牙利境外培训。

(2)匈牙利可以根据国际协议或工作规划，通过提供法律规定的规范性资助或通过申请或签订协议的方式，为上述第(1)款高等学校的运作提供支持。申请由部长发起，并负责签署协议。

(3)匈牙利及外国高等学校可以提供联合教育项目，若颁发匈牙利及外国或联合文凭或证书，需要符合以下所有条件：

①所属高等学校为注册国家承认的高等学校；

②颁发的高等教育文凭或证书符合有关国家的法律；

③匈牙利及外国高等学校取得开展联合教育方案的授权,且课程、方案和成果要求与协议内容相同；

④匈牙利高等学校的学分转让委员会宣布,高等学校课程的学分与根据协议开设的课程所得学分之间的等效转换比至少达到 75%；

⑤学生至少在获权开设联合课程的高等学校取得 30 学分。

(4)若外国高等学校开设上述第(3)款课程,则无须在匈牙利境内取得办学许可。

(5)若匈牙利高等学校的参议会确定高等学校符合第(3)款规定的要求,教育当局应登记其签订的协议和培训课程。此外,开设学习课程的一般规定适用于该课程。

第二十一章　匈牙利海外留学生的学习,匈牙利留学生的学习

47.为海外留学提供的支持

第 79 条

(1)匈牙利公民有权在国外接受高等教育,无须任何授权。

(2)教育部可以通过授予奖学金的方式,支持得到承认的外国高等学校学习的学生。

(3)如果匈牙利公民为少数民族,则教育部应通过授予奖学金的方式来支持地方方言授课的高等教育。

(4)匈牙利公民可以获得学生贷款,学习获得获得欧洲经济区国家认证的高等学校开设的学位课程。

(5)根据本条规定进行海外留学的人员可获得学生证。

(6)第(2)～(3)款所述奖学金的申请及评估、学生贷款的申请、支付和结算及学生证的申请和颁发的有关规定由政府确定,但第(3)款所述奖学金的申请须取得少数民族政府同意后进行评估和公布。

48.确立学籍及继续学业的规定

第 80 条

(1)匈牙利境内取得办学许可的外国高等学校颁发的中学毕业文凭和证书,须根据《外国文凭证书认证法》(2001 年 c 版)(以下称"认证法")规定认证。

(2)匈牙利境内的非匈牙利公民,本条规定适用于其学习：

①如果非匈牙利公民在匈牙利境内没有居住地,在取得学籍之前,应获得其他法律规定的入境签证和居留许可证；

②第 39 条第(1)款所述参加国家奖学金(部分)资助培训的学生,有资格获得生活补助、补贴、教材、食宿或其他根据国际协议、法律、工作规划或互惠要求提供的福利,第 39 条第(1)款第②、③项所列人员除外；

③可通过申请，获得中央预算提供奖学金的支持来继续学业；

④非匈牙利公民在接受高等教育之前最多可进行两个学期的预科学习。

（3）第39条第（1）款第⑥项所列名单中，已获得部长同意者有权参加匈牙利国家奖学金（部分）资助培训的人，由部长确定名额数。

（4）根据《优惠待遇法》，外国高等学校的学生，可参加匈牙利国家（部分）支持的匈牙利高等学校的部分培训，每次最长为6个月。

（5）在匈牙利没有居住地的匈牙利裔外国公民，在不考虑匈牙利国籍的情况下，可以以匈牙利语进行预科学习，至多在接受高等教育前学习两个学期。

（6）根据《优惠待遇法》，参加匈牙利国家（部分）支持培训或自费学习的学生，可要求根据其他法律规定，通过招标、部分或全部偿还其在匈牙利居住和学习的费用。

（7）由政府确定匈牙利留学生及匈牙利海外留学生学习基金的有关规定，可根据是否参加预科学习确定是否延长资助期，资助期至多可延长两个学期。

第七部分　高等教育资金与资产管理

第二十二章　免费服务和付费服务

49.匈牙利（部分）国家奖学金资助课程的免费服务

第81条

（1）参加匈牙利国家奖学金（部分）资助课程的学生可获得以下服务：

①讲座、研讨会、咨询、实习课程、现场操作课程、演奏会及考试各两次；重考未通过的演奏会及考试一次；参加期末考试，完成教育项目规定的教学要求及学业要求；颁发资格证书或毕业文凭、学位证书，学籍有效期内的学位授予过程根据第53条第（2）款规定办理；

②学习周期课程；

③使用设施，包括图书馆和基本图书服务、实验室、计算机、体育及娱乐设施、高等学校提供的免费设备服务；

④高等职业培训提供实习课程所需工作服、防护服及卫生用品；其他课程提供的防护服及配备的卫生用品；

⑤学生咨询；

⑥有关学习的最新消息，授予博士学位。

（2）若相关法律未做说明，则任何高等学校不得向参加国家奖学金（部分）资助的学生收取任何行政服务费（例如注册费）。

（3）若接受国家奖学金（部分）资助的学生也学习另一欧洲经济区国家的课程，且所学课程为匈牙利高等学校承认,则该生在国外学习及第(4)款学习期间,可获得所在高等学校的奖学金。

(4)若学生经高等学校同意开始在国外学习,学生有权获得第(3)款所述的奖学金。

50.匈牙利国家奖学金(部分)资助学生的付费服务

第 82 条

(1)匈牙利国家奖学金(部分)资助学生的付费服务如下:

①学生可选择 1 门课程,用匈牙利语之外的语言授课;课程科目在以匈牙利语授课的本科及研究生课程中确定;

②用高等学校为学生提供的工具、设备制作出的物品为学生所有(例如:复制品);

③使用设施,包括图书馆、实验室、计算机、体育及娱乐设施,免费服务之外的高等学校设备;

④提供可获得超过所需学分的课程,或超过高等学校根据本法要求需要提供的学分总数的课程。

(2)高等学校学业考试要求可规定同一科目的第三次或额外重考的费用,及重新参加宣读、研讨会、咨询、现场操作课程、实习课程的费用,学费和补助规定中说明未能履行或延迟履行学业考试规定需要支付的费用。此类费用每次不得超过全职职工每月法定最低工资(最低工资)的 5%。

(3)基于第(1)款、第(2)款情况收取的费用要求在费用和补助规定中决定,此类收费金额不得超过学费的 50%。

(4)即便持有旁听学生学籍,匈牙利国家奖学金(部分)资助学生可以参加第 81 条第(1)~(3)款所述研究。

第二十三章　缴付学费

51.付费服务可用于交换学费或费用

第 83 条

(1)支付学费的学生有义务支付第 81 条第(1)款、第(2)款规定的服务费用,并支付第 82 条第(1)款、第(2)款所列服务的费用。

(2)有关费用的确定及其修改内容,须在费用及补助规定中指明,学生和高等学校须在协议书中规定费用的数额。

(3)如果学生在《组织和运作指南》规定的日期之前报告终止或暂时中止学籍,应按《组织和运作指南》的规定支付相应数额的报酬。

(4)《组织和运作指南》应规定校长根据学习成绩或社会条件以及分期付款授权决定给付费学生补贴。

（5）高等学校可同意向缔约方指定的任何学生授予学籍。根据此类协议规定，可向符合本法规定标准者授予学籍。协议应规定学生学习产生的所有费用均由缔约方承担。

第二十四章　高等教育经费筹措原则

52.高等教育资助目的

第84条

（1）办学者应当为高等学校的经营活动提供经费。《年度预算法》应明确高等教育经费的分配金额。政府确定为高等学校运作提供支持的国家资金体系。高等学校可通过招标或签订协议获得支持。

（2）国家补助金应当提供给：

①学生助学金；

②教育活动；

③科研发展；

④维护工作；

⑤学生体育活动；

⑥开展某些特定的高等教育活动。

（3）公立高等学校有权在平等的基础上享受国家资助，第（2）款第④项规定的国家支持除外。若法律未另做规定，宗教学校和私立高等学校与政府签订协议后也有权享受国家资助。

（4）通过申请提供的补助应特别用于：

①匈牙利境外的匈牙利语学习；

②开展并维持人数较少的项目；

③高等学校图书馆工作；

④完成学院的任务，促进开展优秀学生学院中心的活动；

⑤开展科研发展工作、利用研究成果；

⑥学生组织的运作；

⑦发展和组织学生体育活动；

⑧高等学校体育设施的开发与运作；

⑨促进平等机会，支持匈牙利地方政府高等教育法定奖学金范围内的活动。

（5）邻国提供匈牙利语教学的非匈牙利高等学校也可依据匈牙利高等学校公告的可申请条件申请补助。

（6）第（4）款规定的申请条件及要求由政府决定。在人数较少的教学项目中，学生总数不得超过高等学校录取学生总数的5%。每所高等学校的人数较少的教学项目应进行年度预算。

（7）第（4）款规定的捐款和补助资金应在教育部部长预算中进行规划。

53. 为高等教育提供支持的其他条文

第 85 条

(1)为了提高教学研究的质量,政府可为学生、教师和研究人员设立奖学金。根据其他法律规定,政府设立的奖学金无须支付公共费用。

(2)政府确定划拨奖学金的规定和条件。

(3)政府规定的学习课程在多周期高等教育及其课程开设程序规定中说明,视为广泛实践的方案,其中课程要求包含 6 周实习课程。

第二十五章　高等学校资产管理

54. 资产管理的一般规定

第 86 条

(1)在经济活动范围内,高等学校可以做出决议或采取行动,帮助开展办学章程中规定的任务,其中危害活动、妨碍利用公共资金和公共资产的行为除外。为此,高等学校可根据签订的协议,加入、建立商业组织,并根据签订的管理协议使用提供给高等学校的资产(以下称提供给高等学校的资产)。

(2)高等学校应妥善、合理地利用可支配资金,保护知识产权和其他财产。

(3)国有资产管理规定适用于公立高等学校的资产管理。

(4)若任何公立高等教育机构取得任何资产所有权,其所有权归国家所有,但应与高等学校签订无限期托管协议。

第 87 条

(1)若办学者未特别说明资产所有人,则公立高等学校为办学者可支配资产的管理者,而私立高等学校为使用者,亦可使用上述资产。

(2)高等学校应当使用其资产和动产(包括知识产权和其他财产的权利)以及不动产,履行办学章程规定的任务。

(3)公立高等学校可根据《公共财政法》第 86 条第(3)款及本法规定,对资产进行处置。

第 88 条

(1)国家参与的商业组织的有关规定适用于公立高等学校创立、参加及运作的商业组织,也适用于其行政官员。

(2)若高等学校是知识产权的持有者,可将该权利转让给非营利组织的机构或协会,并就知识产权的商业利用做出承诺。在其他方面,《科研、发展及技术创新法》适用于为利用知识产权而设立或运作的机构或协会。

55. 翻新和投资的特别规则

第 89 条

(1) 在国家机构发展规划框架内，公立高等学校应：

① 参与发展工作；

② 取得匈牙利国家控股公司同意后，有权发起投资或利用自己可处置或拥有的资产联合实施投资项目。

(2) 公立高等学校满足下列条件后，可以以匈牙利的名义，转让其所管理的国有资产的所有权。

① 完全遵守出售国有财产的规定；

② 应考虑资产实际市场价值；

③ 须取得国有资产监督部门部长的同意；

④ 事先通知部长；

⑤ 若为不动产，应确保不动产所在地市政府的优先权（在布达佩斯，地区政府）。

(3) 高等学校应提交详细转移理由。国有资产监督机关在收到转让意向书面通知之日起 60 日内做出决定。该同意书有效期为 180 天。

(4) 如果出售资产为不动产，国有资产监督部门部长应要求匈牙利国家控股公司证明是否满足国家区域的需要，或国家预算机关在收到国有资产部门部长决定后是否已经向匈牙利国家控股公司报告。根据国有资产监督部门部长的决定，高等学校应终止不动产的资产管理协议，以满足区域需要，并在决定下达后 60 天内将不动产归还给匈牙利国家控股公司。

(5) 转让手续完成后 30 天内，高等学校，应当将手续过程中签订的合同和其他文件转交给国有资产监督部门进行登记和结算。违反第(2)款、第(3)款规定的合同无效。

第 90 条

(1) 转让不动产获得的收入盈余，为公立高等学校管理的国有资产的一部分，除支付公共费用、转让成本外，剩下的金额根据第 89 条第(3)款用于维护、修缮高等学校管理的不动产或投资等事宜，包括政府和社会资本合作(PPP)框架内的发展项目。

(2) 如果机构发展计划中规定的目标未在国有资产监督部门部长的决定规定的期限内完成，则办学者应当撤销销售收入的金额，若遇到阻碍，则采取必要措施，确保在 30 日内支付给国家。

(3) 若与非政府投资者共同投资，则公立高等学校在取得国有资产负责部门批准后，有权将自己管理的不动产转让给投资者，无须通过竞争或授予投资者有关土地使用权，有效时间至多 20 年。

(4) 教师或科研人员通过活动产生的智力产品应遵循聘用关系或与雇主相关的其他类似关系中智力产品转让的相关规定。

(5) 向公立高等学校提供的国家资产，应当在国家资产登记册上注册；为此，高等学校应负责提供其他法律规定的有关数据。

第八部分　特殊规定

第二十六章　公立高等教育机构办学的特别规定

56.教会高等学校

第 91 条

(1)宗教实践课程及神学研究(以下称"宗教课程")由宗教法人主办的高等学校(以下称"教会高等学校")提供。

(2)教会高等学校可开设宗教课程以外的课程。

(3)教会高等学校:

①建立聘用关系时,可在《平等待遇法》第 22 条规定范围内确定聘任条件;

②可以基于宗教或哲学信仰来区分申请者,但该信仰须有一定的基础理论依据,该信仰活动或性质也应合理、真实;

③办学者可以行使第 13 条第(2)～(3)款规定之外的雇主权利,开展资产和管理任务;

④第 38 条第(2)款规定不适用。

(4)虽然第 6 条第(2)款、第 9 条第(3)款已有规定,但是即便只授权开设一个专业的硕士学位课程,组织开展一个以上理科专业或艺术专业的博士课程并颁发博士学位,提供宗教课程的高等学校也有权使用"大学"名称。

(5)虽然第 6 条第(2)款已有规定,但是即便只授权开设一个学院专业的学士学位课程,提供宗教课程的高等学校也有权使用"学院"名称。

(6)教会高等学校有权决定宗教课程的内容,决定授课的教师和导师。

(7)宗教课程方面,第 6 条第(5)款第①项规定程序只用于检查该校基础设施条件是否得到保证。此外,除持有中学毕业文凭外,高等学校应决定入学程序及入学要求。

第 92 条

(1)根据匈牙利与教廷签订的协议,由匈牙利天主教会主办的高等学校或为执行任务与政府签订协议的教会可获得单笔捐款,也可获得根据其接受国家奖学金(部分)补助学生数量获得的规范性补助[见第 84 条第(2)款第④项]。

(2)教会主办的高等学校、宿舍和学生公寓,若与高等教育工作负责部门签订协议,则可获得第(1)款规定的补助金。

(3)参加由教会主办的高等学校[见上述第(1)款]宗教课程以外课程的学生名额应根据每年与宗教法人签订的协议进行,每年开设的国家资助点及其资助学生名额不得少于该教会主办的高等学校在 1997—1998 学年国家奖学金资助学生占参加公立课程的所有学生的比率。

(4)学习国家资助宗教课程的学生名额根据第(1)款所述协议内容决定,学习硕士学位课程的学生数量应等同于学习学士学位课程的学生数量。

(5)若申请者为匈牙利海外公民,则即使第 39 条第(1)款未做规定,也可参加国家资助的宗教课程。

(6)宗教课程:

①证明承认某一宗教或意识形态后方可进行学习。

②除以下内容外,教会高等学校校规可自行规定其他内容:

a)第 11 条第(1)款第①项所述,聘用事务及其有关规定;

b)第 11 条第(1)款第⑥项所述规定,政治信仰的有关规定除外;

c)第 12 条及第 13 条第(2)~(6)款。

③办学者有权利设立职位、行使雇主权利、授予除学院和大学教授以外的头衔。

④除第 26 条第(3)款和第 65 条第(4)款的规定以及高等学校发展规划不适用外;其他,须遵守国家认证有关要求。

⑤授予大学教授头衔无须匈牙利认证委员会专家的初步意见。

⑥设立大学或学院所需最低教师人数的有关规定不适用第 108 条第(11)款第①项、第②项。

⑦无须强制设立教师培训中心。

第 93 条

(1)只开设宗教课程的高等学校有权暂停其活动。只有在无学生入学的情况下才可暂停活动。若教育当局已对暂停事项进行记录,则暂停事项的开始及结束自接到办学者通知后方可开始。若暂停时间超过 5 年,教育当局应在暂停结束前启动官方检查,检查该校是否符合运营许可规定的条件。

(2)教会高等学校为宗教课程提供的补助金额应与提供给人文课程或教师教育的人文课程的补助金额相同。在教会高等学校学习宗教课程的学生,其学生教育拨款划归为单独预算拨款规划。

(3)本法所述的聘用关系,指神职人员与教会高等学校的关系。

(4)宗教课程方面,教育部应根据宗教法人的要求,调整学士学位课程及硕士学位课程的学习和结业要求。

(5)主办高等学校的宗教法人可以要求在匈牙利认证委员会内设立神学分会。

(6)教会高等学校根据以下规定运作:

①《信仰、宗教及教会自由法》《宗派、宗教团体地位法》《教会物质条件、教会公共目的活动法》(1997 年第 124 号法案)的有关规定;

②第 94 条第(2)款、第(3)款、第(8)款,第 95 条第(2)款、第(3)款及第(6)款的规定。

57.私立高等学校

第 94 条

(1)由第 4 条第(1)款第③、第④项所述个人或组织主办的高等学校(以下称"私立高等学校"),可作为致力于某一宗教或世俗信仰的机构进行运作,并将其有关的哲学、伦理和文化知识纳入本校教育项目。

(2)私立高等学校校规可根据第 12 条第(7)款、第(8)款,第 29 条第(1)款,第 37 条第(3)款、第(5)款、第(6)款,第 83 条第(1)款及第(5)款的规定制定。

(3)若政府同意给予资助并签订协议,且协议并未另做说明,则私立高等学校有权获得第 84 条第(2)款第①~③项及第⑤项所述的补助。上款所述的规定也适用于少数民族政府主办的高等学校。

(4)私立高等学校可以参加为履行第 2 条第(1)款及第(3)款规定任务开展的活动,并根据本法及政府的规定管理高等学校(以下称"私立高等学校管理体制")。

(5)私立高等学校应在其办学章程中说明其活动方式(作为公益组织或商业机构)。

(6)若私立高等学校中接受国家奖学金(部分)资助的学生数量不到高等学校录取学生总数的 50%(平均 5 年),则第 73 条第(3)款规定不适用于该高等学校的预算、根据会计规定起草的年度报告及校规方面的事务,且高等学校发展规划应由办学者同意并批准。

(7)高等学校可根据第 75 条第(1)款规定提起法律诉讼。

(8)通过本法的规定,私立高等教育机构可以获得国家认可,即使不以院系结构运作也可获得学院名称。

第 95 条

(1)若私立高等学校不作为公共利益组织办学,则应按照第 2 条第(1)款及第(3)款规定开展商业活动。

(2)办学者应在创校章程中说明私立高等学校的盈利如何分配,以及办学者在其中所占的份额。

(3)私立高等学校可按照创校章程规定独立管理可支配资产,或根据公共财政有关规定,在预算范围内获得国有资产。

(4)私立高等学校的收入包括:

①办学者提供的资金;

②国家资助;

③其他收入。

(5)私立高等学校的费用和开支包括:

①执行第 2 条第(1)款及第(3)款规定任务产生的直接和间接费用;

②商业活动产生的直接和间接费用;

③其他费用。

(6)私立高等学校应根据会计标准核算收支账目。各高等学校办学者应作为保证人,负责担保各私立高等学校因资产不足未能完成的任务。若私立高等学校解散且没有继承人,则该校的权利和义务由办学者承担。

(7)私立高等学校应每年公布其资产负债情况和业务活动报告。

第二十七章　高等学校(作为公益组织运作)的特别规定

58.公益组织运作规定

第 96 条

(1)若私立高等学校创校章程及校规获得许可,并在教育当局最终登记为公益组织,则可作为公益组织办学。高等学校办学者可要求教育当局将该校登记为公益组织或取消该身份。若根据有关规划,提交高等学校建立申请时要求登记为公益组织,则该高等学校也可成为公益组织。

(2)要求登记为公益组织的高等学校,应在其创校章程中规定第 2 条第(1)款、第(3)款所述的活动(任意一种)为公益活动(目标活动)。

(3)用作公益组织的高等学校,在创校章程中规定的主要活动应为公益活动(目标活动)。作为公益组织的高等学校也可开展商业活动。作为公益组织的高等学校在开展目标活动及商业活动时,有权获得《结社自由法》第 36 条、《公益组织地位法》及《民间组织运作支持法》规定中的相关补助。

(4)第 12 条第(7)款第⑥～⑨项规定不适用于作为公益组织运作的高等学校。

(5)若法律未另做规定,则用作公益组织的高等学校公开运作,参议会会议也应公开。若可能危及或侵犯个人权利、高等学校商业活动的有关贸易机密(非公益性服务的活动)或智力产品的合法权益的,则根据校规规定,高等学校可不公开。

作为公益组织的高等学校,《结社自由法》《公益组织地位法》《民间组织运作支持法》(以下称"民法")的规定也适用于本法未述事宜:

①高等学校校规应规定《民法》第 37 条第(2)款第①、②、④项,第 37 条第(3)款第①～④项所述的事宜,参议会每年至少召开两次会议;

②《民法》第 37 条第(2)款有关监督机构运作及其权利的规定应由办学者在该校创校章程中规定,创校章程中还应设立监督机构。

(6)高等学校成为公益组织后,其校规做出的任何修订都应由校长提交至教育当局。创校章程的修订内容通过教育当局最终决议、登记后即可生效。

第二十八章　运作高等医科大学、高等农业大学的特殊规定

59.高等医科大学的运作

第 97 条

(1)开设医学及健康学的大学(以下称"高等医科大学")应参加医疗保健项目。高

等医科大学可以与医疗服务机构签订协议,保证大学医院、专家会诊及药学实践等事务,达到实习目的。

(2)根据其他法律规定,高等医科大学可从事司法鉴定活动。若高等学校为非高等医科大学,但提供健康学课程,本法规定同样适用于该大学实习训练的组织事务。

(3)为履行高等学校有关教育和科研职责,高等医科大学可经营一家医疗机构。医疗机构可作为高等医科大学的一部分(以下称"附属医院中心")。附属医院中心持有国家账户。

(4)附属医院中心可以根据所签订的协议提供区域医疗服务及分级护理服务。此情况下,医疗保险机构应与高等医科大学的附属医院中心签订融资合同。医疗保险机构提供给附属医院中心的资金只能用于合同规定的用途。

(5)高等医科大学可以参加区域卫生的改善活动,也可参加模拟实验、资助前沿性项目。

第 98 条

(1)若附属医院中心作为预算组织的一部分运作,则高等医科大学的预算投资、翻新及发展基金应在卫生部预算章程中规划。卫生部有权根据本部预算进行管控拨款。卫生部可要求其所属高等学校提供初步信息或报告,并在大学论坛就医疗服务问题进行讨论。

(2)高等医科大学可组织专家开展牙科、医药学、临床心理学及公共健康专业课程,为其他学位持有者提供医学方面的职业培训或研究生培训,同时,此类医疗服务课程须接受卫生部的专业监督及协调。卫生部应监督并协调高等医科大学在教育、治疗、预防、部门研究及发展方面开展的活动。

(3)作为岗位职责的一部分,应对高等医科大学负责授课及医疗服务工作的职工的工作时间与医疗服务时间进行规定。具体聘用要求及薪资根据工作时间进行合理分配。

第 99 条

(1)高等医科大学可设立医学及卫生中心(以下称"卫生科学中心"),用于协调开展医疗保健工作。卫生科学中心由高等学校附属医院中心、从事医疗服务的科研所及其他教学单位组成。根据与高等学校签订的资产管理合同,卫生科学中心主任在医疗保健、治疗及预防活动方面行使托管权。出售、使用由医疗保险基金购入或运作的资产时,须获得卫生部部长的批准。

(2)卫生科学中心由主任领导,主任应在高级行政职位上开展工作。主任选举规定在校规中说明。卫生科学中心主任也负责开展第(3)款规定的工作。设立卫生科学中心后,其所在大学由中心主任代表。卫生科学中心主任行使第 97 条第(3)款、第 98 条第(1)款资助金的分配权。

(3)若未建设任何中心,则应在校规中指明医疗服务管理人(以下称"医疗服务负责人"),该管理人应担任高级行政职位。医疗服务负责人应根据规定对医疗服务进行单独管理，并在此方面行使雇主权利。若医疗服务负责人非校长，则校规应说明该负责人的职责、义务及做出承诺的权力。

（4）在法定条件下，卫生部长应为高等学校提供的医疗保健服务提供国家资助。高等医科大学开展的医学活动、医学研究、医疗职业培训及研究生培训应遵守卫生部在医疗方面的专业管理及组织规定、遵守医疗服务组织、开展医疗服务活动及其资金的规定。

60. 农业中心

第 100 条

（1）在农业大学中，单独的实习基地、实践农场、科研所、博物馆及植物园作为农业中心的一部分运作。农业中心的预算及财务管理的相关权利应在校规中规定。

（2）农业中心应协调农业工作，帮助农业领域内的科研、发展、创新、境内专家咨询及研究生教育、实习培训活动。为此，农业部长可按比例分配国家资金。

（3）第 99 条第（2）款规定也适用于农业中心所述事务。

第二十九章　高等艺术大学及教师培训的特别规定

61. 高等艺术大学

第 101 条

（1）若高等学校只提供艺术类课程培训（以下称"高等艺术大学"），则根据本法决定未述事宜。

（2）高等艺术大学可建立并开办艺术工作坊。

（3）可以在中学毕业考试前开始学习舞蹈，但学生需要同时持有中学学籍及有关高等学校学籍。此种情况不适用于第 40 条第（2）款所述的语言考试的相关规定。学生需要同时满足中学毕业要求及艺术教育要求。《劳动法》中有关年轻员工课间休息与放松时间的规定，同样适用于本条所述的学生。

（4）即便只在一个培训专业开设学士学位或硕士学位课程，只开设一个科学学科的博士课程且只授该学科博士学位，高等艺术大学仍享有学院或大学地位。若校规未另做要求，关于高等学校教职工类型与人数的一般规定不适用于此类高等学校。

（5）学士学位及专业资格持有者，若在开课专业工作经验超过 10 年，则可任职教师或导师。

（6）为完成艺术教育领域的学士学位及硕士学位课程的学习，除第 50 条第（4）款要求外，期末考试内容还应包括创作艺术作品或产品、宣读论文和论文答辩。

（7）高等艺术大学可设立公共教育机构，进行小学艺术教育及职业艺术培训工作。高等艺术大学可在中学培养新生。高等艺术大学应登记未获学籍（以下称"预备籍"）的学生。高等艺术大学的预备籍学生也有资格获得艺术教育学生获得的规范性补助。每位预备籍学生每周与教师或导师的接触时间至少为 4 个小时,此点须在教师或导师的聘用要求中加以说明。参加培训的学生的权利和义务在高等学校校规中另行规定。

(8)非高等艺术大学的高等学校开设艺术类课程,根据第(2)款、第(3)款、第(5)~(7)款规定运作。

62. 教师培训的组织

第 102 条

(1)教师培训的类型:

①婴幼儿护理培训;

②学前教师培训、治疗专业教育和特殊教育教师培训;

③小学教师培训;

④中学教师培训。

(2)培训时间及培训水平:

①婴幼儿护理培训及学前教师培训为学士学位课程水平,获得学士学位须培训 8 个学期;

②学前教师培训及治疗专业教师培训为学士学位课程水平,获得学士学位须培训 8 个学期,但在学籍有效期间,必须参加两个学期的学校实习;参加学前教师培训及治疗专业教师培训,可获得硕士学位;

③特殊教育教师培训为学士学位课程水平,获得学士学位须培训 8 个学期,辅之以 3 个学期的硕士学位课程;

④学前教师培训可安排为单周期课程,培训时间为 8 个学期,在学籍有效期内,必须参加两个学期的学校实习;接受学前教师培训可获得硕士学位;

⑤中学教师培训可安排为长周期课程,或由政府决定为多周期课程,培训时间为 10 个学期,在学籍有效期内,必须参加两个学期的学校实习;接受中学教师培训可获得硕士学位。

(3)接受教师培训的个人,政府将提供教师补贴,给予资金支持,补贴程序公开。享受国家最高教师补贴金额。政府应通过法令规定此类补贴的用途。

(4)有意成为教师者,需要参加资质测试,作为选拔程序的一部分。

(5)政府规定课程、专业课程,学士学位和硕士课程同等水平的课程及专业培训、长周期教师培训,及硕士课程专业体系的一般规定。教育部长应以法令形式,决定师范类专业的课程要求。

第 103 条

(1)开设两门课程以上的学前教师或中学教师培训的高等学校,由教师培训中心协调处理其教师培训的技术含量、培训内容、组织科学的教师培训,组织理论和实习培训等方面的工作。教师培训中心由主任管理。每所高等学校都可设立一个教师培训中心。

（2）教师培训中心应特别在面试、挑选、录取、转学、学分认证、教育法培训和考试方面进行协调。还应组织监督和评估教学工作。教师培训中心还应跟踪调查学生的表现与就业情况。

（3）实施教师培训的高等学校应通过教师培训中心，参与研究生培训、教学研究和教师资格审查程序。

（4）实施教师培训的高等学校可运作公共教育机构（教学实习学校），负责学生的实习培训。高等学校运作的公共教育机构（作为教学实习学校），若培训特殊教育教师，则可开展与公共教育活动无关的教学和教育活动。

（5）若高等学校在其创校章程中申明，本校开设地方或少数民族师范课程，则此类课程应根据符合入学要求的申请人情况组织开设。

（6）若以少数民族语言参加中学毕业考试，则视为少数民族。

（7）地方或少数民族示范课程应使用该少数民族语言授课。

（8）地方及少数民族示范课程视为一项人数少的学生资助课程。

第三十章　其他

63.公共行政、执法及高等军事学校和其他学校的有关规定

第 104 条

（1）本法规定《国家公共服务法》的未述事宜，适用于公共行政、执法及高等军事学校及其他培养此类人才的高等学校的学生和职工的相关事务。

（2）根据本法规定制定的聘用要求，也应在高等学校签订的集体协议中规定。

（3）匈牙利徽章可用于高等学校机构的场地上，这些机构用于开展主要活动，也可用于其布告牌、校门正上方、圆形印章、毕业证书及其补充文件上。

（4）安德烈国际运动障碍医疗教育研究所及医疗教师师范学院（位于布达佩斯）是一所高等教育机构，作为大学运行。

（5）安德拉什·古拉大学（位于布达佩斯）作为大学运行。根据其创立协议，教育内容可与第 6 条第（2）款规定和第 9 条第（3）款规定有所出入，但应符合第 15 条和第 16 条所述的教育体系。

（6）《国家预算法》（1992 年第 38 号法案）的修订法案，即 2006 年第 65 号法案不适用于德语大学（位于布达佩斯）公共基金会的有关事务。

（7）根据《高等教育法》（2005 年第 139 号法案）第 7 条第（1）款第③、④项规定，2011 年 12 月 31 日前作为大学运作的高等学校的实体可：

①根据基金会契约减损：

a)第 6 条第（2）款、第 9 条第（3）款规定的高等学校条件，但须设立第 15 条和第 16 条所述的培训体系；

b)校长职位所需个人资质的条件。

②出现下列情况：

a)由《第三国家公民入学权与居住权》(2007 年第 2 号法案)涵盖的人士举办的高等学校教育、科研及艺术活动无须取得工作许可；

b)本法规定的职位完成要求及资格要求，除第 105 条第(5)款规定外，高等学校可在校规中说明，在欧洲经济区成员国或经济合作组织成员国取得的博士学位、在读科学学位博士学位，及科学学位博士学位具有科学学位的同等效力。

64. 早期取得的学位及外国学位的规定

第 105 条

(1)1984 年 9 月 1 日前或在上述日期前已办理程序但此后才授予的"大学博士"头衔仍有效。

(2)1984 年 9 月 1 日后获得的"医学博士"头衔者，仍有资格使用缩写"Dr. Univ"。

(3)由神学大学于 1993 年 9 月 1 日前授予的"神学博士"头衔仍有效。

(4)各大学在 1993 年 12 月 31 日前授予的博士学位或同等学力仍有效。

(5)若法律规定科学学位为就业或专业的先决条件，则该科学学位为博士学位、在读科学学位、科学博士或在国外取得的已经认可的科学学位。

(6)在读科学学位者有权使用"博士学位"字眼。

第 106 条

(1)根据《高等教育法》(1993 年第 80 号法案)授予的文学博士学位的可用于艺术专业。

(2)下列人士：

①本法实施前，获得匈牙利大学或学院颁发的毕业证书者，有权使用下列头衔：

a)认证为大学学位的，使用医生、牙医、兽医及律师博士头衔(对应缩写：Dr. med.、Dr. med. dent.、Dr. Vet.、Dr. jur.)；

b)上述条款未述的大学学位持有者，可根据课程内容，在工程师、经济学家、教师等职位或专业资格要求中的其他头衔前使用"认证"一词；

c)学院学位持有者，根据学习方向，使用工程师、经济学家、教师、小学教师、学前教师、特殊教育教师、培训人员或资格要求的其他头衔。

②在《医疗行为法》(2008 年第 106 号法案)生效前取得高等学校药剂师学位者，有权使用博士头衔，用于证明其大学学位(药学博士)。

(3)高等学校(或其继承者)颁发毕业证书时应下发第(2)款所述头衔的证书。

(4)认证后的毕业证书，根据第(1)款、第(2)款规定使用。前任管理部门认证的须经部长签发。

(5)本法生效前授予的以下头衔及其缩写可继续使用：

①学衔：

a)学生最高荣誉；

b）名誉博士学位；

c）博士资格。

②缩写：

a）哲学博士学位，"Phd"或"Dr."；文学博士学位，"Dla"或"Dr."；

b）名誉博士学位缩写为"Dr. H. C."；

c）博士资格缩写为"Dr. hasil."。

（6）1996 年 9 月 1 日前颁发的、证明已完成高等学校研究生专业课程、取得职业资格的专业资格证书，与本法规定的任何研究生专业课程中获得的职位和职业（活动）的专业资格相同。

（7）本法生效前使用教授头衔的学院教授，在本法生效后仍可使用。

（8）高等学校在授予参议院决定的文凭后，可以授予本法规定的外国学衔，但不得与所涉国家现行法律存在冲突，高等学校还须取得该国家教育方面的具体授权或满足其他条件。高等学校《组织和运作指南》中应规定上述学衔的授予条件及授予程序。

65.语言考试、奖学金

第 107 条

（1）若通过一般外语考试后方可获得毕业证书或资格证书，学生开始第一学年学习时年龄已达到 40 岁，则无须满足此要求。此规定最后一次适用于 2015—2016 学年参加期末考试的学生。

（2）除第（1）款要求外，若高等学校《组织和运作指南》中有规定，未能向高等学校提交基本外语考试证明文件的学生，以及不符合获得文凭或证书规定的基本语言考试要求的学生，则参加高等学校组织的语言考试可免除满足文凭或证书规定的基本语言考试。此规定最后一次适用于在 2012—2013 学年参加期末考试的学生。

（3）欧洲委员会编制的欧洲共同语言参考框架建议的六级语言考试体系，可与国家认证的初级、中级、高级或同等难度的语言考试之间的等值转换，国家认证语言考试（证明外语知识能力）的有关规定由政府决定。

（4）由匈牙利政府及地方政府共同运作的匈牙利地方政府提供的高等教育奖学金框架内所需的个人及特殊数据目录，以及数据管理的有关规定在附件 4 中载明。

（5）颁发奖学金的规定、其具体数额、合格人员的范围及本法介绍的其他过渡规定，应由政府决定。

66.定义

第 108 条

本法中：

（1）博士论文指在读哲学博士生、文学博士生在博士学位授予过程中宣读过、证明其能够独立完成学位要求的研究任务的书面作业、作品或论文。

（2）健康检查指体格检查及健康状况检查,旨在决定一个人是否能够完成所选活动,参加该类活动是否会危害其健康。

（3）晚间课程表是指上课时间在下午 4 时以后或在休息日的课程表。

（4）把根据新修订的学业考试规定确立的组织原则逐步引入体制,条例修改后的学生或修改前学习且修改后选择继续学习的学生可按学业考试要求实行该体制。

（5）学期指为期 5 个月的教学时间。

（6）残疾学生（申请人）指患有身体、意识、语言失常、自闭症、认知混乱及行为发育障碍的学生（申请人）。

（7）关于助学金的规定:

①学生助学金合同是根据第 28 条第（1）款规定,由匈牙利国家与学生签订的合同,签订合同的学生为国家奖学金（部分）资助的学生;

②资格指对教师授课技能及科学学位持有者学术工作的评估。

（8）有关弱势学生的规定:

①弱势学生（申请人）指:注册时年龄低于 25 岁,由于家庭或社会背景原因在中学教育期间接受儿童保护的学生（申请人）;接受国家儿童福利金后有权获得儿童福利津贴的学生;或受国家保护的学生;

②严重弱势学生（申请人）指达到义务教育年龄时,监护人按照《儿童保护法》做出自愿声明并完成基础教育（中等以下教育）的学生（申请人）或指被人收养的学生。

（9）协会指协调几个部门或几个部门职能的组织单位。

（10）机构文件指本法规定的创校章程、规定、项目及规划,特别指根据本法规定编制的《组织和运作指南》、教育项目、高等学校发展规划、学生会章程、科研、发展创新战略、发展方针、创新及规定,及上述项目的执行法律文件。

（11）学院指管理一个或多个学位培训项目或科学学科的教育、科研及艺术活动的组织单位:

①大学学院指组织单位,其中:

a）全日制学院教师人数至少 40 名;

b）半数以上的全日制教师及科研人员持有科学学位,且持有科学学位的教师定期参加科研活动;

c）全日制教师和科研人员中,至少有 3 名以上人员为大学博士生院的主要成员。

②学院下设的学院为组织单位,其中:

a）全日制教师至少 35 名;

b）持有科学学位的全日制教师至少占全日制教师总人数的 1/3。

（12）资格框架指多周期培训系统中特定学位的基本特征相同的专业。

（13）学科指某一特定专业的训练课程,培训初始阶段内容相同。

（14）方案要求和结果要求指知识、技能、熟练程度及能力,为取得课程文凭的必须要求。

（15）学期指将总学习时间分为几段,每一段的学习时间及其考试时间。

（16）教育方案指高等学校的综合培训文件，包括：

①学士学位、硕士学位、单周期课程、高等职业教育培训及研究生专业课程的详细规划及学术要求；

②博士课程方案及其详细培训规划，包括课程、学习科目及课程单元，对学习的评估与评价方法及有关程序和规定。

（17）学习专业指政府法令规定的课程项目及分支课程，内容大致或部分相近。

（18）学生人数少的项目指根据国际承诺、文化或有关教育政策开设的课程，年录取学生数额不超过 20 人的地方或少数民族培训课程。

（19）大学医院指高等学校的组织单位，旨在提供医疗服务，帮助开展医学教学和科研工作。

（20）咨询指高等学校为学生提供的私人讨论的机会。

（21）学分指学生学习课程单元或全部课程所得成果，证明其已经完成所学知识要求的学习时间，并已经达到要求；1 学分等于 30 学时，若学生的表现已经获得认可，则学分价值不以考试成绩决定。

（22）国家奖学金的规定

①国家奖学金（部分）资助学生指接受国家奖学金全额资助和接受国家奖学金部分金额资助学习的学生；

②国家奖学金（部分）资助课程指由国家奖学金全额资助及部分金额资助的课程；

③函授课程的课程表指学习安排，若与学生签订的协议未另做说明，则应明确规定与学生的交流时间，即在工作日或节假日，最多两周一次，远程学习方法适用于其他类型的学习。

（23）辅导项目指特殊培训形式，由高等学校学生或教师为弱势学生提供帮助。

（24）在另一所高等学校学习指学生获得另一高等学校访问学籍时在该校的学习时间。

（25）附加专业指为获得专业知识而学习的课程，为学院课程的一部分，学习完毕后不会获得另外的专业资格。

（26）课程指专业资格培训，包括体制内统一要求（知识、技能、熟练程度）。

（27）专业化课程指为获得职业资格所需专业知识提供的课程。

（28）专业资格指学士学位或硕士学位或研究生专业课程或高等职业文凭取得的证书，证明学生掌握专业知识；此类知识根据课程内容决定，学习附加专业课程与专业化课程可获得专业文凭和证书或高等职业教育文凭。

（29）实习指部分独立的学生活动，通常在高等学校校外或校内的实习培训地开展，为高等职业教育、学士学位课程、硕士学位课程或长周期课程的一部分。

（30）校外培训指在高等学校运营场所（校址、校区）以外场所提供的全日制或非全日制教育。

（31）校外培训地指提供校外培训（除研究生专业培训外）的市区。

(32)学习单元指课程的一个单元或可获得在一个学期内学习完毕并获得学分的课程。

(33)学年指为期 10 个月的教学时间。

(34)交流时间指教师为一门课程规定的学术要求的授课时间,每次时间不得少于 45 分钟,不得超过 60 分钟。

(35)课程指按照方案要求及结果要求制订的教育计划,由下列内容组成:根据方案划分的课程单元的课程及考试方案、完成要求的评估体系及学习单元的具体方案。

(36)部门指管理一个学科以上教育、科研及教学规定的组织单位。

(37)远程教育指一种特殊教育方式,是一种需要借助学习材料、基于师生互动的教学方法,学生的个人作业、学习期交流时间不少于全日制课程的 30%。

(38)校址指创校章程指定地点运行组织单位的地区。

(39)科学学科指人文科学、宗教学、农学、工程学、医学、社会科学、自然科学及艺术科学,这些学科为分支科学。

(40)预学位证书指证明学生已通过课程考试(除通过语言考试及编写课程论文外),且满足所有学术要求、获得足够学分并完成学习(学位论文的学分除外)的证书。

(41)考试指一种对知识、技能和能力的评估及证明方式。

第九部分　尾项规定

第三十一章　规定的实施与授权

67.生效

第 109 条

(1)本法自 2012 年 1 月 1 日起生效,第(2)款至第(3)款内容除外。

(2)第 1~9 条,第 11~48 条,第 49~53 条,第 72~107 条,第 108 条第(1)~(7)款、第(8)~(23)款、第(24)~(44)款,第 110 条第(1)款、第(2)~(11)款、第(13)~(18)款、第(20)款、第(22)款、第(24)~(27)款,第 110 条第(2)~(4)款,第 111 条第(1)~(5)款,第 112~114 条,第 115 条第(1)~(4)款、第(6)~(7)款,第 117 条第(1)~(4)款、第(6)款,第 118~119 条,第 120 条第(1)款,及附件 1 至附件 4 内容自 2012 年 9 月 1 日起生效。

(3)第 10 条,第 54 条,第(12)款及第(21)款内容自 2012 年 7 月 31 日起生效。

68.授权规定

第 110 条

(1)政府有权通过法令规定:

①获得重点高等学校、研究型大学、研究型学院和应用研究型学院地位所需条件和授予程序,以及为上述高等学校提供资金的使用条件;

②独立周期课程和长周期课程的课程结构；

③由教堂、宗教法人实体和基金会建立并运行高等学校需要符合的最低条件、建立程序和费用、设立教师实习公共教育机构需要符合的条件以及匈牙利境外远程教育项目需要符合的条件；

④博士课程的资格框架及规定：

a)学习专业、学习科目及学士学位和硕士学位课程有关的课程、对应的学分数量、开设课程需要经过的程序及其规定，若高等学校提供校外实习，应制定其组织实习项目的规则；

b)建立博士生院需要符合的条件及其程序规定、博士生院组织及成员的基本规定、博士生会的权力、博士论题和博士论文的公开方式及获得博士程序需要办理的程序。

⑤国家认可的语言考试体系，特别是欧洲委员会编制的欧洲共同语言参考框架建议的六级语言考试体系，可与国家认证的初级、中级、高级或同等难度的语言考试之间的等值转换，国家认证语言考试(证明外语知识能力)的有关规定由政府规定；

⑥高等学校信息系统的运作程序、数据提供、学生证、教师证、学生和教师的身份证号码、颁发学生证和教师证需要收取的服务费及收费比率以及高等学校必须使用的文件的内容、格式及授权的有关要求，此类文件应在获得文凭及取得证明学业完成、通过期末考试的证书前制定；此外还包括国家资助期的记录要求以及国家奖学金(部分)资助学生与自费学生身份的相关要求；

⑦高等职业教育、学习专业、学习科目、课程、相应学分方面的要求，及开设高等职业教育课程的有关要求；学生津贴和高等学校校外实习的合同需要遵守的规定；

⑧入学考试所需的中学毕业考试要求、中学毕业考试科目、(外国)语言能力(要求)、申请结果的建立要求、对申请人的评价要求、额外分数的计算原则、申请人排名及其在各高等学校的分配情况、高等学校招生信息模式，包括提前两年公布入学要求及能力要求、办理入学手续需要支付的行政费用、支付方式及费用报销条件；学士学位课程的入学程序包括目测体检；高等学校组织入学考试(口试)的条件；

⑨下列入学程序条件，确保机会平等：

a)弱势学生(申请人)群体；

b)育儿无薪休假人士、享受怀孕津贴、育儿津贴、抚育津贴或育儿福利的申请者；

c)残疾学生申请者；

d)少数民族申请者。

⑩为实现学生机会平等，确定优惠待遇要求；确定辅导项目的组织原则；

⑪残疾身份确认和认证要求、残疾学生学习的有关规定、优惠待遇标准和程序的相关要求；

⑫支持优秀学生的有关规定，特别是：

a)国家学术学生研讨会活动系统；

b)确定科研机构的组织原则；

c)设立支持系统,提高对优秀学生的支持力度;

d)高等学校为优秀学生设立支持系统的原则。

⑬学生助学金、支持和其他补助的有关规定;

⑭为学生提供住宿和其他福利服务的有关规定;

⑮学分制教育的基本规定,特别是:

a)提供学习有关信息的方式;

b)教育进步框架及需要获得的最低学分;

c)登记学生学分、记录学生成绩需要遵守的校规;

d)学习时间及课程表;

e)评价学生成绩的原则及方式;

f)为残疾学生提供支持的方式和原则,确保机会平等、方式平等的方法;

g)期末考试的组织规定及评估方法。

⑯授予荣誉博士学位的有关规定;

⑰就业、补贴、公开招聘、行政工作等的相关规定;利益冲突规定;增加及安排科研人员职位的条件、教学岗位职工地位和工资的有关规定;

⑱管理注册高等学校、运作及监督机构的程序及其规定;

⑲匈牙利认证委员会的设立、运作和权利有关事务,以及高等教育规划委员会的建立和运作事务;

⑳有关高等学校建立和管理的有关问题,以及私立机构的管理问题;

㉑学业奖学金的设立事宜和授予条件,特别是匈牙利国家奖学金的授予条件,匈牙利地方政府为高等教育设立的奖学金(获得机会平等);

㉒教师研究补助的使用条件,学士和硕士以及师范教育单周期课程和符合条件的同等课程。硕士水平教育专业化体系的基本规定;

㉓学生助学金合同中的基本内容,未签订该合同需要执行的程序、国家(部分)资助课程每年的教育成本;

㉔根据匈牙利资格框架,按照文凭和专业资格划分资格类型的有关规定;

㉕办理特许任教程序的规定;

㉖可授予高等学校此前聘用教师或非全日制教师的学衔及授予此类学衔的条件;

㉗财务委员会设立、运作及其权利的基本规定。

(2)政府有权通过法律任命:

①管理高等学校注册事务的机构;

②负责高等学校信息系统运作的机构;

③负责登记学生助学金合同的权力机关。

(3)部长有权依法批准:

①教育权利委员会办公室的职责及运行规则;

②高等职业教育、学士学位、硕士学位课程的方案要求及结果要求;

③研究生专业课程的基本规则;

④国家认证外国语言考试及高等学校信息系统运作的行政服务费和总额,需要支付给高等教育当局的常规费用和总额。

(4)部长可根据与税务政策部门签订的协议,行使第(3)款第④项规定的权利。

第三十二章　暂行条文

69.教育活动条件方面的暂行条文

第 111 条

(1)本法规定的入学制度,在办理 2013—2014 学年入学程序时首次适用。本法第 40 条第(2)款中规定的入学考试所需语言能力要求适用于在 2016 年 9 月及之后开始第一年学士学位课程或长周期课程学习的学生。第 40 条第(3)款第②项所述入学考试(口试)的基本规则由高等学校在 2012 年 12 月 31 日之前确定。依据要求举办的口试可在 2014—2015 学年,作为一般入学考试的一部分首次开设。

(2)对于本法生效前 5 年未修改或未审查的课程,本法第 15 条规定的截止时间为 2012 年 12 月 31 日。对于本法生效前 5 年内已修改或已审查的课程,第 15 条规定的时间段应自 2012 年 9 月 1 日开始。

(3)若单独周期课程将来可安排为长周期课程,则可开设根据政府法令规定的新课程的高等学校可开设该学士学位专业课程的长周期课程,并在整个学士学位课程得到认可后开设硕士学位课程。

(4)2012 年 9 月后,根据《高等教育法》(2005 年第 139 号法案)(以下称《2005 年国家高等教育法》)第 106 条第(7)款规定登记、开设的课程不得再招生。此前开设的课程可按原规定学习,最迟在 2016—2017 学年结束。

(5)政府同意后,根据本法第 39 条第(3)款和第 46 条第(1)款规定签订的学生助学金合同可在 2012—2013 学年第一学期前签订。

(6)若要对第 39 条第(3)款和第 46 条第(1)款本法生效前规定签订的学生助学金合同进行修订,则内容只能对学生更有利方可。

第 112 条

(1)根据《高等教育法》(1993 年第 80 号法案)规定开设的课程继续进行,其课程要求不变,考试规定和颁发的文凭也不变。

(2)根据《2005 年国家高等教育法》开设的课程,继续进行,其课程要求不变,考试规定和颁发的文凭相同。若本法未另作规定,则根据《2005 年国家高等教育法》,负责运作高等学校新信息系统的机构可管理高等学校信息系统中的个人数据至该法第 35 条第(4)款所述的期限。

(3)本法第 67 条第(5)款规定适用于 2010 年 1 月 1 日开始的校外学士学位课程和硕士学位课程:已经录取的学生可继续在高等学校学习,条件不变,但校外课程不得继续招生。

(4)2006 年 9 月 1 日前录取的高等学校学生可根据各高等学校通过的课程要求完成学业,并根据《高等教育法》(1993 年第 80 号法案)规定,获得大专学历或本科学历毕业文凭。学生的学习方式及学习的中断及临时中止应根据当时学籍建立时的有关规定确定。高等学校自 2015 年 9 月 1 日起可不再遵守这些规定。

(5)考虑到本法有关学业考试规定的过渡性规定,2006 年 9 月 1 日前根据《高等教育法》(1993 年第 80 号法案)规定开始学习但仍未完成学业的学生,可继续按照本法的要求学习,但须经过学习和考试的验证系统认证。

(6)凡法律规定的大专文凭与本科文凭,也可称为学士学位和专业资格。凡法律规定的学士学位和专业资格,也可称为大专学位和专业资格。

(7)凡法律规定的大学学位及专业资格,也可称为硕士学位和专业资格。凡法律规定的硕士学位和专业资格,也可称为本科文凭和专业资格。

(8)有大学学历和专业资格者有权学习根据本法提供的本科课程。有大专或本科学历及专业资格者有权学习根据本法开设的研究生专业培训课程。

第 113 条

(1)若开始课程时有规定,则只能根据国家《高等教育法》(1993 年第 80 号法案)规定的语言考试证书颁发毕业文凭。

(2)本法生效后,能够证明自费参加高等教育课程并获得文凭的个人有资格接受国家奖学金(部分)补助学习。2006 年 1 月 1 日后取得文凭或证书的个人,若有意愿继续学习但无法证明其为自费学习的(任何课程),则视为已经接受 7 个学期的国家资助。学生可以此规定为据,要求入学。

(3)高等学校学分转换委员会应根据第 49 条第(5)款、第(6)款规定,根据《高等教育法》(1993 年第 80 号法案)颁发的证书及文凭在按本法规定开设的课程中进行验证,以及该类证书和文凭对应的学分。无论学生学的是学分型还是非学分型课程,都应比较所学学科的知识体系。

(4)根据《2005 年国家高等教育法》,接受高等职业教育获得的证书计入该学习专业的学士学位课程,至少代表 30 学分,至多代表 60 学分。在此框架内,高等学校学分转换委员会应根据第 49 条第(5)款、第(6)款规定,决定其在按本法规定根据本法开设的课程中验证证书的条件,及该类证书和文凭对应的学分。根据《2005 年国家高等教育法》登记的高等职业教育课程,不得在 2012 年 9 月后继续开设。此前开设的课程可继续按原要求进行,最迟于 2016—2017 学年结束。

第 114 条

(1)若哲学博士生、文学博士生根据《2005 年国家高等教育法》规定接受博士教育,则可根据其规定完成学业。哲学博士生、文学博士生将获得本法规定的学位。根据《高等教育法》(1993 年第 80 号法案)和《2005 年国家高等教育法》颁发的博士学位等同于本法授予的博士学位。

(2)本法第 53 条第(2)款第③项中,有关满足博士教育要求的需要采取的措施同样适用于 2013 年 9 月 1 日后申请博士学位授予程序的申请者;2010 年 1 月 1 日前通过博士程序的高等学校申请者,无须完成本法规定的博士教育要求。

70. 组织和就业措施

第 115 条

(1)本法所载的高等学校运作程序的规定也适用于 2012 年 9 月 1 日以后开始的案件和重复程序。

(2)教育当局应:

①于 2015 年 1 月 1 日起,不再允许 2010 年已经注册但仍未取得运行许可的高等学校办学;

②在 2010 年 2 月 2 日至本法生效之日期间已经注册,但在注册 5 年后仍未取得办学许可的高等学校,2017 年 9 月 1 日后不再允许办学;

③到 2015 年 9 月前,审查在 2012 年 9 月已取得办学许可的高等学校的办学许可,并根据本法规定修改。

(3)本法生效期间,若高等学校参议会的组成不符合本法要求,则应根据本法规定,于 2012 年 12 月 31 日前进行整改。

(4)本法的生效

①本法生效后,不影响教师和研究人员的聘用要求和任职条件,不影响与其签订的合同、公务员身份任职书,也不影响其之前在学院和大学获得的职位及有关学衔。根据《高等教育法》(1993 年第 80 号法案),教师和科研人员可在 2012 年 9 月 1 日之后继续任职。第 31 条第(1)款、第(2)款规定的时限同样适用。

②根据《高等教育法》(1993 年第 80 号法案)或《2005 年国家高等教育法》第 157 条第(2)款规定签订聘用合同的教师和科研人员,只有符合新要求才可修改聘用条件和级别。

③自 9 月 1 日起,根据本法规定确定教学和科研活动的要求。

④根据《高等教育法》(1993 第 80 号法案)规定聘用的、符合新要求的教师和学术研究人员,无论其在何种高等学校任职(学院或大学),都应享受大学教师的聘用待遇。此种情况下,本法适用于上述职工,但因在职工龄的缘故,第 31 条规定不适用。规定工龄不超过 5 年的,随着聘用合同的修改及公务员任职合同的签署,教师应符合上述新要求。教师和科研人员作为学院教师,享受大学教师同等工资待遇,但工资待遇从享受新学衔起计算工龄。

⑤到 2018 年 12 月 31 日前,根据高等学校的聘用要求与授权,通过政府法令或部门法令授予的科苏特奖和其他艺术奖项等同,但获奖者须持有学士学位。本条规定只

适用于高等艺术大学在 2012 年 8 月 31 日前聘用的教师。

（5）为实施第（4）款规定，高等学校可独立与其他高等学校或与其他有权创立高等学校的实体编制新的发展规划。规划中，高等学校可就高等教育活动在不同体制框架内的继续开展，向办学者提出建议。办学者应参与筹备工作。机构发展规划应在 2012 年 6 月 30 前提交给办学者。

（6）教育当局应在 2017 年 9 月 1 日前，审查、修改作为高等学校运作的机构的办学许可；若不符合法律规定的办学条件，则应协同部长撤销该机构的国家认证。

（7）公立高等学校：

①若为重点高等学校，则该校负责人应在管理范围内进行成本再分配，并通知财政部和办学者；

②在对账户进行结算后，预算剩余款项视作多余的承诺拨款，可用于执行机构工作；

③经单位负责人允许后，剩余收入可在政府单位预算修订后用完。

（8）高等学校可建立或入股股份有限公司，计入财政部借记账户，以获得第（7）款第②项所述的余额，从经济组织中获得分红收入。

（9）高等学校可设立或参与机构协会，但不得损害高等学校利益。除了与组织有关的活动之外不得为履行高等学校的基本职责建立机构协会。

（10）任高等学校领导职务或领导亲属不得成为该校建立或参加的机构协会的主管人员。此外，主管人员也不得为监督委员会成员及会计。管控会有权向机构公司的监督委员会指派成员。

（11）第 13 条第（2）款规定适用于公立高等学校，以便公共财政部部长行使财务总管的有关权利。

第 116 条

（1）根据《2005 年国家高等教育法》建立的匈牙利认证委员会，其成员任期截止到 2012 年 2 月 29 日。本法授权指派成员的机关应在 2012 年 2 月 15 日前向匈牙利认证委员会指派成员。匈牙利委员会将在 2012 年 3 月 1 日举行首次会议。

（2）高等教育研究委员会解散，其成员任期到 2012 年 2 月 29 日止。

（3）高等教育研究委员会的一般法定继承人为高等教育规划委员会。

（4）高等教育规划委员会将于 2012 年 3 月 1 日建立。

第 117 条

（1）根据《2005 年国家高等教育法》第 96 条第（5）款、第（10）款规定，延长一次任期的高级行政官员，年龄超过 65 岁的高级行政官员任期到 2013 年 6 月 30 日止。

（2）根据《2005 年国家高等教育法》规定，注册的学生公寓和由信息系统管理的数据，由教育当局于 2013 年 9 月 1 日删除，由教堂、宗教法人根据 2011 年 11 月 31 日与部长签订的协议提供支持的基金会维持的学生公寓除外。教育当局也应将其从高等教育信息系统中删除。

（3）根据《2005 年国家高等教育法》开设并注册的高等职业教育，以及由信息系统管理的有关数据由教育当局在其录取的最后一名学生毕业之日删除，时间最晚为 2016 年 9 月 1 日。

（4）根据《2005 年国家高等教育法》第 106 条第（7）款规定注册的课程，及由信息系统管理的相关数据由教育当局在该课程录取的最后一名学生毕业之日删除，时间最晚为 2017 年 9 月 1 日。教育当局也应将该课程从高等教育信息系统中删除。

（5）由教会主办且取得国家认证的高等学校，可在 2011 年 12 月 31 日后继续提供宗教课程，办学条件不变，并将获得国家支持。

（6）根据《2005 年国家高等教育法》附件第二部分三项第（1）款第⑧、⑨项规定登记的个人数据，在本法生效后，可在学生学籍终止后继续保留 5 年。

（7）第 84 条所述的公债制度将首次用于 2013 年年度预算中。

71. 应遵守的协定

第 118 条

本法用于遵守下列共同体法律：

①欧洲理事会有关长期居住的第三国家公民地位的指示（2003 年 9 月 25 日）文件中第 11 条第（1）款第②项及第 21 条内容；

②欧洲议会下属欧洲理事会在有关欧盟公民及其家属在成员国间自由移动和自由居住权利的指令（2004 年 4 月 29 日，第 38 号）及其修订的法令（欧洲经济共同体指令 1612/68 号），及已撤销的指令，欧洲经济体指令 64/221 号、68/360 号、69/194 号、73/148 号、75/34 号、75/35 号、90/364/号、90/365 号、93/96 号第 24 条；

③欧盟关于为实现高质量就业的第三国家公民的入境及居住条件指令（2009 年第 50 号）第 14 条第（1）款第③项内容。

第三十三章　修订条款

第 119 条

《社会保障金、个人养老金获得资格及有关基金法》（1997 年第 80 号法案）第 16 条第（1）款第⑨项改为以下内容：除本法规定人群，及享受第 13 条所述健康服务人群，下列人士也可享受健康服务：接受小学教育、中学教育、《公共教育法》规定机构教育，学习全日制课程且达到法定年龄的匈牙利公民；获得奖学金的外国公民或获得根据教育部长签订的国际协议提供的奖学金的学生；《匈牙利邻国居民人口法》范围内的非匈牙利公民；拥有学籍且接受《高等教育法》规定的高等学校的国家奖学金全额（部分）资助的全日制课程的学生。

第 120 条

（1）撤销以下条文：

①《匈牙利境外公民法》(2001 年第 62 号法案)第 9 条；

②《高等教育法》(2005 年第 139 号法案)；

③条文包括：

a)2006 年第 73 号法案；

b)2007 年第 104 号法案；

c)2008 年第 97 号法案；

d)《高等教育法》(2005 年第 139 号法案)修订法案(2009 年第 133 号法案)。

④《国家财产管理及规定设立法》修订法案(2010 年第 52 号法案)第 33 条；

⑤《政府官员法律地位法》(2010 年第 59 号法案)第 72 条第(6)款；

⑥《中学毕业考试及高等学校入学考试要求法》修订法案(2010 年第 62 号法案)；

⑦《经济金融事务特别修订法》(2010 年第 90 号法案)第 64 条、第 66 条第(1)款第⑥项及下文第 66 条第(2)款内容；第 16 条第(1)款的"文本"及"额外"，第 23 条第(2)款的最后一句，第 30 条第(1)款的最后一句，第 115 条第(2)款第②项中的"通过不需要国家提供支持的措施"，第 135 条第(2)款最后一句及《高等教育法》第 136 条第(6)款中的"文本及 100 条第(1)款"。

(2)《高等教育法》(2005 年第 139 号法案)第 109～113 条及文本"匈牙利认证委员会、高等教育研究委员会"及该法第 153 条第(1)款第⑲项、第 110 条第(8)款和"第 113 条第(8)款"全部撤销。

(3)《2012 年匈牙利预算依据特别法》修订法案(2011 年第 166 号法案)第 36 条第(5)款无效。

(4)以下内容作为第 48 项，加入《公共教育法》(1993 年第 79 号法案)第 121 条第(1)款中：

48. 地方政府工作的机构应由地方政府、地方政府协会或区域合作伙伴办学的教育教学机构组成，但根据第 81 条第(1)款第⑤项内容，或在第 8 条第(11)款情况下帮助地方政府执行基本工作的教育教学机构，由少数民族政府根据《地方和少数民族权利法》(1993 年第 76 号法案)第 47 条第(4)款规定接管并出资的教育教学机构除外。此类机构出资人应向当地自治政府发送一份单方面说明，或与教育部长签订公共教育协议。

匈牙利总统暨匈牙利国民议会发言人

施米特·帕尔、代总统克韦尔·拉斯洛

附件 1

2011 年第 204 号法案
获得国家认证的高等学校

一、大学

1. 公立大学

布达佩斯考文纽斯大学

布达佩斯经济与技术大学

德布勒森大学

罗兰大学（位于布达佩斯）

考波什堡大学

弗朗茨·李斯特音乐学院（大学）（位于布达佩斯）

匈牙利工艺与美术学院（位于布达佩斯）

米什科尔茨大学

匈牙利艺术设计大学（位于布达佩斯）

国家公务员大学（位于布达佩斯）

西匈牙利大学（位于肖普朗）

奥布达大学（位于布达佩斯）

帕农大学（位于维斯普雷姆）

佩奇大学

塞梅尔维斯大学

塞格德大学

圣伊斯特万大学（位于格德勒）

伊什特万大学（位于杰尔）

戏剧与电影大学（位于布达佩斯）

2. 教会大学

德布勒森改革宗神学大学

新教信义宗神学院（位于布达佩斯）

卡斯珀归正宗神学大学（位于布达佩斯）

犹太神学院——犹太研究大学(位于布达佩斯)

天主教大学(位于布达佩斯)

3. 私立大学

安德拉什·古拉大学(位于布达佩斯)

中欧大学(位于布达佩斯)

二、学院

1. 公立学院

布达佩斯商学院

多瑙新城大学

厄特沃什·约瑟夫大学(位于巴奇)

埃斯特哈齐学院(位于埃格尔)

卡罗利·罗伯特学院(位于珍珠市)

凯奇凯梅特学院

匈牙利舞蹈学院(位于布达佩斯)

尼赖吉哈佐学院

索诺克学院

2. 教会学院

"教育之门"佛教学院(位于布达佩斯)

基督复临安息日神学学院(位于佩采尔)

亚伯威摩斯天主教学院(位于佩斯郡)

浸信会神学院(位于布达佩斯)

巴提韦丹塔学院(位于布达佩斯)

埃格尔神学院

埃斯泰尔戈姆神学院

盖乐尔·费伦茨学院

欧洲加略山圣经神学院(位于沃伊陶)

杰尔神学院

帕波归正宗神学院

佩奇神学院

五旬宗神学院(位于布达佩斯)

索菲亚神学院(位于布达佩斯)

沙罗什堡陶克归正宗学院

舒拉圣经神学院(位于布达佩斯)

圣·安塔纳斯·久格天主教神学院(位于尼赖吉哈佐)

圣·博尔纳特神学院（位于齐尔茨）

圣·帕尔神学院（位于布达佩斯）

维斯普雷姆大主教神学院

卫斯理神学院（位于布达佩斯）

3. 私立学院

布达佩斯管理学院

布达佩斯当代舞蹈学院

布达佩斯商学院

埃多塔斯学院（位于布达佩斯）

丹尼斯·加博尔学院（位于布达佩斯）

国际商学院（位于布达佩斯）

科多郎艺杰诺什学院（位于赛克白什堡）

安德烈国际运动障碍治疗教育研究所及治疗教师培训学院（位于布达佩斯）

托莫里·帕尔学院（位于考洛乔）

韦克勒·桑德尔商学院（位于布达佩斯）

西格蒙德皇家学院（位于布达佩斯）

附件 **2**

2011 年第 204 号法案
办学许可、某些机构文件的必备信息

一、高等学校的建立

1. 创校章程应包括

(1)高等学校的官方名称。

(2)办学者姓名及通信地址。

(3)注册校址及其他建筑。

(4)校外培训地点。

(5)高等学校的师资结构及组织结构、由高等学校管理的机构。

(6)主要活动及其相关工作。

(7)企业活动的说明,若作为预算机构,应标出上限。

(8)通识教育、公共教育、医疗保健、农业、区域发展及其他方面负责的工作。

(9)最多学生人数。

(10)高等学校支配的不动产、资产管理权。

2. 办学许可证应说明

(1)学习专业、学科、高等学校提供或授权开设课程的学术水平。

(2)能够常年充分利用教学设施的情况下,高等学校允许录取的最多学生人数,需要考虑职工、可供授课及学生使用的场地和设施。

(3)许可高等学校开设课程。

(4)高等学校可开设博士课程的科学专业及其分支。

(5)作为教学实践学校的公共教育机构。

二、《组织和运作指南》

1. 运作及组织规定

运作及组织规定应说明高等学校的组织结构、划分的部门、管理结构、每个组织单位的工作及运作、机构间联系规定。

2. 聘用要求

(1)具体职位要求、公共招聘申请的评估要求、高等学校根据政府法令提供给教师和科研人员的奖金及其他福利、特任教师的要求及程序。

（2）高等学校的聘用条件及其他可授予学衔。

（3）教师、科研人员和其他职工的聘用要求与工作要求，根据工作质量与工作表现决定工资的原则、对聘用要求的评估及其过程公开的有关程序及要求、未能达到上述要求的后果。

（4）教师和科研人员科研资金申请及评估的有关规定。

（5）教师参与高等学校决策制定过程的要求以及对教师、科研人员和其他职工对高等学校决定提出的异议进行修订的有关规定。

3. 学生要求

（1）本法规定的入学程序的有关规定。

（2）学生行使权力、履行义务需要遵守的规定、学生学籍申请的评估要求及补救办法。

（3）课程表，知识、技能和能力的学习、进步及评估有关规定（"学业考试要求"）。

（4）学生需要支付的费用及其支付方法的有关规定，以及学生助学金和补贴的分配原则（"学费及补助有关规定"）。

（5）学生纪律处分的认定原则和学生需要承担赔偿的责任。

（6）防止学生意外事故和出现意外事故时的规定。

附件 3

2011 年第 204 号法案

一、高等学校登记管理的个人及特殊数据

1. 职工信息

(1)根据本法登记的数据：

①姓名、性别、曾用名、出生日期及地点、母亲姓名、国籍、身份证号。

②永久地址和居住地、登记地址。

③就业、公务员身份、固定期限劳动等有关数据：

1)雇主姓名,若数量超过一名,则全部写出,以表明建立了额外的工作关系；

2)资格等级、专业资格、职业资格、语言水平、科学学位；

3)就业时间、作为公务员的任职时间、工资状况的有关数据；

4)所获的荣誉、奖项及其他公认奖项、学衔；

5)职位、执行工作、职位未指定工作、额外工作关系、纪律处分、赔偿金支付情况；

6)工作时长、加班时长、工资、薪金、有关税收及其他福利；

7)休期、已休假时间；

8)职工支出金额及其类型；

9)职工所得福利及其类型；

10)职工欠雇主的债务及其类型:科研活动、科学著作、艺术活动及成果、学习博士课程并参与博士学位程序的教师或导师的有关数据；

11)根据第 26 条第(3)款所做的声明；

12)由高等学校聘用的、担任财务委员会主席或成员的人员在固定期限内的工作完成数据[见第 25 条第(4)款]。

①学生对教师的评估结果。

⑤特许任教程序结果。

⑥对所提供的证明文件的数据识别。

(2)管理目的

根据第 18 条第(1)款规定。高等学校应管理就业、福利、津贴和承诺方面的个人数据及特殊数据,以保障国家安全。因此应按照此目的,以恰当的方式,对本法规定记录的数据进行严格管理。

（3）数据管理期限

就业关系结束后 5 年

（4）数据转移条件

（1）中所列数据，在行使办学者权利需要时可全部转交给办学者；在下发工资、薪金或其他福利需要时，可全部转交至社会保障支付办公室或其他支付工资、薪金或其他福利的办公室；在高等教育信息系统根据本法处理事务时，可全部转给高等教育信息系统运作负责人；在调查高等学校运作条件时可全部转交至匈牙利认证委员会；在判定案件时，可全部转交给法院、警察、检察院、法警及公共管理部门；可转交至授权监督就业有关信息规定的负责人；可转交至国家安全服务部；可转交给高等学校学生或与其有工作关系的职工，学生给教师的评价结果根据该校章程进行评定；可根据《信息自决及信息自由法》(2011 年第 112 号法案)第 28 条(以下称《信息自决自由法》)第 28 条规定，将《信息自决自由法》第 26 条第(3)款规定的公共利益数据转交给提交高等学校数据访问申请的申请者。

（5）财务委员会成员，核对数据及有关数据管理规定时，第 25 条第(5)～(8)款规定适用。

2. 学生有关数据

（1）根据本法要求登记的数据：

①入学所需数据：

1)申请者姓名、性别、出生姓名、母亲姓名、出生日期及地点、国籍、永久住址及居住地、电话号码；非匈牙利公民提供匈牙利境内停留的法律依据及该文件的名称、编码；若该申请人属其他法律规定的自由迁徙及居住权享有者，则提供证明该权利的文件；

2)中学毕业考试有关数据；

3)中学时期的有关数据；

4)评估入学申请时需要的数据；

5)办理入学程序所需的数据。

②学籍有关数据(在读哲学博士、文学博士)：

1)学生姓名、性别、出生姓名、母亲姓名、出生日期及地点、国籍、登记住址及居住地、通信地址及电话号码、电子邮件地址；非匈牙利公民提供匈牙利境内停留的法律依据及该文件的名称、编码；若该申请者属其他法律规定的自由迁徙及居住权享有者，则提供证明该权利的文件；

2)学籍类型(在读哲学博士、文学博士、访问学生)、学籍建立时间、方式及其状态的数据、国家资助学生提供参加课程的名称、课程表、预计课程结束日期、所处学期、已经过的国家资助期、休学时间；

3)留学时间和地点；

4)已获得且有效的学分，已获得成绩的学科；

5)学生补助有关信息、获得补助所需的数据(社会状况、父母信息、生活状况);

6)学生就业有关数据;

7)纪律处分及赔偿情况的有关数据;

8)为残疾学生提供优惠待遇所需的数据;

9)学生事故的有关数据;

10)学生证序列号、主文件编码;

11)学生身份证及社保号;

12)实习课程、预学位证书、毕业考试(博士答辩)、语言考试的完成情况及毕业文凭的有关数据;

13)学籍规定权利与义务的行使及履行情况。

③毕业生职业监测系统的有关数据。

④学生税务号。

⑤所提供证明文件的识别数据。

⑥学生缴费数据。

⑦接受学生补助、儿童保障金、儿童保育津贴、定期儿童保护、食宿补助的情况。

(2)数据管理目的:根据第18条第(1)款规定。高等学校应管理学籍、福利、津贴和承诺方面的个人数据及特殊数据,以保障国家安全。因此应按照此目的,以恰当的方式,对本法规定记录的数据进行严格管理。

(3)数据管理期限:学生学籍正式终止后8年。

(4)数据转移条件:数据可在行使办学者权利需要时可全部转交给办学者;在判定案件时,可全部转交给法院、警察、人民检察院、法警和公共管理部门;可转交至国家安全服务部;可在学生申请贷款继续学业时转交至学生贷款中心。

二、高等教育信息系统中保存的个人及特殊数据

1.高等学校的重要数据

(1)根据本法规定登记的数据:

①高等学校有关信息:

1)出资者姓名、校址、代表姓名、通信地址、联系方式(电话号码、传真号码、电子邮件);

2)高等学校人员[校长、财务主任或主管、内部审查主任、财务委员会主席及成员、执行委员会主席(该校临时负责人)及其成员、院领导、行政工作机构负责人、中心主任、宿舍负责人、学院负责人]的姓名、通信地址和详细联系方式(电话号码、传真号码、电子邮件);

3)高等学校根据主要活动范围签订的合作协议和数据;

4)高等学校培训事务负责人姓名及其教师编号;

5)若作为公益组织的高等学校,则提供监督委员会成员的姓名和通信地址。

②匈牙利境内开办的外国高等学校:

1)办学者姓名、注册地址、学校名称、通信地址、其代表及匈牙利境内代表的联系方

式(电话号码、传真号码、电子邮件);

2)行政人员的姓名、通信地址及详细联系方式(电话号码、传真号码、电子邮件);

3)高等学校培训事务负责人姓名及其教师编号。

③匈牙利认证委员会、高等教育规划委员会、匈牙利校长会议及匈牙利国家学生会的相关数据:

1)组织姓名及其所在地;

2)高级行政人员及监督委员会成员的姓名和通信地址。

④根据第 67 条第(3)款登记的学生公寓有关信息:

1)办学者姓名、所在地及地址、公寓名称、通信地址、其代表的联系方式(电话号码、传真号码、电子邮件);

2)学生公寓负责人姓名、通信地址及联系方式(电话号码、传真号码、电子邮件)。

⑤根据第 8 条第(6)款规定签订的协议及其数据。

(2)职工的重要信息

根据本法要求登记的信息:

①姓名、性别、出生姓名、出生日期及地点、母亲姓名、国籍、身份证号。

②地址和通信地址;登记地址。

③就业、公务员身份、定期雇用等有关数据:

1)职工姓名,数量超过一名应全部列出(机构编号);

2)资格等级、专业资格、职业资格、语言水平、科学学位;

3)职位、执行的工作;

4)工作时长;

5)科研活动、科学著作、艺术活动及成果、所得荣誉、奖项及其他公认的奖项、头衔;

6)根据第 26 条第(3)款规定所做的声明。

④所提供证明文件的识别数据。

(3)登记其他信息须征求当事人同意。

(4)在下发工资、薪金或其他福利需要时,可全部转交至社会保障支付办公室或其他支付工资、薪金或其他福利的办公室;在判定案件时,可全部转交给法院、警察、人民检察院、法警及公共管理部门;可全部转交至国家安全服务部;将职工有关信息全部转交给雇主,确保一名职工在公共教育信息系统中只拥有一个身份号码。

2. 学生、在读哲学博士、文学博士的重要数据

(1)按本法要求登记的数据:

①(在读哲学博士、文学博士)学籍有关数据:

1)学生(在读哲学博士、文学博士)姓名、出生姓名、母亲姓名、出生日期及地点、国籍、性别、住址、居住地及通信地址;

2)非匈牙利公民提供匈牙利境内停留的法律依据及该文件的名称、编码;若申请人

属其他法律规定的自由迁徙及居住权享有者,则提供证明该权利的文件;

3)学籍类型、学籍建立时间、方式和状态;

4)学习课程名称、资助类型、课程表、所处学期、休学时间、预计课程结束时间;

5)培训时或参加培训前已经使用过的国家资助期;

6)留学时间和地点;

7)符合优惠待遇要求的数据;

8)评估残疾学生优惠待遇所需的数据;

9)学生事故的有关数据;

10)学生证序列号;

11)主文件编码;

12)学生身份证号、税务号及社保号;

13)实习课程、预学位证书、毕业考试(博士答辩)、语言考试的完成情况,及毕业文凭的有关数据;

14)印发文件的内容及其识别数据;

15)部长颁发给非匈牙利公民的奖学金数据;

16)培训取得且证实有效的学分、已获学习成绩的学科。

②颁发的毕业文凭、资格证书的数据:

1)认证的职业技能和专业资格;

2)文凭、证书的颁发日期及署名人姓名的数据;

3)毕业文凭、资格证书的格式序列号;

4)主文件中的学生数量;

5)文凭、证书的其他数据;

6)补充文凭的有关数据。

③毕业生职业监测系统的有关数据。

④所提供证明文件的识别数据。

⑤学生缴费的数据。

⑥有关接受学生补助、儿童保障金、儿童保育津贴、定期儿童保护、食宿补助的数据。

(2)登记其他第 1 点未列的信息须征求当事人同意。

(3)可转交数据

在判定案件时,可全部转交给法院、人民检察院及公共管理部门;可全部转交至国家安全服务部;可在学生申请贷款继续学业时转交至学生贷款中心;处理社会保障金事务时可全部转交至社会保障局;将所有入学申请人及学籍拥有人(在读哲学博士、文学博士)的信息转交给高等学校;为保证第 35 条第(4)款规定的实施,将所有学籍持有人的所有信息转交给公共教育信息系统;将为统计信息所需而披露的所有数据转交给部长领导的部门。

3. 入学的重要数据

(1)本法要求登记的数据：

①入学有关的数据。

②申请人姓名、性别、出生姓名、母亲姓名、出生日期及地点、国籍、住址及居住地、通信地址；非匈牙利公民提供匈牙利境内停留的法律依据及该文件的名称、编码；若该申请人属其他法律规定的自由迁徙及居住权享有者，则提供证明该权利的文件。

③中学毕业考试有关数据。

④中学时期的有关数据。

⑤评估入学申请时需要的数据。

⑥办理入学程序所需的数据。

(2)与宗教或信仰有关的个人数据，其作为入学必须条件的有关证明无须登记。登记其他数据须征求当事人同意。

(3)在判定案件时，数据可全部转交给法院、警察、人民检察院、法警及公共管理部门；可转交至国家安全服务部；将所有入学申请人的数据转交给高等学校；将所有已批准入学的申请人数据转交至高等学校。

三、关于高等教育信息系统运作的数据管理及转移问题

1. 若本法未另做规定，则只有在当事人要求并提交书面同意的情况下，方能从高等教育信息系统中提取数据，且提取数据时需同时通知当事人。部长负责确保高等教育信息系统数据管理的合法性。个人有权对自己的数据进行审查并做出修改或删减，法定数据的管理除外。信息系统数据的审查、修正及删减均免费。

2. 负责高等教育信息系统运作事务的机构应通过电子邮件方式，要求对比其登记在高等教育信息系统中的自然人数据及地址，和个人数据及地址登记册中的数据，此过程免费。

3. 高等学校信息系统管理机构应为受聘教师、科研人员或导师制定教师编码，用于监督导师、教师或科研人员的工作。高等学校信息系统应记录持有该编码的人员数据，并记录签订定期合同[见第 25 条第(3)款]开展教师工作的人员数据。除相关人员外，个人数据只能由特定贷款福利就业授权合法建立，向提供福利或有权进行评估的一方转让。聘用关系正式终止后，信息系统的数据可以保存 5 年，其间重新注册的人员除外。

4. 高等学校信息系统管理机构应为学生制定学号，用于监督学生权利的执行情况和义务的履行情况。已经获得公共教育学号的学生无须再制定新的高等教育学号。高等教育信息体系应包括学生登记册。除相关人士外，由特定贷款福利就业授权合法建立，向提供福利或有权进行评估的一方转让。学生正式脱离学生身份后，该学生的数据可以在学生登记册上保留 8 年。

5. 雇主可以同负责高等教育信息系统运作事务的机构一起，为签订聘用合同或以公务员身份任职的导师、教师和科研人员或在签订聘用合同或以公务员身份任职的导

师、教师和科研人员的要求下，颁发教师证、科研工作证或导师证。（以下称"教师证"）

（1）应确保教师证的准备工作，并由负责高等教育信息系统运作事务的机构通过数据处理机构发送给相关人员。教师证应载有教师证编码、持有人姓名、雇主的姓名及联系地址、持有人的照片及签名、教师证有效期及其他有效数据。负责高等教育信息系统运作事务的机构可将办证过程中收集到的个人数据保留至该证到期后 5 年。

（2）若政府法令未另做要求，在教师证准备过程中：

①被授权人或雇主应提交一份证件申请，并通过电子手段完成其他法律规定的程序。

②负责高等信息系统运作事务的机构应通过电子手段保持联系。

（3）政府法令中应规定申请教师证的程序及有关规定。

（4）负责高等教育信息系统运作事务的机构应保存教师证申请及准备过程中需要的数据、教师证的个人识别号、签发验证文件的序列号及除个人信息外其他确定资格并进行记录时需要的其他数据。

6.高等学校可以同负责高等教育信息系统运作事务的机构一起，为学生或在学生要求下，颁发学生证。应确保教师证的准备工作，并由负责高等教育信息系统运作事务的机构通过数据处理机构发送给相关人员。

（1）学生证应载有学生证号码、学生姓名、出生地点及日期、联系地址及签名。学生证也应附有学生照片、学号、所属高等学校名称、地址及其他有效数据，并标出学生证类型。负责高等教育信息系统运作事务的机构可将办证过程中收集到的个人数据保留至该证到期后 5 年。

（2）若政府法令未另做规定，在学生证的准备过程中：

①学生或高等学校应提交一份证件申请，并通过电子手段完成其他法律规定的程序。

②负责高等信息系统运作事务的机构应通过电子手段保持联系。

（3）政府法令中应规定申请学生证的程序及有关规定。

（4）负责高等教育信息系统运作事务的机构应保存学生证申请及准备过程中需要的数据、学生证的个人识别号、签发验证文件的序列号及除个人信息外其他确定资格并进行记录时需要的其他数据。

7.负责高等学校信息系统运作事务的机构可以管理高等学校招生数据。公共教育信息系统可以向高等学校信息系统管理机构提供中学毕业考试的有关数据，作入学评估用。学生的学号也应作为数据的一部分提交。若最终学生未能录取，则入学过程中收集到的个人及特殊数据将保留至入学申请提交后的一年。

8.高等学校可将个人信息定期转交，以保证数据内容的准确性、完整性和及时性；在教师证和学生证的制作过程中将信息提交至个人数据及地址登记册。

9.评估申请人提交入学申请所需数据，申请人或学生的学生身份证编码可由公共教育信息系统提交给负责高等教育信息系统运作事务的机构。

附件 4

2011 年第 204 号法案
匈牙利地方政府高等教育补贴招投标程序中
个人及特殊数据的登记及其管理

1. 根据本法要求登记的、补贴申请人的数据包括：

(1) 自然人的身份识别数据。

(2) 税务识别码。

(3) 联系地址。

(4) 联系方式。

(5) 申请人高等教育情况。

(6) 中学毕业时间。

(7) 申请人、申请人的近亲家属及其家庭成员的个人及特殊数据，需证明申请人的社会情况需要帮助。

(8) 申请人申请就读高等学校的结果。

(9) 申请人的学籍信息。

2. 第 1 点数据可由以下机构管理：

(1) 部长或由部长指定，负责执行招投标程序的组织（以下称"招投标程序负责组织"）。

(2) 补助项目有关的地方政府。

(3) 颁发补助的高等学校。

3. 管理目的：执行补助公开招投标程序，评估补助获得资格。

4. 数据管理时限：补助到期后 5 年。

5. 与补助项目有关的个人及特殊数据的机构和数据转移条件如下：

(1) 第 2 点所列数据处理机构可交换第 1 点所列申请者的所有数据。

(2) 负责高等教育信息系统运作事务的机构可将申请人申请入学高等学校的结果转至招投标程序负责组织和提供补助的地方政府。

(3) 高等学校可将学生学籍有关数据转至招投标程序负责组织及提供补助的地方政府。

附件 5

学生助学金合同登记与管理的有关个人及特殊数据

1.国家奖学金(部分)资助学生根据本法要求登记的数据包括：

(1)个人身份证明数据。

(2)永久住址和临时住址。

(3)在匈牙利的就业情况及持续时间。

(4)成为《促进就业和失业补贴法》规定的求职者数据，及其在求职期间的数据。

(5)孕妇津贴获得情况及持续时间。

(6)儿童保育津贴获得情况及持续时间。

(7)儿童保育费获得情况及持续时间。

(8)残疾状况及持续时间。

(9)获得养老金的年龄。

2.当局有权保留第 1 款所列的数据。

3.数据管理的目的：

追踪国家奖学金使用路径，并监督由国家奖学金(部分)资助学生履行国家(部分)助学金合同规定义务的情况。

4.数据管理期限：

学生助学金合同到期后 5 年。

数据可转移至：

(1)解决具体案件时可将所需数据转移至法院、警察、律师、行政法院及行政机关外。

(2)转移至国家安全局以提供特殊服务。

当局可从个人数据及地址管理机构，劳动、就业中心及隶属该中心组织，财务部，医疗保险机构，国家养老保险管理中心，国税局，海关局，要求获取已注册个人的个人信息及地址，通过电子手段跟踪并修改个人数据，在此过程中无须支付费用。

斯 洛 伐 克

斯洛伐克共和国,简称斯洛伐克,东邻乌克兰,南接匈牙利,西连捷克、奥地利,北毗波兰,是欧洲中部的内陆国家。属海洋性向大陆性气候过渡的温带气候。面积为4.9万平方公里。

斯洛伐克实行议会民主制。总理掌实权,总统是虚职。国民议会是国家最高权力机构,议员通过直选产生。现政府于2020年3月21日正式就职,由总理、4位副总理(其中2人兼任部长)及11位部长组成。斯洛伐克全国分为8个州,下设140个市、2 890个村镇。首都是布拉迪斯拉发。斯洛伐克主要农作物有大麦、小麦、玉米、油料作物、马铃薯、甜菜等。主要工业部门有钢铁、食品、烟草加工、石化、机械、汽车等。石油、天然气依赖进口。

教育实行十年制义务教育,国家对食宿给予补贴。2018年,全国有3 001所幼儿园、2 087所小学、460所特殊学校、235所中学、433所职业中学、17所音乐学校、34所大学。2018年,高校就读人数10.5万,其中外国留学生为9 428人。著名的高等院校有考门斯基大学、斯洛伐克技术大学、布拉迪斯拉发经济大学、马杰·贝尔大学等。

注:以上资料数据参考依据为中国外交部官方网站斯洛伐克国家概况(2020年9月更新)。

关于斯洛伐克高等学校及其他法案的修订及补充

（斯洛伐克共和国议会 2002 年 2 月 21 日第 131 号法案）

第一部分　基本条款

高等学校的使命、任务和地位

第 1 条

(1)高等学校是高等教育、科学和艺术机构。

(2)高等学校的使命是培养人的人格、知识、智慧、品德和创造力，为造福全社会的教育、科学、文化以及卫生事业的发展做出贡献。

(3)高等学校主要履行的任务是提供高等教育和创新的科学研究或创造性的艺术活动。

(4)高等学院应通过以下方式履行使命：

①培养拥有最高学历、高尚品德和高度社会责任感的人才；

②以民主价值观、人文主义和宽容精神教育学生，培养有创造性、批判性和独立思考能力、自尊心和民族自豪感的学生；

③提供对民族文化遗产的理解、保护、传播和培育的教育以及基于多元文化精神的不同文化的教育；

④通过研究、开发或艺术以及其他创造性的活动来保留、发展和传播知识；

⑤提供继续教育；

⑥从基础教育到高等教育，特别是通过对小学、中学、教学机构和高等学校教师的在职培训，促进各级教育的发展；

⑦对疾病的预防和治疗做出贡献；

⑧参与关于社会、伦理问题和建设公民社会的讨论；

⑨建立社会、经济、文化和艺术发展的理论模式，特别是要符合社会主体和高层自治单位的需要；

⑩与国家行政机关、社区、上级自治单位和文化、经济生活机构合作；

⑪通过推动与海外高等学校和其他机构的联合办学项目，交换学术人员和学生，通过相互承认学业和文凭来开展国际合作特别是与欧洲的合作。

第 2 条

(1)高等学校是法人实体。

(2)高等学校为:

①公立高等学校(第 5 条);

②国立高等学校(第 42 条);

③私立高等学校(第 47 条)。

(3)公立高等学校和国立高等学校员工与用人单位之间的劳动关系,除本法另有规定外,均按照特殊规定执行。

(4)高等学校有提供高等教育的特权。据第 54 条和第 86 条,高等学校以外的机构(以下简称"非高等学校")也可以提供博士学位课程。高等学校也应提供继续教育课程。

(5)高等学校应在认证学位课程框架内提供高等教育(第 51 条)。学位课程应分 3 个等级进行。学位课程可将前两级高等教育纳入一个整体[第 53 条第(3)款]。第 1 级学位课程是学士学位课程。第 2 级学位课程和前两级高等教育学位课程衔接一体,包括:硕士学位课程、工程师学位课程和博士研究生学位课程。第 3 级学位课程是博士学位课程和医学专业培训(第 46 条)。

(6)所有高等学校应提供第 1 级学位课程框架内的高等教育。

(7)如果高等学校的学院的专业和组织有所规定,则在学院进行学位课程教育。

(8)高等学校有权招收高等教育申请者。

(9)高等学校有权授予学术学位和科学教育学位、使用学术奖章和举办学术仪式。

(10)高等学校应按照第 1 条第(2)款至第 4 条的规定,在高等学校的长期战略中详细制定其使命和任务。高等学校的长期战略规划应包括其在个别活动领域的战略。应制定至少 5 年以上的长期战略规划。

(11)高等学校是在斯洛伐克共和国境内进行研究与发展的法人实体。

(12)高等学校在科学技术领域的任务是进行基础研究,利用最新的科学技术知识教育学生,让他们参与创造性的科学活动。

(13)高等学校按其性质和活动范围分类如下:

①大学型高等学校;

②非大学型高等学校。

(14)大学型高等学校应提供全部 3 个等级的学位课程教育,主要侧重第 2 级和第 3 级学位课程。学位课程应当结合高等学校科学、技术、艺术等领域的当前发展状况进行。只有大学型的高等学校可以用"大学"或其派生词命名。

(15)非大学型的高等学校[第 52 条第(2)款和第 75 条第(2)款]应命名为职业高等学校,主要是提供第 1 级学位课程的高等教育。

(16)在科学技术领域以及在第 3 级学科专业取得突出成果的大学型高等学校是科研高等学校。

第 3 条　高等学校的学术社团

高等学校的学术社团由以下人员组成：与高等学校存在雇佣关系，完成双方约定的每周工作时长的学术教师和研究人员；由《高等学校章程》规定的高等学校其他员工（高等学校学术社团的员工）和高等学校的学生（高等学校学术社团的学生）。

第 4 条　学术自由与学术权利

(1)应当确保高等学校以下学术自由和学术权利：

①自由开展科学调查、研究、艺术发展等创造性活动并发表成果；

②教学自由，特别体现在不同科学和学术观点、科学和研究方法以及艺术活动的自由开放；

③学习权利，包括在学位课程框架内自由选择专业以及在课堂自由表达自己的观点；

④有权选举其学术社团代表；

⑤有权使用学术徽章和标志，举办学术庆典。

(2)第(1)款所述的学术自由和学术权利的实施应符合民主、人道、法律和秩序的原则。

(3)为了确保高等学校的学术权利和学术自由，除了对生命、健康、财产造成威胁或自然灾害事件外，应确保其所在地的不可侵犯性。高等学校所辖区域为高等学校拥有、经营或者租赁的不动产的空间，也是高等学校及其学院执行教学任务和主要任务的场所。经校长允许，调查、起诉和审判机构方可进入高等学校区域。

(4)不允许在高等学校建立政党，开展政治运动及其活动。

第二部分　公立高等学校及其组成部分

第一章　公立高等学校

第 5 条　公立高等学校的建立与撤销

(1)公立高等学校是法定的自治机构，应当依法建立、依法撤销。法律还应规定其名称、类别[第 2 条第(13)款]和办学场所。由各学院组成的公立高等学校，应设立其分支机构。

(2)公立高等学校的组织和活动，由本法(第 7 条)规定的学术自治团体确定。

(3)公立高等学校仅允许与其他公立高等学校进行合并，或仅允许设立分校。其合并与设立分校须依法进行。

(4)公立高等学校若依法撤销，须在法案中规定接收资产、应收账款和负债的法人单位。法案中还必须说明为将要撤销的高等学校的在读学生提供完成高等教育机会的公立高等学校名称。如果学生不提出异议，则在与原高等学校的相同专业领域内，或最接近原高等学校所学专业领域内完成高等教育。

(5)公立高等学校建立后，由校长执行高等学校作为法定机构的职能，校长由斯洛伐克共和国教育部长(以下简称"部长")授权的人员担任。根据上述第(1)款设立的公立高等学校,自成立之日起 6 个月内,可设立学术自治团体(第 7 条),高等学校划分为学院的,各学院也须按期设立学术自治团体(第 22 条)。

第 6 条 公立高等学校自主活动范围

(1)公立高等学校自主活动的范围应包括:

①内部组织;

②确定入学申请人的数量、入学程序中的入学条件和决策;

③学位课程的设计与实施;

④学习组织;

⑤关于学生学术权利和义务的决策;

⑥研究、开发、艺术或其他创造性活动的目标及其组织;

⑦劳动关系的建立、变更和终止,确定高等学校职位的数量和结构;

⑧授予"副教授"和"教授"科学教学学衔(第 76 条);

⑨与其他高等学校、法人和自然人,也包括与外国人的举办的机构合作;

⑩选举公立高等学校的学术自治团体成员;

⑪依本法进行公立高等学校的经济管理和资产管理;

⑫除非另有规定,否则根据第 92 条确定学生部分学习费用(以下简称"学费")和学习相关费用的金额。

(2)公立高等学校的学术自治基础是公立高等学校的学术社团(第 3 条),负责投票选举和罢免学术参议会成员。

(3)公立高等学校的具体组织和活动细则受其内部规定的约束;此规定同样适用于学术社团成员。

(4)划分出学院的高等学校,公立高等学校的自主活动由学院在第 23 条规定的范围内进行。

第 7 条 公立高等学校的学术自治团体

公立高等学校的学术自治团体有:

①公立高等学校学术参议会;

②校长;

③公立高等学校科学委员会和高等学校艺术委员会、公立高等学校科学艺术委员会、职业高等学校的公立高等学校学术委员会(以下简称"公立高等学校科学委员会");

④公立高等学校学生纪律委员会(以下简称"公立高等学校纪律委员会")。

第 8 条 公立高等学校学术参议会

(1)从公立高等学校的学术社团中选举参议会成员,学术参议会至少由 15 名成员组成,其中至少 1/3 为学生。设有学院的公立高等学校的学术委员会,应按同等数目的成员代表每个学院的方式选举产生。

（2）公立高等学校的学术参议会分为员工部分和学生部分。公立高等学校学术参议会的成员由学术社团员工投票选出。公立高等学校学术参议会的学生成员由学术社团的学生投票选出。只能指定公立高等学校的一名学术社团员工为学校学术参议会的成员。只能指定公立高等学校的一名学术社团学生成为学校学术参议会的学生成员。

（3）公立高等学校校长、副校长、院长、副院长、学院财务主管和教务主任不能兼任学术参议会的成员。

（4）公立高等学校学术参议会成员的任期最长为 4 年。

（5）公立高等学校学术参议会的会议对公众开放。校长或执行副校长或财务主管有权按照学术参议会的程序要求，在学术参议会的会议上发言。学术参议会主席必须根据校长的要求立即召开公立高等学校学术参议会特别会议，最迟不超过 14 天。

（6）公立高等学校学术参议会的成员资格根据以下条款终止：

①成员任期届满；

②担任上述第（3）款规定的职能；

③公立高等学校学术参议会的员工与学校解除劳动关系，以及公立高等学校学术参议会的学生成员休学或终止学习；

④自行辞去成员资格；

⑤由公立高等学校的学术社团罢免；罢免和表决的理由及程序参照公立高等学校的内部条例执行［第 15 条第（1）款第⑥项］；

⑥该成员去世。

（7）如果公立高等学校的学术参议会成员在其任期届满之前已经按照上述第（6）款第②～⑥项的规定终止其成员资格，学术社团相应的部分成员应当投票选出新成员，补充学校学术参议会的空缺，继续完成前任成员的任期。

第 9 条　公立高等学校的学术参议会活动

（1）公立高等学校的学术参议会应：

①根据认证委员会的意见，批准校长关于公立高等学校及学院的设立、合并、兼并、设立分校、撤销、更名或更改大学和学院地址的建议［第 82 条第（2）款第④项］；

②根据第 15 条第（1）款第①～⑤、第⑨～⑫项，批准校长关于公立高等学校内部条例的建议；根据第 15 条第（1）款第⑥⑦项，批准公立高等学校学术参议会主席关于公立高等学校内部条例的建议；根据第 33 条第（2）款第①项、第 33 条第（3）款第①项和第 34 条第（1）款，批准院长关于学院内部条例的建议；

③选出校长候选人，并提议免去校长职务；应在通过决定后 15 天内向部长呈报相关提案。罢免校长后，或校长因其他原因提前离职，高等学校在出现校长职位空缺时，应当向部长推荐一人负责行使校长职权，直到任命新的校长为止；

④批准校长关于任免副校长的建议；

⑤批准校长提出的任免公立高等学校科学委员会成员的提案；

⑥批准校长提交的公立高等学校预算,监督公立高等学校的经费使用情况,保证工会组织的谈判不因此而受损害;

⑦同意校长提出的《董事会章程草案》;经公立高等学校学术委员会同意后,校长应将《董事会章程草案》呈报部长批准;

⑧批准校长关于董事会成员的建议,并根据第 40 条第(2)款的规定向部长提名一名董事;

⑨在公立高等学校董事会获批前,根据第 41 条第(1)款批准校长提出的建议;若校长提议内容与资产购置事务相关且目的是为完成学院任务,且学院的学术委员会根据第 27 条第(1)款第⑬项对此做出否定决策,则需获得公立高等学校的学术参议会 2/3以上人数的支持方可获批;

⑩批准校长经公立高等学校科学委员会讨论后提交的公立高等学校长期战略[第2 条第(10)款]及其最新修订版;

⑪批准由校长提交的关于公立高等学校活动和经济管理年度报告;

⑫经高等学校科学委员会讨论后,批准校长关于在学校而非学院开设的学习项目的提议;

⑬批准校长提出的学院学术参议会权限外的入学要求;

⑭批准校长提出的对公立高等学校非学院部分进行设立、更名、合并、兼并、分拆或撤销的建议;

⑮根据第 41 条第(4)款,评价公立高等学校董事会的奖励措施和意见;

⑯为高等教育委员会选举公立高等学校代表[第 107 条第(3)款];

⑰公立高等学校学术参议会的学生应为学生高等教育委员会选举公立高等学校代表[第 107 条第(4)款];

⑱每年向公立高等学校学术社团提交其活动报告,并在公共场所和公立高等学校网站上公布;

⑲按照现行法律履行其他职责。

(2)如需就特定问题进行投票表决,公立高等学校学术参议会应就上述第(1)款③〜⑤、⑧、⑯、⑰项中所涉及的问题以及上述第(1)款中的其他问题通过投票做出决策。

第 10 条 校长

(1)校长是公立学校的法人,负责学校管理,代表学校开展工作。校长对公立高等学校的学术参议会负责,以及就第 102 条第(2)款第⑤〜⑧、⑩项所涉及的问题对部长负责。

(2)校长应由斯洛伐克共和国总统(以下简称"共和国总统")根据公立高等学校学术参议会的提议进行人事任免。公立高等学校学术参议会的提案应由部长呈报给共和国总统[第 102 条第(3)款第①项]。当校长依法被判定故意犯罪或受无条件监禁时,公立高等学校的学术参议会应提交罢免校长的提议。

(3)校长任期为 4 年。公立高等学校的校长职务可由同一人最多连任两届。罢免校长后,或校长因其他原因提前离职后,应当由部长根据公立高等学校学术参议会的建议安排 1 人在任命新校长[第 102 条第(3)款第②项]之前负责担任校长职务。

(4)经公立高等学校学术参议会提出意见后,校长负责公立高等学校的设立、合并、兼并、拆分和撤销事务[第 21 条第(1)款];如果涉及公立高等学校的学院,则在公立高等学校的学术参议会批准后方可执行。

(5)校长应将公立高等学校的预算提交公立高等学校学术参议会批准。

(6)校长给获得高等学校任职资格的教师颁发"副教授"科学教学或艺术教学学衔。

(7)校长向部长呈报经公立高等学校科学委员会批准的教授提名建议[第 12 条第(1)款第⑦项]。

(8)校长根据学院学术参议会的提议,指派一名人员在选举出新院长之前担任院长工作。

(9)副校长可代替校长执行同等职责。经公立高等学校学术参议会批准后,由校长任免副校长。副校长任期为 4 年。

(10)校长确定附属学校的院长的薪水。

第 11 条　公立高等学校科学委员会

(1)公立高等学校科学委员会成员经学术参议会批准后由校长任免[第 9 条第(1)款第⑤项]。公立高等学校科学委员会成员的任期为 4 年。

(2)科学委员会的成员是公立高等学校开展教学、学术、科研、开发、创新、艺术及其他创造性活动领域的杰出代表。至少 1/4 的成员须来自公立高等学校之外的学术界,但数量不得超过成员的 1/3。

(3)校长主持公立高等学校的科学委员会活动。

第 12 条　公立高等学校科学委员会的活动

(1)公立高等学校科学委员会应:

①讨论公立高等学校的长期战略规划;

②至少每年一次对公立高等学校的教学活动和科学、技术或艺术领域的活动进行评估;

③讨论学院科学委员会能力范围外的学位课程提案;对公立高等学校科学委员会关于学位课程的提案进行讨论,邀请公立高等学校学术参议会学生选出的学生代表参加;

(2)指派其他专家负责在高等学校进行的学位课程国家考试的审查。[第 63 条第(3)款];应根据第 54 条第(4)款的规定指派博士课程监督人。

(3)核准副教授获得资格标准和教授提名标准。

①讨论副教授的资格,并对他们在高等学校开展的学位课程内领域的成果做出评估;

②讨论并批准教授提名的提案;学院开设的学位课程领域的教授提名,应由学院的科学委员会讨论批准;

③通过教授和副教授岗位的标准；如果涉及学院的教授和副教授，则根据学院科学委员会的建议批准；

④批准教授岗位的具体条件；如果涉及学院的教授职位，则应根据学院科学委员会的建议批准；

⑤批准校长关于客座教授岗位的建议；如果涉及学院的客座教授职位，则需根据学院科学委员会的建议批准（第 79 条）；

⑥通过校长提出的非归属学院的客座副教授职位的建议（第 79 条）；

⑦授予科学博士（缩写为"DrSc."）荣誉称号；

⑧授予国内外杰出人士荣誉博士（简称"Dr. h. c."）学位；

⑨根据第 78 条规定，公立高等学校院长授予 60 岁以上教授"荣誉退休教授"称号；

⑩根据公立高等学校科学委员会主席的提议，批准公立高等学校科学委员会的议事规则。

（4）公立高等学校科学委员会应讨论科学委员会主席提出的问题或待解决的问题。

第 13 条　公立高等学校纪律委员会

（1）公立高等学校纪律委员会负责讨论未在任何学院办理入学学生的违规违纪行为，并向校长递交处理违规行为的建议。

（2）公立高等学校纪律委员会成员和主席由校长经该校学术参议会批准后从学校的学术成员中任命。纪律委员会的半数成员应为学生。

（3）公立高等学校纪律委员会的活动应遵守公立高等学校纪律委员会的议事规则。

第 14 条　公立高等学校的管理人员

（1）依据第 21 条第（1）款第②和③项，公立高等学校的管理人员由财务主管和公立高等学校的部门负责人担任。公立高等学校管理人员岗位根据选拔程序进行补充。公立高等学校管理人员补充甄选程序的规则应遵循公立高等学校的内部规定[第 15 条第（1）款第③项]。

（2）财务主管负责公立高等学校的财务管理和行政管理，在校长指定的范围内履行职责。财务主管直接向校长汇报。

第 15 条　公立高等学校的内部规定

（1）公立高等学校应当颁布下列内部规定：

①《公立高等学校章程》；

②公立高等学校学习的规定；

③学术教师和研究人员、教授和副教授以及管理人员岗位的选拔程序的规定；

④公立高等学校劳动就业规定；

⑤公立高等学校组织规定；

⑥公立高等学校学术参议会成员选举规定；

⑦公立高等学校学术参议会议事规则；

⑧公立高等学校科学委员会议事规则；

⑨公立高等学校奖学金制度；

⑩公立高等学校学生纪律守则；

⑪公立高等学校纪律委员会议事规则；

⑫其他应在公立高等学校章程或本法中规定的条例[第21条第(3)款]。

(2)公立高等学校的章程特别包含以下内容：

①公立高等学校的名称、地址和类型以及历史上沿革校名；

②公立高等学校的基本组织结构，包括确定职位数量和结构的方式；

③关于学术自治机构和制度的规定；

④校长候选人的选举程序和通过罢免校长提案的程序；

⑤高等教育制度和高等学校继续教育制度的基本特点；

⑥入学的基本条件(第57条)，包括确定入学申请人数的方式；

⑦外国公民入学的基本条件；

⑧学费和学习相关费用的基本规定(第92条)；

⑨公立高等学校对学生社会福利援助的基本规定(第97～100条)；

⑩更详细地规定了学生的学术权利和义务；

⑪使用学术徽章和举办学术仪式的规定；

⑫公立高等学校和学院劳资关系的基本原则和决策程序；

⑬公立高等学校经济管理规定，包括创业活动的规定；

⑭学院代表高等学校行事的规定[第23条第(1)款]。

(3)上文第(1)款第①～③项所述的内部条例须在教育部登记(第103条)。

第16条 公立高等学校的财政资源与预算

(1)公立高等学校制定其历年预算，学校办学按照此预算进行管理。

(2)公立高等学校应在每个学年结束时提交财务报表，并在规定的日期呈报部长，以便与国家预算结清财务关系。

(3)公立高等学校的预算收入如下：

①根据第89条从国家预算中拨款(以下简称"拨款")；

②根据第92条第(1)～(6)款收取的学费；

③根据第92条第(7)～(10)款收取的学习相关费用(以下简称"学习相关费用")；

④继续教育收入；

⑤资产收入；

⑥知识产权收入；

⑦境内自然人、法人和外国自然人、法人捐赠的收入；

⑧遗产收入；

⑨创业活动收入(第18条)；

⑩法律规定的其他收入。

(4)公立高等学校的预算收入可包括来自市政及其上级区域自治单位预算的补贴。

(5)公立高等学校的预算支出应当用于履行其职责和发展。

(6)公立高等学校也可在董事会提出意见后，利用银行贷款作为资金来源。

(7)公立高等学校应当特别筹集下列资金：

①储备基金；

②再生资金；

③奖学金资金；

④专属条例规定的资金。

(8)根据第(7)款第④项所述的内容，公立高等学校的资金均来自经济盈利、捐赠收入、遗产收入和创业活动收入。现金捐助的具体用途应与指定用途一致。其他收入也可以是个别资金的来源。

(9)储备基金主要用于弥补公立高等学校本年度的或往年的损失。

(10)除上文第(8)款规定的资源外，再生资金也来自根据专属条例进行的有形和无形资产的折旧。再生资金根据第 17 条第(3)款进行使用。

(11)除上文第(8)款规定来源外，奖学金资金来源还包括学费收入［第 92 条第(15)款］和部分作为社会奖学金(第 96 条)的学生福利补贴［第 89 条第(7)款］。奖学金资金用于根据第 95～97 条提供奖学金和根据第 101 条第(3)款提供贷款。

(12)根据上文第(7)款设立和使用公立高等学校资金的具体说明应由教育部颁布的高等学校通则做出规定。

第 17 条　公立高等学校的资产

(1)公立高等学校的资产包括资产价值、固定资产、流动资产、负债和其他权利及已定价值的总和。

(2)公立高等学校利用其拥有的资产完成其在教育、研究、发展、艺术和其他创造性活动方面的任务。还可以在第 18 条规定的条件下利用这些资产开展创业活动，并为公立高等学校的学生和员工提供服务［第 94 条第(3)款］。

(3)公立高等学校获得有形和无形财产的范围，包括其技术评估，取决于再生基金的资源金额［第 16 条第(7)款第②项］，已收信贷中产生的资源和根据第 89 条从国家预算中以补贴形式提供的资金来源。

(4)公立高等学校的资产管理属于校长的职权范围；涉及第 41 条第(1)款第①～④项所述情况的，由校长在事先征得公立高等学校董事会和学术参议会同意后决定。经学院学术参议会提出意见后，校长有权管理用于履行学院职责的资产。

(5)公立高等学校有义务保持其资产处于良好状态，并采取一切措施保护资产，确保资产不遭受损坏、损失、滥用或盗窃。公立高等学校必须有效、有目的、高效率地管理其资产。

（6）公立高等学校可以依照本法的规定，以合理的价格出租、出售或者留置其资产，特别是不再用于执行任务的资产；合理价格是指有关资产或类似资产在一定时间和地点出售或出租的一般的市场价格，须按物价指令确定。

（7）公立高等学校固定资产出资转让合同约定的价款，最迟由收购方在签订合同时支付。

（8）公立高等学校可以以租赁合同方式出租其不动产。公立高等学校不得以借款合同方式出租其不动产。

（9）如果流动资产的剩余价值不超过2万斯洛伐克克朗，公立高等学校可通过书面合同捐赠其流动资产，或与社会服务机构、卫生服务机构、非营利组织、学校或其他非企业的法律实体签订借贷合同，条件是捐赠或借用的流动资产的使用需与捐赠方或借用方的活动目标相关。

（10）承租人或借用方只能在租赁合同或借贷合同规定的范围内使用公立高等学校的资产。公立高等学校必须在租赁合同和借贷合同中规定，承租人或借用方不得将公立高等学校的资产出租或出借。承租人或借用方无权购买此类资产。承租人或借用方不得对公立高等学校的资产行使留置权或者以其他方式抵押。

（11）公立高等学校只有在约定的联合协议与公立高等学校的活动有关的情况下，才可以按照特殊规定将不动产作为定金存放在联合协议中。公立高等学校价值超过20万斯洛伐克克朗的资产，必须经董事会同意后方可存放。

（12）公立高等学校不得签订匿名合作合同。

（13）公立高等学校不得提供信用证、发行证券、开立汇票、承兑汇票。公立高等学校可向其学生发放贷款［第101条第（3）款］。

（14）公立高等学校有义务确保债务人及时履行其所有义务，以便在各自机构适当地提出申诉，并及时做出相应决定。如果债务人未能及时履行承诺，公立高等学校有义务确保违约金或滞纳金的按时缴纳并申请索赔。公立高等学校可以暂时相互转让债务财产；如果债务财产的转让价格低于债务价值的90％，转让须经董事会同意。

（15）在债务人提出破产的书面请求时，公立高等学校可与债务人签订分期付款或延期付款的书面合同，前提条件是：

①债务人已以书面形式确认债务，或法院已裁决该债务属于公立高等学校；

②债务人因经济状况或者社会环境恶化，不能一次清偿债务的；

③债务人以分期付款或延期付款的方式订立合同，一次付清全部债务；债务人未按时，或经济状况或社会环境好转时未缴纳分期付款；债务人自其债务到期之日起最多可以延期一年付款。

（16）如个别应付款超过分期付款日或缴纳金额不足时，则全部应付款项即告到期。在允许分期付款或延期付款的情况下，不收取延迟利息。

（17）公立高等学校只有在索赔不可收回的情况下，才可以主动取消索赔；对债务人提出的超过20万斯洛伐克克朗的不可收回的债权，减免额须经董事会同意。

（18）就本法而言，根据上文第（14）款不能转让的索赔，其没收费用符合下列条件

的,被视为不可收回:

①可能会超过没收收入;

②考虑到债务人的实际情况,不会导致对债权的最少清偿;

③索赔遇到巨大的困难,而显然进一步采取行动并不会导致索赔的最少清偿。

(19)如果债务人对公立高等学校没收的债权做出赔偿,且没有法定理由,这笔付款不会视为履行债务,债务人无权获得已付款项。

第 18 条　创业活动

(1)公立高等学校可以开展创业活动。公共高等学校在其创业活动框架内,根据第15 条第(2)款第⑬项开展与教育、研究、开发、预防治疗、艺术或其他创造性活动有关的活动,或更有效地利用人力资源和资产的活动,以获得报酬。创业活动不得损害履行公立高等学校使命的活动质量、范围和有效性。

(2)创业活动的支出由所得收入支付。这些活动取得的收入用于公立高等学校完成其既定任务。

(3)公立高等学校为创业活动设立单独的活期账户。活动的收入和支出不编入预算。

(4)创业活动的收入是公立高等学校财政资金的来源之一[第 16 条第(8)款]。

(5)教育部颁布的高等学校通则规定公立高等学校创业活动的详情。

第 19 条　公立高等学校的经济管理

(1)公立高等学校应当依照专属条例进行记账。

(2)公立高等学校的财政收入存入银行账户。

(3)公立高等学校应至少每 3 年进行一次审计,确保年度收支平衡。

(4)教育部监督公立高等学校的经济管理。在专属条例中的监督基本规定中规定监督的执行权。

(5)公立高等学校无权对他人的财政债务承担责任。公立高等学校无权向全面负债的公司捐款。公立高等学校无权向商业公司或合作社捐赠通过国家转让获得的不动产以及根据第 16 条第(3)款第①项从国家预算中拨出的资金。向其他法律实体提供财务或非财务捐助需符合公立高等学校内部条例的规定。

(6)国家不为公立高等教育机构的债务提供担保。但是,根据公立高等学校的请求,可以根据专项条例提供担保。

(7)校长在补贴的合理使用、补贴与国家预算的清算以及公立高等学校资产的事务上对部长负责。

第 20 条　公立高等学校的其他职责

(1)公立高等学校应履行以下职责:

①按教育部规定的形式保存和公布其提供的高等教育课程条文[第 2 条第(5)款],包括其级别、教学形式、标准学习时间、所属的学习领域以及关于认证的最新信息(以下称"高等学校课程条文");根据第 83 条第(1)款的规定,高等学校获得授予给学位课程

毕业生颁发学位的权利后，应在课程条文中列入新的课程；

②按照教育部规定的形式和日期编写，向教育部呈报并公布关于公立高等学校活动和经济管理的年度报告；

③按教育部规定的形式和日期编写，与教育部讨论并宣传公立高等学校的长期战略规划；

④应按照委员会和教育部的要求，根据本法规定无偿提供所需信息；

⑤编制公立高等学校课程学习综合信息（以下简称"课程学习信息"）；由教育部颁布的基本条例规定课程学习的信息结构。

（2）公立高等学校活动年度报告应特别包括：

①上一年为完成公立高等学校任务及其长期战略规划而开展的活动概述；

②公立高等学校科学委员会对教育活动和科学、技术或艺术领域的活动的评估结果［第12条第（1）款第②项］；

③上一年内部规章制度变化和公立高等学校机构变动情况。

（3）公立高等学校经济管理年度报告应特别包括：

①年度账面余额和基础数据评估；

②审计员关于年度账面余额的说明（如经审计员核实）［第19条第（3）款］；

③财务收支概览；

④按来源分类的收入和收入总额概览；

⑤基金的往来明细和最终余额；

⑥资产、负债和应收款的现状和流动情况；

⑦指定用于创业活动的支出的成本总值［第18条第（2）款］。

第二章　公立高等学校的组成部分

第21条　公立高等学校的划分

（1）公立高等学校可分为以下几个部分：

①学院；

②其他侧重于教育、研究、发展、艺术、经济、行政活动和信息服务的部门；

③特殊学院。

（2）公立高等学校信息服务部门包括图书馆。其地位和任务由专属条例规定。

（3）各组成部分的内部规定应符合公立高等学校的内部规定。根据上述第（1）款第②和③项，各组成部分内部规定的批准方式由公立高等学校的内部规章进行规定。

1.学院

第22条　学院

（1）学院应：

①协助完成公立高等学校的使命，参与完成公立高等学校以其名义确定的知识领

域的主要任务；

②拓展学习专业，或相关、类似的专业，并应在此类专业开设学位课程；

③按照其办学定位开展研究、开发、艺术或其他创造性活动。

（3）在学院设立学术自治团体。

（4）学院有权按照公立高等学校的内部规章制度和传统，使用自己的学术标志，举行学术仪式。

（5）征得认证委员会的意见后，经公立高等学校学术参议会同意，校长进行学院的设立、合并、兼并、设立分院和解散工作，也同样有权确定学院的名称和地址。

（6）新设立的学院必须在成立之日起6个月内成立学术自治团体（第24条）。在设立这类机构之前，校长指定人员视需要设置各种岗位。

第23条　学院自治活动的范围和权利

（1）学院的学术自治团体有权依照本法代表公立高等学校就属于公立高等学校自治活动的下列问题做出决定或采取行动（第6条）：

①确定入学的附加条件[第27条第（1）款第⑨项]和决定在学院开设的学位课程的准入程序[第58条第（3）款]；

②制定学院新的认证学位课程[第30条第（1）款第③项]；

③根据学院开设的学位课程（第70～72条），在与注册学习课程的学生的学术权利和义务等有关问题上做出决策；

④根据《公立高等学校章程》[第15条第（2）款第⑫项]规定的范围和条件，建立、变更和终止劳动关系；

⑤根据《公立高等学校章程》[第15条第（2）款第⑬项]的规定开展创业活动（第18条）；

⑥在《公立高等学校章程》规定的范围和条件下，与其他高等学校、法人和自然人，包括外国法人开展学院活动领域内的合作。

（2）学院自治活动还应包括以下内容：

①学院的内部组织；

②根据《公立高等学校章程》[第15条第（2）款第⑥项]确定录取的申请人数；

③按照公立高等学校的学习规定组织学习；

④确定研究、开发、艺术或其他创造性活动的流程和组织；

⑤在《公立高等学校章程》[第15条第（2）款第②项]规定的范围内确定分配给学院的工作人员的职位数量和结构；

⑥选举学院学术自治团体成员；

⑦在学院活跃领域发展对外关系和开展活动；

⑧管理高等学校分配给学院的资金以及高等学校为完成任务从不同渠道获得的资金；就有助于完成其任务的资产管理事务提出意见[第17条第（2）款]。

第 24 条　学院的学术自治团体

学院的学术自治团体如下：

①学院的学术参议会；

②院长；

③学院科学委员会、学院艺术委员会、学院科学与艺术委员会或职业高等学校的学院学术委员会(以下简称"学院科学委员会")；

①学院学生纪律委员会(以下简称"学院纪律委员会")。

第 25 条　学院的学术社团

(1)学院的学术社团是学院学术自治的基础。由学院的学术社团选举和罢免学院学术参议会成员[第 26 条第(2)款]。

(2)学院的学术社团由学院的学术教师和研究人员组成,每周以固定时间在公立高等学校工作,成员还包括在《公立高等学校章程》中规定的学院的其他员工(学院学术社团的员工部分)和学院学位课程的注册学生(学院学术社团的学生部分)。

第 26 条　学院学术参议会

(1)学院学术参议会是学院的自治代表机构,至少有 11 名成员,其中至少 1/3 的成员由学生组成。

(2)学院的学术参议会分为员工部分和学生部分。学院学术参议会的员工部分成员由学院学术社团的员工成员以投票的方式选出。学院学术参议会的学生部分成员由学院学术社团的学生成员投票选出。只有学院学术社团的员工成员才可选为学院学术参议会员工部分的成员。只有学院学术社团的学生成员才可以成为学院学术参议会学生部分的成员。

(3)学院学术参议会成员不得兼任校长、副校长、院长、副院长、财务和教务主任职务。

(4)学院学术参议会成员的任期最长为 4 年。

(5)学院学术参议会的会议对公众开放。院长或执行副院长,教务主任和校长有权在会议上根据学术参议会流程规定随时发言。学院学术参议会主席必须根据院长或校长的要求立即召开学院学术参议会特别会议,最迟不超过 14 天。

(6)以下情况,学院学术参议会的成员资格终止：

①成员任期届满；

②担任上述第(3)款规定中的职务；

③公立高等学校与学院学术参议会员工解除劳动关系,以及学院学术参议会学生部分成员的学习中断或结束；

①该成员辞职；

⑤被学术社团罢免；罢免和表决的理由和程序参照学院的内部条例[第 33 条第(2)款第③项]规定；

⑥该成员去世。

(7)如果学院学术参议会成员任期届满之前已经按照上述第(6)款第②～⑥项的规定终止其成员资格,学术社团应当投票选出新成员,补充学院学术参议会的职位空缺,继续完成前任成员的任期。

第 27 条　学院学术参议会活动

(1)学院学术参议会应:

①根据第 33 条第(2)款第①、②和⑥项,批准院长关于学院内部条例的建议;根据第 33 条第(3)款,批准学院内部条例,除非院长提议决定学院受公立高等学校内部规章的管理[第 15 条第(1)款第②、④、⑨和⑩项;根据第 33 条第(2)款第③和④项],批准学院学术参议会主席关于学院内部条例的建议;

②选出院长候选人,提议免去原院长职务,并批准校长提出的罢免院长的提议[第28 条第(3)款];罢免院长后,或院长因其他原因提前离职,学院出现院长职位空缺时,应当向校长推荐一人在任命新院长之前负责担任院长职务;

③批准院长关于任免副院长的提议;

④批准院长关于聘任和解聘学院科学委员会委员的提议;

⑤批准院长提出的学院预算,监督学院经费的使用方案;

⑥批准院长根据公立高等学校长期战略规划制定学院教育、研究、发展、艺术或其他创造性活动的长期战略规划(以下简称"学院长期战略"),经学院科学委员会讨论并修订后提交;

⑦批准院长提交的学院活动年度报告和经济管理年度报告;

⑧经科学委员会讨论后,批准院长提出的在学院开设学位课程的建议;

⑨批准院长提出的录取学生就读学院的附加条件[第 15 条第(2)款第⑥项];

⑩对院长提出的学院的设立、合并、兼并、开设分院或撤销的建议提出意见;

⑪为公立高等教育委员会选举一名学院代表[第 107 条第(3)款];

⑫向学院学术社团提交年度活动报告,对公众开放,并在学院网站上公布;

⑬根据第 41 条第(1)款第①～③项,就校长提出的为完成学院任务而转让财产或设定地域权或优先购买权的提案发表意见,然后提交公立高等学校学术委员会批准。

(2)上文第(1)款第②、③、④及⑪项所述的事宜及上文第(1)款所规定的其他应以投票方式做出决定的事宜,学院学术参议会须以投票方式决定。

第 28 条　院长

(1)院长是学院的代表,负责学院事务的管理。院长代表公立高等学校处理第 23 条第(1)款所述的事宜。院长对学院学术参议会负责。院长就其代表公立高等学校参加的活动对校长负责[第 23 条第(1)款],对学院的经济管理和公立高等学校内部条例规定的其他活动负责。

（2）校长根据学院学术参议会的提议任免院长。除本法另有规定,校长须为院长委任一名由学院学术参议会提议的候选人。若院长被依法判定故意犯罪或无条件监禁,学院学术参议会应提交罢免院长的提议。

（3）若院长出现以下情况,经学院学术参议会同意,可以罢免院长：

①严重失职；

②严重或者屡次违反高等学校或者学院内部规章制度；

③严重损害公立高等学校或学院利益。

（4）院长任期为4年。院长职务可由同一人在同一学院最多连任两届。罢免院长后,或院长提前终止职务之后,校长应根据学院学术参议会的提议,在新院长上任之前指定一名执行院长。

（5）院长将学院预算提交学院学术参议会批准。

（6）副院长代表院长在指定的领域行事。副院长由院长经学院学术参议会批准后任免。副院长的任期为4年。

（7）院长根据《公立高等学校章程》[第23条第（1）款第①项]确定的范围和条件,依法处理学院内部公立高等学校员工的劳动关系问题。

第29条 学院科学委员会

（1）经学院学术参议会批准,院长批准任免学院科学委员会成员。科学委员会成员任期为4年。

（2）学院科学委员会成员是学院在教学、研究、开发、艺术及其他创造性活动领域的杰出专家。学院科学委员会有1/4~1/3的成员来自非其所属公立高等学校学术社团。

（3）院长主持学院科学委员会工作。

第30条 学院科学委员会的活动

（1）学院科学委员会应：

①讨论并制定与公立高等学校一致的学院长期战略规划；

②学院每年至少评估一次该院的教学、科学、技术和艺术活动；

③讨论由学院开设的学位课程提案；邀请学院学术参议院学生成员部分选出的学生代表参加学院科学委员会关于学位课程提案的讨论；

④批准其他专家审查学院学位课程的国家考试[第63条第（3）款]；根据第54条第（4）款规定,任命博士生导师；

⑤讨论并向公立高等学校科学委员会提交"副教授"获得教授认证资格的标准和"教授"提名认证标准；

⑥讨论"副教授"获得教授资格的认证标准,并就其结果做出决定；

⑦讨论并向公立高等学校科学委员会提交"教授"提名认证的提案；

⑧讨论并向公立高等学校科学委员会提交补充学院"教授"和"副教授"岗位的基本标准；

⑨讨论并向公立高等学校科学委员会提交学院"教授"岗位选拔程序的具体标准；

⑩批准院长关于补充"客座副教授"岗位的提案；

⑪讨论并向公立高等学校科学委员会提交院长关于补充"客座教授"岗位的提案（第 79 条）；

⑫综合学院科学委员会主席提议,批准学院科学委员会的议事规则。

（2）学院科学委员会应讨论委员会主席提出的问题。

第 31 条　学院纪律委员会

（1）学院纪律委员会负责讨论学院在校学生的违纪行为,并向院长提交处理有关违纪行为的建议。

（2）经学院学术参议会批准,院长从其学术社团成员中选出纪律委员会成员和主席。纪律委员会的半数成员为学生。

（3）学院纪律委员会的活动,须遵循学院纪律委员会的议事规则。

第 32 条　学院的管理人员

（1）学院的管理人员由学院教务主任和教学、研究、发展或艺术、经济管理和信息单位及特殊学院的负责人代表构成。学院管理人员岗位按选拔程序进行。学院管理人员的选拔程序规则,视学院的聘用规定［第 33 条第（3）款第②项］或公立高等学校的聘用规定［第 15 条第（1）款第④项］的情况而定。

（2）学院教务主任负责学院的经济管理和行政运作,地位仅次于院长。

第 33 条　学院内部条例

（1）除非本法另有规定,否则学院内部条例应规定属于其自治活动及其与公立高等学校关系的事项。

（2）学院应颁布以下内部条例：

①学院章程；

②学院组织规定；

③学院学术参议会的选举规定；

④学院学术参议会议事规则；

⑤学院科学委员会议事规则；

⑥学院章程中规定的其他条例。

（3）学院还应颁布以下内部条例：

①学院的学习规定,如确定需完善公立高等学校的学习规定,以符合学院实际情况［第 15 条第（1）款第②项］；

②学院劳动就业规定,如确定需完善公立高等学校的劳动就业规定,以符合学院实际情况［第 15 条第（1）款第④项］；

③学院奖学金规定,如确定需完善公立高等学校的奖学金规定,以符合学院实际情况［第 15 条第（1）款第⑨项］；

⑩学院的学生纪律守则,如确定需完善公立高等学校的学生纪律守则,以符合学院实际情况[第15条第(1)款第⑩项];

⑪学院纪律委员会的议事规则,如确定需完善公立高等学校的议事规则,以符合学院实际情况[第15条第(1)款第⑪项]。

(4)学院章程内容参照第15条第(2)款。

(5)学院的章程、学习规定和劳动就业规定须经公立高等学校学术参议会批准。学院的章程、学习规定和劳动就业规定自公立高等学校学术参议会批准之日起生效。其他内部条例,除学院科学委员会的议事规则[上文第(2)款第⑤项]外,应在学院科学委员会批准后生效[第30条第(1)款第⑫项]。

第34条 公立高等神学大学、公立高等学校神学院和教会公立高等学校

(1)公立高等神学大学、公立高等学校神学院和教会公立高等学校的内部规章制度,应与教会或宗教团体的内部规章制度保持一致,由相应教会或宗教团体提交公立高等学校学术参议会和学院学术参议会批准。

(2)公立高等神学大学、公立高等学校神学院和教会公立高等学校遵循本法以下条款:第4、5、6、8、9、10条,第21条第(3)款,第23、25、26、27、28、30条,第40条第(2)款,第58条(6)款,第66、67、70、71、72条,第75条(4)、(6)、(8)、(9)、(10)款和第102条第(3)款第②、③项。

2.公立高等学校专业培训机构

第35条 公立高等学校专业培训机构类型

(1)公立高等学校的专业培训机构是公立高等学校设立的独立法人或与公立高等学校签订合同的单位的组成部分,为需要相关培训的学习专业提供实训。

(2)专业培训机构应包括:

①教学医院和设有卫生中心、公众药房、医院药房的教学医院,以及作为教学基地的公众药房;

②培训学校和培训学校机构;

③农、林企业和其他高等学校企业;

④神职人员的神学院。

第36条

医疗保健专业或药学专业的临床和实践培训应在教学医院和设有卫生中心的教学医院、国家卫生中心、医院药房和公众药房进行,最终在其他建立了教学基地的国家和非国家卫生机构进行。

第37条 培训学校和培训学校机构

(1)教师学位课程的实践培训应在培训学校和培训学校机构中进行。

(2)培训学校或者培训学校机构是公立高等学校与其订立合作合同的机构。

（3）培训学校或培训学校机构可以是幼儿园、小学、中学、特殊学校、艺术小学、学校机构和由教育部指定的属于学校及学校培训网络体系的特殊教育学校；培训学校或培训学校机构也可以是中等卫生学校，前提是该校是由斯洛伐克共和国卫生部指定的学校网络体系的一部分。培训学校或者培训学校机构的导师负责监督高等学校学生在培训学校的教学实践培训。

（4）关于培训学校和培训学校机构的设立、能力范围、管理、活动和资金提供的详细要求，应在教育部颁布的高等学校通则中做出规定。

第 38 条　农、林企业和其他高等学校企业

（1）高等学校可以设立高等学校企业，作为学生实习的专业培训机构。

（2）公立高等学校应当设立企业作为其组成部分或独立法人。

（3）作为公立高等学校组成部分的企业负责人由校长任免。

（4）作为公立高等学校的专业培训机构，高等学校农、林企业对农业、兽医和卫生或林业专业的学生进行实践培训，并结合学生学位课程开展研究或开发活动。

（5）高等学校的林业企业使用国家的森林财产，需取得斯洛伐克共和国农业部（以下简称"农业部"）国家森林财产管理局的特许。

（6）高等学校的农业企业，应通过与斯洛伐克土地基金会签订长期租赁合同，管理国家所有权范围内的农业用地。

第 39 条　神职人员的神学院

神职人员神学院是神学院的专门单位，根据有关教会的内部条例，在学院开设高等教育课程，并对相关教会支持的价值观对学生进行教育。

第三章　公立高等学校董事会

第 40 条　公立高等学校董事会

（1）在本章程的运作范围内，公立高等学校董事会致力于加强公立高等学校与社会之间的联系，使用国家授予公立高等学校的资产和资金促使公众积极参与公立高等学校活动。

（2）公立高等学校董事会由 13 名成员组成。部长负责任免董事会成员。经公立高等学校学术参议会同意，校长提名 6 名董事会成员，这 6 名成员根据校长的决定由部长任命。他们包括企业和区域自治领域、公共生活领域的代表，以及负责教育、金融、经济和社会领域的国家行政部门中央机构的代表。由公立高等学校学术参议会提名 1 名董事会成员。董事会成员的罢免提案由提名该成员任命的主体向部长提交。如果该董事会成员是由校长提议的，其罢免提案也可由公立高等学校学术参议会提交。除由公立高等学校学术参议会提名的成员外，董事会成员不能受雇于公立高等学校。

（3）除由公立高等学校学术委员会提名的成员外，其余公立高等学校董事会成员任

期为 6 年。董事会初次成立时，采用抽签的方式决定 1/3 的成员任期为两年，以及 1/3 的成员任期为 4 年。新成员的任命由校长或部长提出，以保证上文第 2 条所述的董事会人员结构。公立高等学校学术参议会提名的董事会成员任期为 4 年。

（4）董事会应从其成员中选举主席和副主席。公立高等学校董事会主席和副主席的选举方式以及董事会的规章制度载于章程中，经公立高等学校学术参议会通过后，由校长呈报部长批准。

（5）主席召集董事会会议，每年至少召开两次会议。校长、副校长或代表他们的财务主管以及公立高等学校学术参议会主席有权参加董事会会议。董事会主席有义务根据校长的要求，召集董事会特别会议，会议应在 30 天内举行。

第 41 条　公立高等学校董事会活动

（1）以下校长提议的公立高等学校法律行为需要通过董事会的书面同意：

①购买或转让不动产；

②收购或转让动产，如果这些资产的价值高于按照特殊规定将该资产视为有形资产的金额 500 倍以上的；

③确立物质成本或优先购买权；

④关于高等学校建立另一法人实体，以及对该实体和其他法人实体进行财务和非金融投资的法律行为[第 19 条第（5）款]。

（2）公立高等学校董事会就以下问题表达意见：

①公立高等学校长期战略规划和由校长或部长提出进行讨论的事项；

②公立高等学校预算；

③公立高等学校拟接受的金融机构贷款；

④公立高等学校活动和财务管理的年度报告。

（3）上述第（1）款第①～④项所述法律行为，必须得到出席董事会至少 2/3 成员的同意方可通过。

（4）公立高等学校董事会对学校活动公开提出建议。

（5）公立高等学校董事会成员的活动应符合公共利益。公立高等学校在专属条例中规定董事会成员的费用。

第三部分　国立高等学校

第 42 条　国立高等学校

国立高等学校如下：

①国防大学；

②高等警察学校；

③医科大学。

第 43 条 国防大学

(1)国防大学以录取现役军人学生为主,也面向非现役军人招生。教育部根据与斯洛伐克共和国国防部(以下称"国防部")达成的协议,支付非现役军人学生部分就读费用。

(2)国防大学纳入国家预算体系。

(3)国防大学对现役军人学生和非现役军人学生分开进行登记。

(4)斯洛伐克共和国国防部长(以下称"国防部长")就国防大学执行以下事项:

①经国防大学学术参议会商讨后,向斯洛伐克共和国总统提出任免校长的建议;

②向斯洛伐克共和国总统提交国防大学教授任命的提名;

③根据校长的建议,在确定认证委员会[第 82 条第(2)款第④项]的意见后,对国防大学各学院的建立、兼并、合并、设立或解散、命名、更名、设址、更改校址事务做出决定,这些事项也可在国防大学学术委员会提出意见后,由校长提出议案;

④根据校长提议,经国防大学学术参议会提出意见后,任免国防大学副校长;

⑤根据校长提议,经学院参议会提出意见后,任免国防大学学院院长;

⑥确定国防大学校长薪资;

⑦在罢免国防大学校长或者因为其他原因提前终止校长职务之后,出现校长职位空缺时,应当先由国防大学学术参议会提出意见,推荐一名员工或其他人士在任命新校长之前负责承担校长职责;

⑧在罢免国防大学学院院长或者因为其他原因提前终止院长职务之后,学院出现院长职位空缺时,根据校长提议,推荐一名员工或其他人士在任命新院长之前负责承担院长职责。

(5)国防部长执行国防大学以下事项:

①根据第 103 条登记国防大学内部条例;

②根据军事高等学校的建议,综合认证委员会的意见后,批准国防大学提交的军事领域研究课题;

③向教育部提交与军事专业相关的学位课程表的修改建议[第 50 条第(4)款];

④综合认证委员会提出意见后,批准在军事相关专业中,将 1、2 级高等教育学习合并[第 53 条第(3)款];

⑤批准国防大学的学位课程,确定专门面向现役军人学生的学位课程;

⑥确定就读国防大学的条件和健康标准;

⑦确定国防大学录取的现役军人人数,根据国防大学学术参议会的意见,与教育部协商确定录取的非现役军人学生人数;

⑧根据校长提议,综合国防大学学术参议会意见后,确定国防大学及其学院的员工结构与人数;

⑨根据校长提议,综合国防大学学术参议会意见后,设立研究、教学、开发、管理和信息单位;

⑩从国防部的国家预算中给国防大学拨款；

⑪监督来自国家预算资金的合法性和有效使用情况，监管归属斯洛伐克共和国所有权的资产；

⑫根据本法第104条，就有关国防大学事项采取措施；

⑬在认证委员会做出决议后，授权给国防大学为完成相应学位课程的学生颁发相应学位证书，授权给国防大学执行学习专业的教授资格认证程序和教授提名认证程序；履行第83~87条所述的关于认证的其他职责；

⑭根据国防大学所编的文件，代表国防大学开展第20条第(1)款第①~④项所述的活动；

⑮可在行政程序中作为上诉方履行职责；

⑯处理认证国外取得的国防大学高等教育文凭时，依照第106条第(2)款第②项规定执行，履行该部和高等学校的职责；

⑰讨论和评估国防大学的长期战略及其最新修订版；

⑱根据国防部长发布的方案，如果非现役军人学生高等学校毕业后承诺继续在国防部下属的预算部门或部分预算部门任职或就业，则可为其提供奖学金；

⑲在国外留学的斯洛伐克共和国学生和公民，如果该类学生能继续在国防部所属预算部门或部分预算部门任职或就业，则可为其提供奖学金；

⑳按照专属条例，收集和使用国防大学学生登记册中的相关信息。

(6)学术图书馆代表第(5)款第⑨项所述信息单位，其职责由专属条例规定。

(7)国防大学校长的活动对国防部长和国防大学学术委员会负责。

(8)综合学院学术参议会意见后，国防大学校长可根据院长提议任免副院长。

(9)国家预算资金的使用和监管权归属斯洛伐克共和国，国防大学校长对国防部长负责。

(10)现役或预备役的国防大学学生，除特别规定外，依照本法的规定执行。

(11)国防大学学生从服役结束之日起应终止在国防大学的学习(第66条)。

(12)除第66条所述的情况外，若军事医学委员会认定学生因健康原因永远无法服兵役，应终止该生在国防大学相应课程的学习。该生可以继续在国防大学进行为非服兵役学生开设的课程。

(13)根据专属条例，第74~80条的规定适用于国防大学的现役教师和研究人员。

(14)国防大学的管理人员为校长候补人员、财务主任、指挥官以及教学、发展、管理和信息单位以及专业机构的负责人。

(15)校长候补人负责军事培训和有关国防大学军事性质的其他任务。

(16)与国防大学学位课程相应的实践培训也在培训机构和其他军事学校机构中进行。应由国防部颁布的具有普遍约束力的法律条例做出具体规定。

(17)第6条第(1)款第②、⑪项，第9条第(1)款第①、③、⑦、⑧、⑨、⑪、⑭、⑮项，第10条第(2)、(4)、(8)、(16)、(17)款，第22条第(4)款，第27条第(1)款第②项，第28条

第(2)、(3)、(6)和(7)款,第40、41、91、93条,第102条第(3)款的规定不涉及国防大学;因此,国防大学应遵循以下条款规定:第6条第(1)款第③、④、⑤、⑦、⑫项,第9条第(1)款第⑥、⑬项,第10条第(1)、(3)、(9)、(10)款,第18、19、20条,第22条第(4)款,第23条,第27条第(1)款第⑦、⑨、⑩项,第28条第(4)、(5)、(6)款,第30条第(1)款第③项,第33条第(3)款第③项,第50条第(4)款,第55、58、61、62、64、66、70、71、73、75、77、92条,第94~101条,第102条第(2)款以及第107条。

(18)关于国防大学活动的具体情况,在国防部颁布的军事条例中规定。

第 44 条　高等警察学校

(1)高等警察学校旨在为警察机关培养专业人才,也对非现役警察机关的学生开放。根据与斯洛伐克共和国内务部(以下称"内务部")达成的协议,教育部支付非现役或预备役警察机关学生的部分学费。

(2)高等警察学校纳入国家预算体系。

(3)高等警察学校分别拥有警察机关成员登记册、现役或预备役学生登记册以及其他学生登记册。对现役和预备役学生进行登记,适用于专属保密条例。

(4)斯洛伐克共和国内政部长(以下称"内政部长")负责以下高等警察学校的相关工作:

①向共和国总统提交任免高等警察学校校长的建议[第10条第(2)款];

②向共和国总统提交提名高等警察学校"教授"的建议[第102条第(3)款第①项];

③综合高等警察学校校长、高等警察学校学术参议会和认证委员会意见,对高等警察学校各学院的建立、兼并、合并、设立或解散、命名、更名、设址、更改校址等事务做出决定[第82条第(2)款第④项];

④根据校长的提议,综合该校学术参议会意见,任免高等警察学校副校长;

⑤根据学院学术参议会的建议,任免高等警察学校的院长;

⑥根据院长的提议,综合学院学术参议会意见,任命和罢免高等警察学校的副院长;

⑦确定高等警察学校校长和学院院长的薪资;

⑧罢免高等警察学校校长或者因为其他原因校长提前终止职务后,出现校长职位空缺时,应当先由高等警察学校学术参议会提出意见,然后推荐一名员工在任命新校长之前负责行使校长权力;

⑨在罢免高等警察学校院长或者因为其他原因院长提前终止职务后,出现院长职位空缺时,应当先由学院学术参议会提出意见,然后推荐一名员工在任命新院长之前负责行使院长权力。

(5)内政部在高等警察学校执行以下事项:

①根据第103条登记高等警察学校的内部条例;

②根据高等警察学校的建议,综合认证委员会的意见,批准与保安服务有关的学习专业;

③向教育部提交与保安专业相关的学位课程表的修改建议[第50条第(4)款];

④综合认证委员会提出意见后,批准在与保安专业有关的学习领域中,将1、2级高等教育学习合并[第53条第(3)款];

⑤确定高等警察学校专门面向现役或预备役学生的学位课程;

⑥确定入读高等警察学校的额外条件和健康标准;

⑦确定高等警察学校及其学院的录取人数;

⑧确定高等警察学校及其学院的员工人数和结构;

⑨设立高等警察学校及其学院的科学、教育、开发、管理和信息单位;

⑩从内务部的国家预算中给高等警察学校拨款;

⑪监督高等警察学校来自国家预算资金的合法性和使用的有效性,监管斯洛伐克共和国所有权的资产;

⑫综合认证委员会意见后,授权高等警察学校为完成相应的学位课程的学生颁发相应的学位证书,授权高等警察学校执行学习专业的教授认证资格程序和教授提名认证程序;履行第83~87条所述的关于认证的其他职责;

⑬行政程序中作为上诉方履行职责;

⑭认证国外取得的保安专业高等教育文凭时,依照第106条第(2)款第②项规定,履行该部和高等学校的职责;

⑮讨论和评估高等警察学校的长期战略规划及其最新修订版;

⑯根据内务部长发布的方案,如果学生在高等警察学校毕业后承诺服务于警察机关,则可酌情向非现役警察机关学生提供奖学金;

⑰给予在国外留学的斯洛伐克共和国学生和公民发放奖学金,使其继续在内务部门任职或就业;

⑱按照专属条例,收集和使用高等警察学校学生登记册中的信息。

(6)高等警察学校校长就其活动向内务部长和学校学术委员会负责。

(7)在国家预算资金的有效使用和监管归属斯洛伐克共和国所有权的资产问题上,高等警察学校校长对内务部长负责。

(8)现役或预备役的高等警察学校学生,除特别规定外,均依照本法的规定执行。

(9)高等警察学校学生,自根据专属条例结束服役之日起,应终止在高等警察学校仅面向现役学生的学习课程(第66条)。

(10)根据专属条例,第74~80条的规定适用于高等警察学校的警察机关现役教师和研究人员。

(11)高等警察学校及其学院不适用于以下条款:第6条第(1)款第②项,第9条第(1)款①、⑦、⑧、⑨、⑮项,第10条第(4)、(10)款,第16、17、19条,第22条第(4)款,第28条第(2)、(3)款,第34~41条,第43~49条,第56条第(2)款,第89条,第91、93条,第102条第(3)款以及第105条;高等警察学校及其学院应遵循以下条款规定:第6条第(1)款第①、⑥、⑦项,第10条第(9)款,第15条第(2)款第⑧项,第20、58、66、92、94条,第102条第(2)款。

第 45 条　高等医科大学

（1）高等医科大学为具有医疗保健经验的医务人员和为成为特定类别的医务人员的学生提供专业培训的高等学校。

（2）高等医科大学由部分国家预算资助。

（3）高等医科大学根据各个专业领域分别进行全日制学生登记和非全日制学生登记。

（4）斯洛伐克共和国卫生部长（以下称"卫生部长"）负责以下高等医科大学的相关工作：

①向总统提交任免高等医科大学校长的建议；

②向总统提交高等医科大学"教授"提名的建议；

③确定高等医科大学校长薪资；

④罢免高等医科大学校长或者因为其他原因校长提前终止职务后，出现校长职位空缺时，应当先由高等医科大学学术参议会提出意见，然后推荐 1 名员工在任命新校长之前负责行使校长职权。

（5）斯洛伐克共和国卫生部（以下称"卫生部"）执行以下高等医科大学的相关事项：

①登记高等医科大学内部条例；

②根据高等医科大学的建议，综合认证委员会的意见，批准与医疗卫生有关的学习专业与专业研究领域（第 83 条）；

③向教育部呈报与医疗卫生专业相关的学位课程表的修改建议［第 50 条第（4）款］；

④综合认证委员会批准在与医疗卫生有关的学习专业中，将 1、2 级高等教育学习合并；

⑤设立高等医科大学及其学院的科学、教育、开发、管理和信息单位；

⑥监督高等医科大学国家预算资金的合法性和使用的有效性，监管斯洛伐克共和国所有权的资产；

⑦根据本法第 104 条，就有关高等医科大学事项采取措施；

⑧综合认证委员会授权高等医科大学为完成相应学位课程的学生颁发相应学位证书，授权高等医科大学执行学习领域的教授资格认证程序和教授提名认证程序；履行第 83～87 条所述的关于认证的其他职责；

⑨行政程序中作为上诉方履行职责；

⑩认证国外取得的医疗卫生领域文凭时，依照第 106 条第（2）款第②项规定，履行该部和高等学校的职责；

⑪讨论和评估高等医科大学的长期战略规划及其最新修订版。

（6）高等医科大学校长就其活动对卫生部长和学校学术委员会负责。

（7）在国家预算资金的有效使用和监管斯洛伐克共和国所有权的资产问题上，高等医科大学校长对卫生部长负责。

(8)高等医科大学及其学院不适用于以下条款:第 9 条第(1)款第⑦、⑧、⑨项,第16、17、19 条,第 22 条第(4)款,第 34、38、39～41 条,第 43、44、47～49 条,第 90 条第(2)款,第 91 和第 105 条;因此,高等医科大学及其学院应遵循以下条款的规定:第 6 条第(1)款第①、⑥、⑦项,第 10 条第(10)款,第 18、20、58、66、94 条。

第 46 条　医学专业培训

(1)医学专业培训是第 3 级学位课程[第 2 条第(5)款];其目标是获得与相关专业领域的医疗保健知识和最新的医学科学知识。医学专业毕业生应获得第 3 等级高等教育文凭。

(2)专业学习领域分为基础专业和高级专业学习领域。

(3)非全日制基础专业领域的培训时间至少 3 年,最多不超过 5 年;高级专业培训时间至少 3 年,最多不超过 5 年,具体取决于专业学习领域的需求。

(4)应根据不同课程在导师指导下进行医学专业培训。医学专业培训定期完成的标志应是主题专业论文答辩和国家专业考试。

(5)各专业培训导师可由在专业领域工作的具有相关专业知识的医疗卫生工作者担任。导师有义务按相应学院的批准程序履行职责。

(6)医学专业培训的录取,是指完成初步的实践培训、完成专业领域工作及成功完成录取程序的过程。高等医科大学及其学院在录取申请人参加医学专业培训后,应当为申请人确定导师和专业论文主题。

(7)医学专业培训应包含理论和实践两部分。

(8)医学专业培训的理论部分应包括参加讲座、研讨会、科学会议、外语课程、研究专业领域内的专业文献并撰写专业论文。

(9)医学专业培训的实践部分应包含专业领域的个人和团队的实践培训。

(10)医学专业培训应包括专业领域的工作表现。

(11)医学专业培训最终需通过考试委员会的专业考试,委员会由高等医科大学各院院长指定。

(12)应给医学专业培训的毕业生颁发专业文凭。

(13)高等医科大学应同样给予外国申请者提供专业培训。

第四部分　私立高等学校

第 47 条　私立高等学校

(1)为教育和研究目的在斯洛伐克共和国设立的法人实体,经斯洛伐克共和国政府(以下称"政府")代表国家批准(以下称"国家批准")后,可成立私立高等学校。国家批准的提案由教育部呈报政府备案。

(2)国家批准不得转让给其他法人,也不得转让给其法定继承人。

(3)作为私立高等学校办学的法律实体需向教育部提出获得国家批准的申请。

（4）国家批准的申请包括以下内容：

①根据第 2 条、第 13 条规定的高等学校的名称、所在地和类别；

②法人及其法定机构的形式；

③私立高等学校的长期战略规划；

④拟订的学位课程；

⑤章程草案、学习规定、补充教师职位的甄选程序和其他具体规定，由选定的主体开展本法第 5 部分至第 10 部分所述活动的内部条例；

⑥提供高等学校活动经费来源的方法；

⑦在高等学校工作的教师、研究人员或艺术工作者的科学、教育资历证明。

（5）如果根据上述第（3）款和第（4）款提出的申请有任何需要修正之处，教育部应请申请人及时修正，此时暂停申请程序。若申请人未能在规定期限内修正，由教育部提议政府不予批准。

（6）政府应在申请书送交教育部后 6 个月内做出决议。在向政府提交申请前，教育部应请认证委员会提出意见。

（7）下列情况，政府不予批准：

①认证委员会对提交的所有学位课程提出否定意见；

②内部条例草案违反法律或高等学校通则的相关规定。

（8）如果政府批准，教育部将决定授权高等学校给予圆满完成学业的学生颁发学位证书，并登记。

（9）私立高等学校自协议生效之日起两年内未开展教学活动的，国家批准视为无效。

（10）根据教育部的建议，政府可根据第 105 条第（3）～（7）款规定的条件取消私立高等学校的国家批准决议。

（11）私立高等学校的经费按第 91 条执行。

（12）除了因国家批准被取消外，私立高等学校若停止教学活动，必须及时通知教育部。

（13）第 47 条～第 49 条的规定也适用于外国高等学校的分校。

（14）根据第 2 条第（13）款所述的私立高等学校变更校名、校址和类别以及法定形式等，由政府根据教育部的意见给予批准。教育部应根据私立高等学校的申请提交建议书。在向政府提交提案之前，征求认证委员会的意见。

（15）第 21 条的规定适用于私立高等学校。

第 48 条　私立高等学校的内部条例

（1）私立高等学校应颁布以下内部条例：

①《私立高等学校章程》；

②私立高等学校学习规定；

③补充学术教师、研究人员,"教授"和"副教授"职位的遴选程序及相关规定;

④私立高等学校的劳动就业规定;

⑤私立高等学校的组织结构;

⑥私立高等学校的奖学金制度;

⑦《私立高等学校章程》规定的其他条例。

(2)私立高等学校的内部规章应当规定开展本法第5~10部分所述的活动的主体。

(3)私立高等学校章程的内容见第15条第(2)款。

(4)上文第1条(1)款第①~③项提及的内部条例须在教育部进行登记(第103条)。

第49条　私立高等学校的其他职责

(1)私立高等学校应当履行下列职责:

①按教育部规定的形式保存和公布学校的课程明细[第20条第(1)款第①~⑪项];

②每年按部长规定的形式和日期编写,向教育部提交并公布学校活动的年度报告,如果接受国家预算拨款,还应公布学校经济管理的年度报告;

③按部长规定的形式和日期与教育部讨论并公布学校的长期战略;

④应认证委员会和教育部的要求,在规定日期向其提供开展活动所需的信息;

⑤私立高等学校按照专属条例宣告破产或者终止破产程序,应通知教育部;

⑥将取得私立高等学校办学权的法人解散情况通知教育部。

(2)有关私立高等学校活动的年度报告的内容见第20条第(2)款。

(3)应当向社会公开私立高等学校的年度活动报告、经济管理年度报告、长期战略和活动评价结果。

第五部分　学习专业、学位课程及学习计划

第50条　学习专业

(1)学习专业是知识领域,可以是高等教育3个等级之一的学科。

(2)学习专业根据内容进行定义,其内容特指毕业生的知识领域及范围、能力和技能。

(3)教育部负责管理斯洛伐克共和国的学习专业明细表(以下称"学习专业表")。学习专业表包括斯洛伐克共和国高等学校可提供的高等教育学习专业。

(4)若要在学习专业表中加入新专业或修改专业内容,应向教育部提交申请。通常由高等学校提交提案。

(5)关于新学习专业提案应包括:

①学习专业名称;

②在这些学习专业内应完成的高等教育等级教育以及高等教育等级课程标准的学习时间;

③学习专业的内容；

④需要增添新的学习专业的原因；

⑤国外类似案例；

⑥相关学习专业的定义及其差异。

(6)教育部只有在认证委员会提出意见后，才可将其列入新的学习专业或对学习专业表做出修改。

(7)教育部颁布的高等学校通则应详细规定学习专业表及其管理方法。

第 51 条　学位课程与学习计划

(1)通过某个学习专业或学习专业[下文第(5)款]内的认证课程[第 83 条第(1)款]的学习，获得相应专业的高等教育文凭。

(2)学位课程是指一系列的教育活动，例如讲座、研讨会、练习、论文、毕业论文、项目工作、实验室工作、实习、实地考察、实践培训(以下称"学位课程单元")，旨在使教育活动能合法、顺利、按时地完成，从而能够达到高等教育的要求(上文第 1 条)。

(3)毕业论文属于学位课程的一部分；论文答辩属于国家考试部分。

(4)学位课程的详细内容如下：

①学位课程名称；

②学习相应专业，通过该专业的学位课程学习完成高等教育；

③相应学位课程的高等教育等级；

④学习形式；

⑤毕业生档案；

⑥学位课程单元的特点或实践培训的时间，包括完成后获得的学分；

⑦课程设计的规则和条件；

⑧以学年为单位计算的标准学习时间；

⑨将学习划分为以学年为单位，或者划分为学生为了能够进入下一个学习阶段而必须达到的条件；条件是完成学位课程所获得的学分数；

⑩学分数，修满学分是完成学业的条件之一；

⑪学生在学习期间和完成学业时应具备的其他条件，包括国家考试；

⑫根据第 7 条，第 53 条第(5)、(6)、(8)款或第 54 条第(16)款标明学位课程的特征；

⑬授予的学位。

(5)学位课程可在列入学习专业表的学习专业内进行。学位课程也可以结合 2 个学习专业进行。如果两个学习专业在学位课程中所占的比例大致相同，那么这是跨学科课程，反之，以其中一个学习专业为主，另一个学习专业为辅。

(6)学位课程的名称通常源于相应的学习专业的名称。如果是主次专业结合，则课程名称应从主要学习专业名称中产生。

(7)如果学位课程旨在根据艺术原则培养艺术表演和艺术作品的人才和创造力，则属于艺术专业课程。艺术学位课程的重要部分是艺术表演。只有在属于艺术学位课程的情况下，课程名称才可包含"艺术的""艺术"或类似术语。

(8)学习计划确定学位课程各个单元的时间顺序，以及学生成绩的评估形式。除成绩评定形式外，学习计划由学生本人或与导师合作［下文第(9)款］在规定［上文第(2)款和第(4)款第⑦项］的框架内制定，并符合高等学校［第 15 条第(1)款第②项］或学院［第 33 条第(3)款第①项］的学习规定。

(9)高等学校安排导师对学生提供制订学习计划方面的咨询服务。导师从学术教师中任命，由校长或院长罢免。

第 52 条　学士课程

(1)学士学位课程作为第 1 级的学位课程［第 2 条第(5)款］，旨在根据目前的科学和艺术发展情况获取理论知识和实践知识，并掌握其在从事某个专业或后续高等教育研究中的运用。学士学位课程的毕业生接受第一阶段高等教育。

(2)职业高等学校提供的学士学位课程［第 2 条第(15)款］在应用现有的科学和艺术知识方面应注重其应用，包括从事某个职业所需的实际能力和技能。

(3)包括实践培训在内的学士学位课程标准学习时间最少 3 年，最多 4 年。

(4)在学士学位课程(以下简称"学士学位课程")框架内撰写的论文［第 51 条第(3)款］为学士学位论文。

(5)学士学位毕业生授予学士学位(缩写为"Bc")。

(6)只有符合课程目标，即在工程规划或流程(包括经济流程)专业专门培养创造力，规划构成其重要部分的学士学位课程才能定为"工程"或"工程师"或类似的术语。

第 53 条　硕士、工程师和博士研究生课程

(1)第 2 阶段学位课程旨在根据目前的科学和艺术发展状况获取理论和实践知识，培养工作中或继续博士学习中的创新应用能力。第 2 阶段学位课程的毕业生接受第 2 阶段高等教育。

(2)第 2 级学位课程(含实践培训)的标准学习时间最少为 1 年，最多为 3 年，但同样或相关专业的学士课程和第 2 阶段学位课程标准学习时间合计不得少于 5 年。

(3)如有正当理由，教育部可在认证委员会提出意见后，允许第 1 阶段和第 2 阶段高等教育专业合并。

(4)根据第 3 条规定，在第 2 阶段学位课程框架内进行的最终学业论文［第 51 条第(3)款］是毕业论文。

(5)第 2 阶段的学位课程或上文第(3)款所指的学位课程，若旨在提升工程规划或流程(包括经济流程)的创造性，均属工程学位课程。工程师学位课程的重要部分是规划。第 2 级学位课程或第(3)款规定的课程，只有在属于工程师学位课程的情况下，才可包含"工程"或"工程师"等类似术语。工程师课程(以下简称"工程师课程")的毕业生

授予"工程师"学位。建筑学和城市规划专业的工程师毕业生授予"建筑工程师"学位。

(6)第2阶段学位课程或根据上文第(3)款规定的课程,以人类医学和兽医专业的研究为目标的学位课程是博士研究生课程。在人类医学专业的博士学位课程(以下简称"博士课程")框架内,毕业生授予"医学博士"学位。兽医专业的博士毕业生授予"兽医博士"学位。

(7)除了上文第(5)及(6)款所述学位课程外,第2级学位课程或上文第(3)款所述的学位课程,均为硕士学位课程。硕士学位课程(以下简称"硕士课程")的毕业生获得硕士学位。艺术硕士学位课程[第51条第(7)款]的毕业生可授予"艺术硕士"学位。

(8)获得硕士学位的毕业生可以参加考试,其中包括参加高等教育的学习专业或相关学习专业的论文答辩。合格后,高等学校授予毕业生以下学位:

①自然科学专业,授予"自然科学博士"学位;

②药学专业,授予"药学博士"学位;

③社会科学和美术史专业,授予"社会科学和美术史博士"学位;

④法学专业,授予"法学博士"学位;

⑤教师培训和体育专业,授予"教育学博士"学位;

⑥神学领域,除罗马天主教神学专业外,授予"神学博士"学位。

(9)研究生毕业统考和论文答辩是为了证明其在独立学习的基础上,申请人已经深入了解该学科更广泛的内容,能够掌握最新的科学知识和实践知识,并能在实践中创造性地使用。

第54条 博士课程

(1)作为第3阶段学位课程的博士课程[第2条第(5)款]旨在获取当前科学和艺术知识,特别是学生通过科学研究和独立学习,在科学、技术专业或独立理论和艺术专业的创造性活动上做出贡献。博士课程毕业生获得第3阶段高等教育。

(2)全日制博士学位课程的标准时段最少3年,最多4年;非全日制博士学位课程和需要进行专业考试的高等医科大学课程的最长为时间5年。

(3)博士学位课程(以下简称"博士课程")框架内的学习应在导师指导下的个人学习计划基础上进行。完成博士学业的条件是通过国家考试和论文答辩。

(4)指定专业内学位课程的导师由开设博士课程的高等学校教师担任,也可经高等学校或开设博士课程学院的科学委员会批准后,由其他专家担任导师。在下文第86条(校外教学机构)所述学习专业中,如果非高等学校[下文第(6)款]获得课题的参与授课权,则导师也可由该校批准的导师担任。校外教学机构应当为高等学校或学院科学委员会配备具有优秀科学教育水平的导师。导师核准是根据第82条第(5)款第⑤项提交认证委员会的背景材料,涉及对高等学校或校外教学机构开设博士课程能力的评估[第82条第(2)款第①和②项]进行。

(5)在博士课程录取程序启动前,高等学校或学院(如在学院攻读博士学位)提供学位论文选题,申请人可按照录取程序进行申请。每个选题分配一名导师。攻读博士学位的申请人应选择其中一个选题。在录取博士学位申请人的同时,高等学校或学院(如在学院攻读博士学位),应当确定申请人的导师和论文选题。

(6)高等学校或学院(如在学院攻读博士学位),应当列出校外教学机构提供的论文选题和导师;除了提供的选题外,还应列出校外教学机构的名称。校外教学机构还可以公布单独的选题表。

(7)选择校外教学机构提供的课题进行论文答辩的博士学位课程申请人,校外教学机构还应当同意录取该申请人攻读博士学位课程。入学考试[第 57 条第(3)款]由高等学校代表和校外教学机构负责人指定的成员组成的考试委员会组织。高等学校选出的考试委员会成员,若来自开设博士课程的学院,则由院长任命,其余成员由校长任命。经高等学校或学院与校外教学机构协商同意,可以在校外教学机构所在地举行入学考试,高等学校派代表参加。

(8)博士学位课程分为学习部分和研究部分。课程由导师制定并提交专家委员会批准[下文第(17)款]。

(9)博士学位课程的学习主要包括讲座、研讨会和与论文方向相关的专业文献的个人研究。

(10)博士学位课程的研究部分包括博士学位课程学生(以下简称"博士生")进行的与学位论文主题相关的个人或团队研究工作。博士生研究由导师指导进行。

(11)教学活动或其他与教学有关的专业活动为全日制博士学位课程的一部分,每一学年,每周平均时长不超过 4 个小时。

(12)博士生若选择校外教学机构提供的学位论文选题,应当进行博士学位课程的研究部分工作,并承担与高等学校约定的学习部分的职责。高等学校与校外教学机构就学生的博士学位课程达成协议,内容涉及与博士生在校外教学机构中的活动相关的劳动和报酬问题。上文第(11)款所述的活动,应与高等学校的教学活动相关。

(13)若博士生选择了校外教学机构提供的学位论文题目[上文第(12)款],则考试和学位论文答辩应在考试委员会进行,考试委员会应由第 63 条第(4)款规定的高等学校成员和校外教学机构指定的成员组成。考试委员会应至少由 4 名成员组成。经高等学校或学院与校外教学机构商定,学位论文答辩可以在校外教学机构所在地进行。毕业文凭上应注明校外教学机构名称。

(14)以论文答辩结束博士学位课程,表明学生有能力研究或进行独立的科学和创造性活动,或进行独立的理论研究和创造性艺术活动。

(15)博士学位毕业生授予"博士"学位。艺术博士学位课程的毕业生[第 51 条第(7)款]授予"艺术博士"学位。

(16)天主教神学专业的博士生,完成博士学位课程的第一个综合部分后授予"准博士"学位。这些专业的博士毕业生还可授予"神学博士"学位。

(17)特定研究领域的博士课程,由根据高等学校或拥有相应学位课程的学院内部条例设立的专家委员会进行监测和评估。高等学校可根据协议在个别研究领域设立专家委员会。专家委员会主席从其成员中选出。如果高等学校与校外教学机构开设博士课程，如上文第(6)款所述，则在相关专家委员会中需有校外教学机构的代表。

(18)全日制博士生在健康保险、社会保障和失业保险方面享有与员工同等的待遇。

(19)高等学校或者校外教学机构应当在攻读博士学位期间向全日制博士生提供作为薪资的奖学金。校外教学机构从预算中拨出专项奖学金。发放奖学金的具体规定详见教育部颁布的高等学校通则。

(20)高等学校可以根据国外高等学校所在国的法律规定，应与其签订关于共同进行博士学位论文答辩的协议。

(21)在斯洛伐克共和国境内的高等学校博士学位论文答辩以及上文第(20)款所述共同论文答辩协议，可由学位论文答辩委员会在国外高等学校进行，该委员会由第63条第(4)款指定的斯洛伐克缔约方成员和国外高等学校指定的代表按相等的比例组成。学位论文答辩委员会至少应有4名成员。斯洛伐克共和国境内的外国高等学校博士生的论文答辩也采用同样的流程。

(22)学位论文答辩委员会按照上文第(21)款规定顺利完成答辩后，斯洛伐克共和国认可外国高等学校颁发的学位证书。

第六部分　高等学校的学习

第55条　基本规定

(1)个人有权在高等学校攻读选定的学位课程，但必须符合第56条所规定的入学条件以及开设所选学位课程的高等学校根据第57条第(1)款确定的其他条件。

(2)高等学校只能录取其已列入学位课程表［第20条第(1)款第①项］的认证学位课程的申请人。

(3)高等学校决定录取的学生人数。如果符合录取条件的申请人人数超额，则应按照该高等学校确定的条件，择优录取。

第56条　录取的基本条件

(1)根据第53条第(3)款第③项的规定，需完成普通中等教育或中等技术教育，并持有毕业证书，方可接受高等教育。

(2)完成第1等级课程后方可攻读第53条第(1)(2)款所述的第2等级课程。

(3)完成第2等级课程或是第53条第(3)款规定的课程后方可攻读博士学位课程。

第57条　额外录取条件

(1)高等学校或学院(如由学院授课)，可制定额外条件，以确保只有具备所需能力和资格的申请人才能录取。核实申请人能力的条件和方法需挑选出学习能力最为优秀的申请人。除了根据第92条第(7)款规定支付的费用外，高等学校不得以任何财务理由作为入学条件。

(2)高等学校根据第 56 条第(1)款确定的入学额外要求,应从中等教育课程的知识内容的角度进行考量。

(3)高等学校或学院(如由学院授课),通过入学考试来检验考生是否符合上述第(1)款规定的条件,考试内容以考查考生学习能力为目的。博士学位课程的录取程序必须包括入学考试。

(4)若学习能力的考查包括入学考试[上文第(3)款],有特殊需要的申请人应根据其特殊需要确定入学考试的形式和方法。

(5)高等学校或学院(如由学院授课),应当在提交申请截止日期前 4 个月,公布提交学习申请的期限、依照上述第(1)款规定的入学条件、完成学业的日期和方法;若学习能力的考查包括入学考试,还应当公布考试的形式和基本内容以及考试结果的评估方法。这些信息应公布在高等学校或学院的官网上,并按照专属条例予以公布。高等学校和学院应当以同样的方式公布计划录取的人数。

第 58 条 录取程序

(1)录取程序是证明申请人达到规定的入学要求,就读所选高等学校选定课程的过程。

(2)申请人向开设相应学位课程的高等学校或学院递交书面入学申请,录取程序开始。申请应当在高等学校或学院规定的期限内送达。

(3)院长决定学院学位课程的录取事务。校长可根据下文第(6)款规定更改院长做出的不予录取的决定。

(4)高等学校内部条例规定的机构决定私立高等学校的录取事务。

(5)录取程序的结果必须在核实录取条件是否符合后 30 天内以书面形式做出。应包括可提交复审申请的说明、理由和资料。录取决议必须亲自送达。对于地址不详的申请人,决议需公布在高等学校或学院的官网上,公布时间为 15 天。公布时限的最后 1 天视为决议送达日。

(6)申请人收到不予录取的决议,可以请求复审。请求需在收到决议 8 天内提交给做出决议的部门。如果决议是由院长做出的,院长在确定决议违反了法律、高等学校或学院的内部规章或第 57 条第(1)款规定的情况下,可批准复审的请求。否则,院长将此请求递交校长。如果决议违反了法律、高等学校的内部规章或第 57 条第(1)款规定,校长对此决议需做出更改。否则,驳回申请,维持原决议。如果原决议是由校长做出,校长在确定该决议违反了法律、高等学校的内部规章或第 57 条第(1)款规定的情况下,可批准复审的请求。否则,校长可将此请求递交高等学校学术参议会。如果决议违反了法律、高等学校的内部规章或第 57 条第(1)款的规定,高等学校学术参议会对此决议做出更改。否则,驳回申请,维持原决议。申请人复审请求的决议结果,应当自申请人递交申请之日起 30 日内送达。

(7)高等学校有权要求录取的申请人提供是否注册入学的信息。申请人有义务在学年开始前向高等学校或学院提供此类信息(第61条)。如果申请人未能在规定的时间提供信息,将失去入读指定课程的权利,高等学校或学院可根据入学程序的结果向另一申请人提供名额。

(8)除了本条条款外,第54条第(5)～(7)款的规定还适用于博士学位课程的录取程序。

(9)申请人收到不予录取的决议后,有权按其要求查阅其录取程序文件。

第59条　注册入学

(1)根据第58条第(5)款的规定,申请人收到录取通知后,便有权注册入学。申请人注册的日期、地点和方式由高等学校或者学院确定,并通知录取申请人。

(2)注册时,学生应明确在今后的学习中应完成的课程。

(3)如果申请人对高等学校或学院的询问[第58条第(7)款]给予否定答复或未能在规定时限内做出答复,则申请人根据上述第(1)款的注册入学权利失效。

第60条　学习形式和方法

(1)学位课程可以分为全日制或非全日制学习课程。

(2)全日制学习课程的特点是学生每天参加教育活动[第51条第(2)款]。

(3)非全日制学习课程的特点是以独立学习和咨询为主。

(4)根据上述第(2)款和第(3)款规定的两种学习形式的课程可通过以下方式进行:

①面授;

②远程授课;

③两种方式结合。

(5)面授是教师和学生直接接触。

(6)远程教学以通信的方式,特别是基于计算机网络的方式进行,而非师生直接接触。

第61条　学年及其组织

(1)每学年于9月1日开始,翌年8月31日结束。

(2)一学年的学习可以分为两个或三个学期。每所高等学校的章程都规定了具体的划分要求。

(3)本科、硕士、工程师和博士研究生学习从学年的第一学期开始或第三学期的第一阶段开始。博士学习也可以在第二学期或第三学期的第二、第三阶段开始。

第62条　学分制度

(1)各种级别和形式的高等教育学习都以学分制为基础。学分制度采用学分积累和学分转移的方式。通过学分制,根据学位课程中的规定评估学生完成学位课程的工作量。

(2)学分是分配给学位课程单位的数值,表示完成学业所需的工作量。学生的标准工作量就是每学年 60 学分、每学期 30 学分和每 3 个月 20 学分。

(3)高等学校应当确定完成相应等级学业所需的学分总数。

(4)教育部颁布的高等学校通则应规定引入和应用学分制度的基本准则。

第 63 条　国家考试,研究生毕业统考

(1)凡学位课程都必须通过国家考试。

(2)考试委员会举办国家考试。国家考试和公布考试结果的过程对公众开放。通过考试委员会非公开会议做出公布国家考试结果的决定。同样的条件和程序也适用于研究生毕业统考[第 53 条第(8)款]。

(3)只有担任"教授"和"副教授"职位的学术教师[第 75 条第(1)款]和经科学委员会批准的其他专家有权审查国家考试和研究生毕业统考[第 12 条第(1)款第④项]。

(4)国家考试的考试委员会由上文第(3)款所述的有审查权的人员组成,若是院级开设的课程,院长任命考试委员会的成员;若是校级开设的课程,则由校长任命。考试委员会通常包括特定研究领域的杰出专家,来自其他高等学校或在斯洛伐克共和国境内进行研究和开发的法律实体。

(5)研究生毕业考试的考试委员会由上文第(3)款所述的有审查权的人员组成,根据第 83 条第(1)款规定,若是院级开设的课程,由院长任命考试委员会成员;若是非院级开设的课程,则由校长任命。

(6)国家考试的考试委员会至少由 4 名成员组成。

第 64 条　学习中断

(1)只要符合学习规定的条件,可根据学生请求中断学位课程的学习。学习规定中有中断学习的最长时间的规定。

(2)对于院级开设的课程,由院长批准学习中断的请求;校级开设的课程,则由校长批准。

(3)如果申请校外教学机构[第 54 条第(12)款]学位论文题目的博士生请求中断学习,经校外教学机构负责人同意,院长或校长按照上文第(2)款的规定批准。

第 65 条　学业结束

(1)完成相应学位课程后结束学业。学业结束的日期也就是达到规定的完成学位课程最终要求的日期。

(2)课程学习时间不得超过标准时段两年[第 51 条第(4)款第⑧项]。

(3)文凭和国家考试的证书记录了在认证学位课程中完成课程和获得学位的情况。

第 66 条　非正常学业终止

(1)以下情况发生时表示学业终止:

①休学;

②未能按第 65 条第（2）款规定的日期完成学业；

③未能达到高等学校学位课程和学习规定的要求而退学；

④根据第 72 条第（2）款第③项规定退学；

⑤根据第 87 条第（2）款取消学位课程，前提是学生拒绝接受高等学校的要求继续学习另一门课程；

⑥学生去世。

（2）学业终止日期为：

①根据上文第（1）款第①项，学生向高等学校提交放弃学业声明的日期；

②根据上文第（1）款第②项，学生应完成高等教育的学年结束时；

③根据上述第（1）款第③和④项，退学决议生效之日；

④根据上述第（1）款第⑤项，高等学校宣布取消该学位课程的日期。

第 67 条　学业文件

（1）有以下几种学业证明文件：

①学生证；

②学习手册（"索引"）；

③成绩单。

（2）学生证是确认学生身份的证件，代表学生具有行使法律、高等学校内部规章和与其他法人签订协议所产生的学生权益的权利。该证件还用于证明其他的相关信息。学生注册后，便会获得高等学校颁发的学生证。除了其他信息外，学生证还包括学生根据第 51 条第（4）款第⑨项符合继续学习条件的具体期限。学生证使用教育部规定的统一信息结构。教育部还应规定学生证的装订设计。

（3）学习手册特别记录了学位课程的各个单元［第 51 条第（2）款］以及课程的考试结果或成绩。学习手册由高等学校颁发，若学位课程是在学院进行的，可由学院颁发。这种文件的使用不是强制性的，由高等学校酌情做出是否使用的决定，并在学习规定中具体加以说明。

（4）成绩单记录学生在学位课程内完成学习任务的信息。

（5）成绩单由高等学校或学院（课程由学院开设）签发。成绩单根据教育部颁布的高等学校通则印发；高等学校或者学院也应当根据请求以外国语言的形式发布。成绩单应提供给：

①根据本法第 66 条第（1）款规定终止课程学习者；

②申请成绩单的学生；

③申请成绩单的学位课程毕业生。

第 68 条　证书

（1）在某学习专业内完成的学位课程证书如下：

①高等教育文凭；

②国家考试证书；

③文凭补充文件。

（2）高等教育文凭是高等学校颁发的，学生在相关学习专业完成学位课程，授予的学位证书。高等教育文凭中含有以下信息：毕业生的姓名、文凭编号、高等学校名称、学习专业名称、所学课程的名称、学院名称（如果课程由学院开设）、学位和高等学校规定的其他信息。高等教育文凭通常在学校典礼上颁发。

（3）国家考试证书是关于学生所参加的国家考试和结果的文件，由高等学校颁发。

（4）文凭补充文件记录已完成的学位课程详情。文凭补充文件中提供的信息需符合教育部颁布的条例规定，高等学校颁发文凭补充文件，毕业生应获得毕业证书和文凭补充文件。

（5）高等学校还应根据特殊要求以外国语言的形式颁发上文第（1）款规定的证书。

第七部分　高等学校学生

第 69 条　基本规定

（1）申请人自入学之日（第58条）起成为学生，学习中断的学生从重新入读之日起重新获得学生身份。

（2）根据第65条第（1）款和第66条规定学业终止，以及根据第64条第（1）款规定学业中断的学生，自终止或中断之日起不再拥有学生身份。

第 70 条　学生的权利

（1）学生有如下权利：

①接受所录取的学位课程学习；

②根据学位课程的规定［第51条第（4）款第⑦项］，制订学习计划；

③完成学位课程或学习规定的要求后，可进一步学习学位课程；

④根据学位课程的规定进行科目选择和课程规划，在某科目由多位教师授课时，可自行选择授课教师；

⑤可以在学习专业内申请在另一所高等学校，甚至是国外高等学校学习；

⑥参加高等学校的研究、开发或艺术以及其他创造性活动；

⑦根据法律规定，可以参与在高等学校辖区内的独立协会（俱乐部、工会、专业协会）的建立及其活动；

⑧每年至少有一次以匿名问卷的形式对教学质量和教师进行评价；

⑨对高等教育制度自由表达意见和评价。

（2）参加实践课程或实践培训的学生须遵守关于妇女劳动安全、健康保护和工作条件的基本规定。

第 71 条　学生的义务

（1）学生学习方面的义务参照其学位课程和学习规定执行。

（2）学生必须遵守高等学校及其校内机构的内部相关规定。

（3）此外，学生有义务：

①保护高等学校的资产、工具和服务；

②按照本法规定，直接向就读的高等学校支付学费和相关费用，并提供计算这些费用所需的真实数据；

③向就读的高等学校或学院（如果课程由学院开设）上报居住地址；

④出席校长、院长或经其授权的高等学校员工会议讨论与其学习过程有关的问题、终止学习或与其权利和义务有关的其他问题。

第 72 条　违纪行为

（1）违纪行为是指学生违反法律、法规或高等学校内部规章制度或社会公共秩序造成的违纪行为。

（2）对违纪行为可处以下处罚：

①警告；

②留校察看，包括赦免的条款和条件；

③开除。

（3）如果违纪行为已经过去一年以上，则不对违纪行为进行处理。

（4）校长可根据上文第（2）条实施处罚；学院开设的学位课程，可由院长进行处罚。校长或院长实施的处罚不得重于纪律委员会的处罚。

（5）高等学校（或学院）纪律委员会的纪律处分程序需当学生面陈述；如果学生无正当理由缺席，也可在其缺席的情况下进行。

（6）采取违纪处罚措施的决定应以书面形式做出，其中须含有决定的理由以及可提出上诉的相关信息。决定必须交给当事人。上诉请求必须在收到决定书后 8 天内提交。如果该主体是院长，院长可以自己批准申请，并改变或取消原决定。如申请未获院长批准，须将此申请转交给校长。校长应当对院长的决定进行审查，若该决定与本法、高等学校或其校内机构的内部规定相冲突，校长可做出更改或取消。校长必须在收到院长复审的申请后 30 天内公布决定。

第 73 条　学生注册

（1）高等学校保管学生登记册。学生注册对应登记学生信息并为预算和统计提供数据。

（2）学生登记册应记录以下内容：特别应注明学生姓名、出生日期、婚姻状况和永久居住地、性别、在斯洛伐克共和国的住所和国籍。数据库中的信息记录结构和技术细则由教育部在与高等学校讨论之后制定。

（3）学生注册信息主要有：

①报到日期；

②既有学历；

③学位课程；

④下学年或半学年的注册[第51条第(4)款第⑨项];

⑤寄宿地。

(4)通过的国家考试和授予的学位。

(5)学业中断。

(6)学业终止。

(7)学生注册簿只能由高等学校授权的员工进行记录,第(3)款第①和③～⑦项所列的事件记录必须在相关事件发生后3天内进行。

(8)上文第(4)款所述的员工有义务遵守高等学校通则的个人数据保护法规。

(9)高等学校应当永久保存学生注册数据。

第八部分　教职员工

第74条　教职员工

(1)高等学校的教职员工包括教师、科研人员、艺术工作者和其他人员。

(2)根据第36条,公立高等学校的专业培训机构担任临床和实践培训教师的人员,按照特别规定提供医疗卫生服务。

(3)根据专属条例,上文第(1)款和第(2)款所述的教职员工,即使受雇于多个雇主,每周工作时长,包括加班,最多不超过58小时。

第75条　学术教师

(1)学术教师的工作岗位有教授、客座教授、副教授、客座副教授、讲师、助教和教员。

(2)大学类型高等学校[第2条第(14)款和第111条第(1)款]的学术教师,除教员[第(4)、(5)、(8)、(9)款]外,应积极参加旨在获得新知识、开发产品或艺术作品的研究、开发、预防治疗或艺术活动,或参加艺术表演。职业高等学校的学术教师担任副教授、讲师和助教,应积极参与研究、开发或艺术活动,以获取新知识、开发产品或艺术作品,紧跟科学、技术和艺术的发展,确保教学活动与知识更新齐头并进。

(3)教授和副教授的职位与授予教授和副教授科学教育学衔的专业有关[第76条第(2)款]。

(4)在某研究专业担任教授的学术教师负责在高等学校或学院的框架内从事此专业的研究和教学;通过研究、开发、预防治疗或艺术、教育活动,为发展各自专业的知识和澄清与其他研究专业的关系做出贡献;确保或参与确保高等学校或学院开设的学位课程的质量。教育专业教授的职责特别是举办讲座和研讨会,对学生进行评估,包括监督国家考试、监督博士生、指导毕业论文[第51条第(3)款]、编写学习材料。科学和技术或艺术专业,教授的职责包括研究和掌握专业发展趋势和新概念,研究、开发或举办艺术活动,在期刊上发表文章,以及在具有国际意义的科学、专业或艺术活动中,领导研究或艺术小组参加国际科学或艺术组织的活动。

（5）在某研究专业担任副教授的学术教师与教授合作，通过研究、开发或艺术、教育活动，为研究专业的发展做出贡献。在教授不参与以上活动的情况下，确保或帮助确保高等学校或学院开设学士学位课程的质量。教育专业副教授的职责是举办讲座和研讨会，对学生进行评估，包括监督国家考试、监督博士生、指导毕业论文［第51条第（3）款］，编写学习材料。在科学和技术或艺术领域副教授的职责包括研究、开发或举行艺术活动，在期刊上发表文章，以及在具有国际意义的科学、专业或艺术活动中，领导研究或艺术小组参加国际科学或艺术组织的活动。

（6）担任教授职位的资格是需获得与职位相关的研究专业或相关研究专业的教授科学教育学位（第76条）。担任副教授职位的资格要求是需在相关研究专业获得副教授科学教育学位（第76条）。

（7）持有教授科学教育学学位并担任教授职务的学术教师，在从事职务活动期间，是高等学校的正式教授。持有副教授科学教育学学位并担任教授一职的学术教师，在从事教授职务活动中，是高等学校的特聘教授。高等学校的特聘教授在担任教授职务期间获得教授科学教育学学位，即成为高等学校的正式教授。

（8）担任讲师职务的学术教师负责与高等学校的教授和副教授合作完成教育专业和科学、技术或艺术专业的任务［第（4）和（5）款］。若在讲师岗位工作的教师没有博士学位或科学教育学位，需进修以便取得资格。教育专业讲师的工作职责包括是从选定章节授课、指导研讨会和实践培训以及对学生进行评估，并在两个初级高等教育阶段对毕业论文［第51条第（3）款］提出意见、编写学习材料、为学生答疑，并组织实地考察和学生实践活动。在科学和技术或艺术专业，讲师的工作职责包括参与现场研究、开发或艺术活动，并在期刊和科学、专业或艺术活动中公布其成果，以及合作组织科学或艺术活动。担任讲师职务的资格要求取决于工作任务的具体内容，即具备硕士学位或博士学位。

（9）担任助教的学术教师负责在高等学校的教授和副教授的指导下完成高等学校教育以及科学、技术或艺术专业的任务［上文第（4）款和第（5）款］。高等学校应为助教获得博士学位的教育提供机会。教育专业助教的工作职责，特别是开设实践课、评估学生、参与其他教学活动和参与编写学习材料。在科学技术或艺术专业，助教的职责包括参与研究、开发或艺术活动，宣传其成果，以及参与组织科学、专业或艺术活动。履行助教职能的资格要求是应具备硕士学位。

（10）担任教员的学术教师负责完成高等学校在特定教育专业的任务。教员的工作职责是教学，不必参与研究或开发，而是讲授实践课并对学生进行评价，参与其他教学活动和参与编写学习材料。教员的其他工作职责见高等学校内部规定。教员的资格要求取决于工作任务的具体内容，即具备学士学位或硕士学位。

（11）为保障学生的流动，校长或院长（如果是学院活动）通常从学术教师中任命一名协调员，其任务是参与教育专业国际合作方案的拟订和执行，解决与派遣和接收学生有关的任务，从事在斯洛伐克共和国和国外其他高等学校的咨询服务工作。

第 76 条　副教授和教授的科学教育学位

(1)在高等学校从事科学和教育活动并符合既定标准的专家,可申请获得由具有授予权的高等学校颁发的,特定学习专业的副教授或教授科学教育学位或艺术教育学位。

(2)根据第 53 条第(3)款,副教授的科学教育学学位、副教授的艺术教育学学位、教授的科学教育学学位和教授的艺术教育学学位仅在硕士和博士学位或学士学位与硕士学位合并学习的专业内授予。

(3)获得副教授科学教育学学位的前提条件是:

①提供第 3 级的高等教育[第 54 条第(1)款];

②完成教授资格论文并通过教授资格程序,取得教授资格。

(4)获得副教授艺术教育学学位的先决条件是完成教授资格论文并通过教授资格认证程序。

(5)获得教授的科学教育学学位或艺术教育学学位的先决条件是根据上文第(3)款和第(4)款获得副教授的科学教育学学位或艺术-教育学学位,并通过任命程序。

(6)获得科学教育学学位副教授和教授的先决条件和认证程序应由教育部颁布的高等学校通则规定。

第 77 条　学术教师的聘用

(1)学术教师,以及"教授"和"副教授"的聘用根据第 15 条第(1)款第③项规定的遴选程序进行。教授和副教授职位的遴选程序同时是学术教师职位的竞聘。竞聘通知应在高等学校或学院(如果是选聘学院职位)的官网上发布,并提交教育部,公布在专门网站上。全国范围发行的日报也应刊登竞聘"教授"职位的信息。

(2)未取得教授或副教授科学教育学学位的员工,可竞聘为学术教师,任期不超过5 年。

(3)没有取得教授或副教授科学教育学学位的学术教师[上文第(1)款],若受聘于医学、药学和兽医学系以及公立高等学校其他部门等需完成某阶段专业培训的,其任期可超过上文第(2)款规定的时间。其任期可由院长或校长决定,最长为 10 年。

(4)学术教师可通过竞聘担任副教授或教授,任期不超过 5 年。如果学术教师第 3次担任副教授或教授职务,且担任该职务至少 9 年以上,并且具有相应的科学教育学学位,则有资格与高等学校签订聘任合同,担任相应职务直至 65 岁。

(5)校长或院长对于分配给学院的学术教师可在一定的时间内免除其教育任务,使其专门从事科学工作或艺术工作。关于员工报酬的专属条例的规定不在此列。

(6)学术教师的任期在年满 65 岁的学年结束时终止,其劳动关系根据专属条例提前终止的除外。对于分配给学院的员工,校长或院长经高等学校或学院学术参议会同意,可与 65 岁以上、在学院工作不满一年的员工签订劳动合同;此类劳动合同也可多次签订。

（7）在高等学校担任校长或院长的学术教师，其任期根据劳动合同终止，或按上文第（6）款所述已年满 65 岁，则劳动关系应在其任期结束之日终止。

（8）校长或院长可不通过竞聘方式聘用兼职学术教师，聘期不超过一年。

第 78 条　名誉教授

根据科学委员会的建议，校长可授予 65 岁以上、已与高等学校终止劳动关系［第 75 条第（7）款］，但继续从事研究和教学活动的专任教授为"荣誉教授"，表彰其在科学或艺术及教育领域做出的重大贡献。高等学校应当按照内部规定，允许名誉教授参加研究和其他活动。

第 79 条　"客座副教授"和"客座教授"

（1）院长经学院科学委员会批准，可与杰出专家签订聘用合同，担任客座副教授学术教师职务，聘用期不得超过两年。有关客座副教授的规定见第 75 条［第 75 条第（6）款除外］。第 77 条的条款不适用于选拔客座副教授。如果客座副教授在高等学校工作，应经高等学校科学委员会批准，与校长签订劳动合同。

（2）校长或院长可在学院列出职位需求，经高等学校科学委员会批准，与杰出专家签订劳动合同，担任客座教授的学术教师，聘用期不得超过两年。客座教授适用于第 75 条有关教授的条款［第 75 条第（6）款除外］。第 77 条的规定不适用于选拔客座教授。

第 80 条　研究人员和艺术工作人员

（1）高等学校为完成科学、技术或艺术任务，可以聘请研究人员和艺术工作者。

（2）研究人员和艺术工作者也可以参加高等学校的教学活动。

第九部分　认证

第一章　认证委员会

第 81 条　认证委员会的组成和活动

（1）政府成立认证委员会，作为咨询机构，批准其章程［第 102 条第（1）款第②项］。

（2）认证委员会由主席、副主席和其他成员（以下称"委员会成员"）组成，由政府在高等学校代表提出意见后根据部长的建议进行任免［第 107 条第（1）款］；从高等学校、专业和科学机构的杰出人士中任命。认证委员会成员还可以包括外国专家。

（3）认证委员会有 21 名成员。

（4）认证委员会 1/3 的成员不能来自于高等学校。

（5）政府任命认证委员会成员，任期为 6 年；任期不得连续超过两届。委员会初次成立时，采用抽签方式决定 1/3 的成员任期在两年内到期，以及 1/3 的成员任期在 4 年内到期。认证委员会主席任期为 6 年。

（6）认证委员会成员不能同时担任校长、副校长、院长和副院长。

（7）认证委员会的成员资格在下列情况下终止：

①成员任期届满；

②提交书面申请辞去成员资格；

③担任上文第（6）款所述的职务；

④罢免；

⑤成员死亡。

（8）在高等学校代表提出意见后，政府可根据部长的建议罢免认证委员会成员：

①未能履行成员义务，认证委员会审议原因后，由认证委员会主席向教育部长提出罢免建议；

②依法判处故意犯罪或无条件监禁的成员。

（9）如果认证委员会成员提前结束任期，政府为填补空缺任命新成员，则该成员的任期延续至前任的任期。

（10）认证委员会可设立工作组，为讨论的议题做专业准备。

（11）经认证委员会批准，认证委员会主席任免工作组主席和其他成员；工作组主席从委员会成员中任命。工作组成员必须具备高级专业水平和权威性。外国专家也可以成为工作组成员。

（12）政府批准的认证委员会章程规定认证委员会及其工作组的议事规则。

（13）教育部对认证委员会的活动提供物质和财政支持。

（14）认证委员会成员及其工作组的活动是为公众利益服务，可以获得工作补贴，并根据特殊规定报销差旅费。这些资金由教育部返还受聘方。

第 82 条　认证委员会的活动

（1）认证委员会关注高等教育质量，独立评估高等学校的教学、科研、发展、艺术和其他创造性活动：主要评估各高等学校开展这类活动的条件，并提出改进建议。认证委员会可公布评估结果。

（2）认证委员会就以下事项发表意见：

①高等学校学位课程的执行能力；

②非高等学校参与开展博士学位课程的能力（第 86 条）；

③高等学校执行教授资格认证程序和教授提名程序的能力；

④公立高等学校或其学院、国立高等学校或其学院的建立、兼并、合并、设立、撤销、更名、更换校址等事务；

⑤法人要求国家授权开办公立高等学校的建议；

⑥第 2 条第（13）和（16）款所述的高等学校类型的建议；

⑦关于变更学习专业的建议；

⑧部长提出的关于高等教育制度的其他建议。

（3）认证委员会对高等学校的研究、开发、艺术或其他创造性活动水平进行评估。在此过程中，根据特殊规定考量高等学校定期评估的结果。

（4）认证委员会还应对高等学校的活动进行综合认证（第 84 条）。

（5）在履行上文第（2）～（4）款和第 83 条第（11）款所述职责时，认证委员会有权要求在斯洛伐克共和国境内从事研究和开发的国家行政中心机构、高等学校和法人提供相关重要信息、文件，根据第 86 条规定申请认证。

（6）认证委员会根据上文第（2）款，在收到完整文件后 150 天内提出意见，但不包括第 84 条所述的高等学校活动综合认证框架内的报告。

（7）斯洛伐克共和国政府法令规定认证委员会的设立、成员的甄选方式、根据本条款开展活动的程序以及根据本条款进行认证活动的提交方式、申请资料的具体内容以及背景材料。

（8）教育部根据认证委员会的建议，根据上文第（2）款第①～③项评估能力、根据第 2 条第（13）和（16）款对高等学校进行分类的建议，以及上文第（3）款评估研究、开发、艺术和其他创造性活动所适用的标准。

第二章　高等学校活动的授予权和综合认证

第 83 条　高等学校个别活动的认证和授予权

（1）学位课程的评估是认证委员会根据高等学校的要求评估其执行学位课程能力的过程。认证委员会根据第 82 条第（2）款第①项的规定做出声明后，教育部可授予高等学校该学位课程毕业生相应学位的权利。高等学校取得上述权利的学位课程是经过认证的。根据第 53 条第（8）款的规定，在完成学业后获得"硕士"学位的认证学位课程的高等学校有权在学生研究生毕业统考合格后授予相应的学位。

（2）根据第 82 条第（2）款第①项评估实施学位课程的能力时，评估内容包括按照既定标准［第 82 条第（7）款］、内容、对申请者的要求和甄选方法、完成学位课程的要求、学位课程的授课人员、材料、技术提供以及学生和毕业生的水平。对于新的学位课程，可以在第一次认证时适用专业标准，若认证委员会认为高等学校在适用标准后，在与标准学习时间相应的期限结束时有能力实施此学位课程，并且现有条件也能使首批毕业生接受标准的高等教育，则应给出肯定的意见。

（3）对教授资格程序和学位课程中"教授"提名程序的认证，是认证委员会应高等学校请求评估其在此研究领域开展教授资格程序和"教授"提名程序的过程。在认证委员会根据第 82 条第（2）款第③项，教育部可授予高等学校在规定的学习专业进行教授资格程序和"教授"提名程序的权利。

（4）拥有第 53 条第（3）款所述的 2 级学位课程或 3 级学位课程认证的高等学校可申请教授资格程序和"教授"提名程序认证。如果学位课程是在学院进行的，则教授资格程序和"教授"提名程序可在学院进行。

(5)根据第 82 条第(2)款第③项和第 82 条第(7)款的标准进行教授资格程序和教授提名程序评估时,评估对象是高等学校的科学或艺术形象,涉及其所取得的国际成果、教授资格程序标准和根据第 12 条第(1)款第⑤项和第 30 条第(1)款第⑤项教授提名标准以及人员配备,包括高等学校及其学院(教授提名程序在学院进行的)科学委员会的组成。

(6)认证委员会根据上文第(1)款和第(3)款规定出具评估意见的基本文件,实质是工作组的评估报告。评估报告的附件是高等学校对其内容的说明。该说明也是认证委员会提交给教育部的评估文件。

(7)如果高等学校在认证时符合上文第(2)款和第(5)款能力评估的标准[第 82 条第(7)款],并且认证委员会为其创造了充分的条件,直到对高等学校进行最后的综合认证为止,教育部根据上文第(1)款和第(3)款授予认证委员会的权利没有时间限制。根据第 84 条的规定,在高等学校活动综合认证框架内进行的定期评估没有时间限制。如果是新的学位课程,教育部根据上文第(1)款规定有权授予其最长相当于标准学习时间。

(8)如果高等学校在认证时符合上文第(2)款和第(5)款进行能力评估时适用的标准[第 82 条第(7)款],但在对高等学校的活动进行最后的综合认证之前,认证委员并不能为保持能力创造足够的条件,教育部根据上文第(1)款和第(3)款授予的权利,通常期限为两年。同时,要求高等学校采取措施,改正不足之处,并在规定期限内提交结果报告。针对评估中发现的问题,应当要求认证委员会对评估结果进行检查。如果在对高等学校的活动进行综合认证前所采取的措施达标,经认证委员会声明,教育部应取消授予权利的时限。如果综合认证没有达到规定,教育部应延长授予的权利期限。不符合标准的高等学校,或者未在规定期限内提交报告者,按照下文第(9)款的规定办理。

(9)如果高等学校在认证时不符合上文第(2)款和第(5)款进行能力评估时适用的标准[第 82 条第(7)款],却已授予了相应的权利,教育部应暂停权利的有效性,并请高等学校立即采取措施,改正不足之处,并在一年内提交结果报告。同时,应要求认证委员会通过走访高等学校对评估结果进行检查。如果高等学校已经改正并符合标准,教育部应在认证委员会提出意见后,按照上文第(7)款和第(8)款规定延长授予权利的有效期;否则,取消其权利。高等学校未按规定期限提交报告,教育部应取消其权利。如果高等学校在认证时不符合上文第(2)款和第(5)款能力评估时适用的标准[第 82 条第(7)款],而且当时尚未获得授权,教育部应驳回其授予权利的请求。

(10)如果根据上文第(9)款取消或拒绝授予高等学校权利,高等学校可在教育部做出决定至少一年后申请相同专业的学位课程的认证。

(11)认证委员会有权要求高等学校和校外教育机构在认证有效期内的任何时候提供认证活动情况的信息。如果发现高等学校或校外教育机构停止履行授予相关权利的标准,可以启动对相关活动的认证。

第 84 条　高等学校活动综合认证

(1)在高等学校综合认证过程中,认证委员会一般评估高等学校的教学、研究、发展、艺术或其他创造性活动,以及开展这些活动的人员、技术、信息和其他条件,并评估高等学校为得到授权而进行的所有学位课程、所有教授资格和"教授"提名程序等。

(2)高等学校的综合认证活动每隔 6 年按认证委员会预先制订的综合认证计划进行一次。根据下文第(3)款,高等学校活动的综合认证从提交文件之日开始。提交文件的时间是综合认证计划中的一部分,应至少提前一年提交。在高等学校活动的综合认证期间,如有需要,可根据第 83 条规定对高等学校自身的多种活动进行认证。

(3)高等学校应按照综合认证计划表上文第(2)款中的规定,在规定期限内提交下列文件:

①本校活动的评估结果,包括第 70 条第(1)款第⑧项对学生进行定期调查的结果;

②为获得授予学位权的所有学位课程认证申请,包括学位课程的相关文件;

③开展教授资格认证程序和教授提名程序认证及所有专业的认证申请,包括相关文件资料;

④研究、开发、艺术和其他创造性活动评价的背景材料。

(4)高等学校活动的综合认证结果如下:

①根据认证委员会对高等学校活动的分析,评估高等学校职责的完成情况;评估包括改进高等学校工作的建议;

②认证委员会关于高等学校执行认证学位课程能力的意见,以及教育部关于批准、中止、取消或不准予相关授权的决定;

③认证委员会关于在高等学校申请认证的专业开展教授资格程序和"教授"提名程序的意见,以及教育部关于准予、中止、剥夺或不准予相关权利的决定;

④高等学校科研、开发、艺术和其他活动评估;

⑤认证委员会根据第 2 条第(13)款就高等院校分类所做的声明。

(5)认证委员会应在上文第(2)款对活动进行综合认证开始后的 10 个月内,撰写上文第 84 条第(4)款第①项所述的评估报告、第 84 条第(4)款第②和③项的声明以及上文第 84 条第(4)款第④项的评估报告。教育部应在收到认证委员会的声明后 60 天内决定是否批准、中止、取消或不给予上述第(4)款第②和③项规定的权利。教育部应向高等学校提供认证委员会的评估报告及其是否授予高等学校完成高校综合认证的权利的决议。

(6)如果高等学校未按照上文第 84 条第(3)款第②或③项的规定,提交对其迄今拥有相关权利的某些活动进行综合认证的申请,教育部应自终止对高等学校活动的综合认证之日起剥夺其权利。

(7)在高等学校活动综合认证过程中,高等学校不能根据第 82 条第(2)款第①和③项提交高等学校活动认证申请,但高等学校尚未申请认证的学习专业内的新学位课程认证申请、教授资格认证申请和"教授"提名程序除外。在高等学校活动综合认证期间,若授予的权利有时限要求,该授权自动延长至期满。

第 85 条　高等学校的升迁与降格

(1)对于非大学类型的公立高等学校,如果在第 84 条第(4)款第④项所指的认证委员会对高等学校活动进行综合认证的基础上符合第 2 条第(14)款所指的条件,可以申请教育部将其纳入大学类型的高等学校。据此申请,教育部可在高等学校代表机构发表声明后向政府提交相应的法律草案[第 107 条第(1)款]。

(2)如果大学类型的公立高等学校不符合第 84 条第(4)款第⑤项所指的认证机构基于对高等学校活动综合认证所做的声明、第 2 条第(14)款所述的条件,教育部应要求该校立即采取措施,改正不足之处,并在一年内提交改进结果报告。同时,还应通过走访高等学校,由认证委员会对其改进结果进行核查。如果高等学校没有改正不足,教育部可在高等学校代表机构发表声明[第 107 条第(1)款]后,向政府提交法律草案,将该公立高等学校归入非大学类型的高等学校。

(3)在认证委员会第 84 条第(4)款第⑤项高等学校活动综合认证所做声明的基础上,如果大学类型公立高等学校符合第 2 条第(16)款所述的条件,则可向教育部申请纳入研究型大学体系。教育部可在高等学校代表机构发表声明后,将该高等学校纳入研究型大学[第 107 条第(1)款]。

(4)在认证委员会根据第 84 条第(4)款第⑤项规定高等学校活动综合认证所做声明的基础上,如果研究类型的公立高等学校符合第 2 条第(16)款所述的条件,教育部应在高等学校代表机构做出声明后将其排除在研究型大学之外(第 107 条)。

(5)上文第(1)款和第(4)款也相应适用于国立高等学校和私立高等学校。

第 86 条　非高等学校申请在相应的学习专业内参与开展博士学位课程的认证及授权

(1)非高等学校是在斯洛伐克共和国境内进行研究和开发的法律实体,可申请研究专业的认证,在此框架内,应根据第 54 条规定对其参与执行此项研究专业的博士学位课程的能力做出评估。

(2)教育部可根据上文第(1)款所述的请求,在认证委员会第 82 条第(2)款第②项规定发表后,根据第 54 条所述条款,授予非高等学校参与开展相应学习专业博士学位课程的权利。

(3)在评估非高等学校参与实施第 54 条所述的相应学习专业博士学位课程的能力时,适用第 83 条第(2)款规定。

第 87 条　高等教育机构在停办期间或取消授权之后的活动

(1)如果高等学校暂停授予学位课程毕业生学位的权利,则该校不得招收新生参加该学位课程学习。

(2)如果某高等学校被取消授予某学位课程毕业生学位的权利,不得招收新生学习相应的学位课程,并有义务给学生提供在同一所高等学校继续学习相同或相似的认证学位课程的机会,否则,该高等学校应与教育部配合,在另一所高等学校为学生提供此类课程的选择。

(3)高等学校可以终止认证的学位课程,但必须保证学生自行选择是在同一所或另一所高等学校继续学习相同或相似的学位课程。

(4)上文第(1)款和第(2)款的规定同样适用于暂停或取消外部教学机构根据第54条规定开展博士学位课程的权利。

(5)如果中止高等学校在学习专业进行教授资格认证程序或"教授"提名认证程序,高等学校不得进行在该学习专业启动教授资格认证程序和"教授"提名认证程序的新申请。

(6)如果取消高等学校在学习专业进行教授资格认证程序和"教授"提名认证程序,所有未完成的程序都将中止。

第十部分　高等教育资助与学生福利制度

第一章　高等教育资助

第 88 条　国家中央行政机构在高等教育资助方面的活动

(1)公立高等学校和国立高等学校的经费主要由国家提供,来自国家预算的资助应转入:

①公立高等学校,通过教育部或其他部委的分支机构转入;

②军事高等学校,通过国防部分支机构转入;

③警察高等学校,通过内政部分支机构转入;

④高等医科大学,通过卫生部分支机构转入。

(2)国家还可以从预算中向私立高等学校提供补贴。国家补贴应通过教育部的分支机构发放给私立高等学校(第91条)。

第 89 条　资助公立高等学校

(1)公立高等学校的经费应根据专属条例由国家预算提供补贴。为支付其活动所需费用,公立高等学校还应使用其他资源(第16条)。

(2)教育部应向公立高等学校提供补贴,用于执行认证的学位课程、开展研究、开发或艺术活动,提升高等学校发展水平和学生福利待遇。

(3)教育部按照协议向公立高等学校提供补贴。教育部确定协议格式,除了缔约方的身份资料之外,还特别包括:

①发放补贴的目的和其他使用条件;

②补贴金额,包括单项补贴金额;

③发放补贴的时间和方式;

④接受方应向提供方提交补贴的日期。

(4)对认证学位课程的资助,主要取决于学生人数、毕业生人数、实施学位课程所需的经费、第2条第(13)款所规定的高等学校分类,以及其他与教学有关的准则。补贴金额参照《国家预算法》执行。

(5)对研究、开发和艺术活动的补贴,包括对科学技术发展的直接支持和用于资助研究开发任务的专项资金。各高等学校直接支持科学技术发展总额的确定程序和研究开发专项资金的分配办法,参照专属条例执行。对研究、开发或艺术活动的补贴应取决于高等学校的研究、开发或艺术能力,根据第 84 条第(4)款第④项规定对高等学校在科学、技术或艺术专业取得的成果,对其研究、开发、艺术和其他创造性活动的评价结果以及根据第 2 条第(13)款和第(16)款规定的高等学校分类给予补贴。

(6)高等学校的发展补贴应通过竞争确定,各高等学校应在竞争的框架内向教育部提交实施其发展方案的项目。竞争标准包括提交项目的质量、教育部的长期发展战略和公立高等学校的长期发展战略。

(7)学生福利津贴应以第 96 条规定所述的学生请求为依据;若为选择性福利则由国家预算提供。依据法律,高等学校有权获得与第 96 条所述学生要求相对应的部分补贴。

(8)根据第(4)～(7)款规定确定具体补贴的程序应在教育部与斯洛伐克共和国财政部发布的高等学校通则的条例中加以规定。

(9)教育部应在国家预算批准后 60 天内公布各公立高等学校历年获得的补贴额度。

(10)开展经认证的学位课程、研究、发展或艺术活动以及用于高等学校的补贴金额,在一个校历年度结束前未动用的,高等学校可在下个校历年度使用,但必须符合补贴协议的相关规定。未动用资金不影响下年度分配的补贴。

(11)学生合法诉求的福利补贴余额,在一个校历年度结束前未动用的,应当转入下一年度。余额应列入下一个校历年学生福利补助中。

第 90 条　资助国立高等学校

(1)国立高等学校(第 42 条)根据专属条例获得资助。

(2)除非另有规定[第 92 条第(4)款],国立高等学校不收取学费。

第 91 条　资助私立高等学校

(1)私立高等学校应当为其教育、研究、开发或者艺术创作活动筹集资金。

(2)教育部在收到高等学校代表机构的意见[第 107 条第(1)款]并征得政府的同意后,可应要求向私立高等学校提供补贴,用于执行其经过认证的学位课程,作为非筹资性资助和对艺术活动以及高等学校发展的资助。可以向私立高等学校提供专项资金,用于研究开发项目;分配办法由专属条例规定。

(3)教育部向私立高等学校提供的学生福利补贴。依据法律,所有私立高等学校有权享受第 96 条第(1)款所述的学生权利产生的部分补贴。

(4)第 89 条第(3)～(11)款规定同样适用于第 91 条第(2)、(3)款给予的补贴。

第二章　学费和学习相关费用

第 92 条　公立高等学校的学费和学习相关费用

(1)公立高等学校学费和学习相关费用确定的依据是教育部在前一校历年核定预算细目框架内从国家预算中拨给公立高等学校每名全日制学生的平均费用总额的10%。

（2）基数应适用于从给定校历年度开始的学年。

（3）攻读学士、硕士学位课程或第53条第（3）款[第2条第（5）款]规定的学位课程，但未超过该学位课程标准学习时间[第51条第（4）款第⑧项]的学生，无须支付此项学费。

（4）如学生在没有重要理由（例如基于健康理由）的情况下，攻读学士、硕士学位课程或根据第53条第（3）款规定攻读的课程超过标准学习时间[第51条第（4）款第⑧项]的，则须按高等学校的规定，每多攻读一年，需向高等学校缴付学费。每年学费不得超过基数的5倍。高等学校根据学院的建议确定每年的学费。课程的学习期指学生在斯洛伐克共和国公立高等学校攻读学位课程的整个期间。学生在攻读学士学位课程时，学习期亦包括根据第53条第（3）款规定攻读课程的时间。学生在攻读硕士学位课程时，学习期亦包括学生根据第53条第（3）款规定攻读课程超过3年的时间。根据第53条第（3）款的规定，学生攻读学位课程的时间，亦包括学生攻读学士或硕士学位课程的时间。课程的学习期为整学年。此规定同样适用于国家公办学校的学生。

（5）全日制博士学位课程的学生不缴纳学费。

（6）高等学校确定外国人的各级学习相关费用如上述第（1）～（5）款及第（7）～（10）款规定不适用此情况。根据国际学费和学习相关费用应遵守这些协议的规定。本条款的规定不适用于在斯洛伐克共和国境内拥有永久居留权的外国学生。

（7）公立高等学校可以要求申请人支付入学手续的材料费。费用来自与上述业务有关的高等学校的实际成本。该费用不应超过上文第（1）款规定的基数的25％。

（8）公立高等学校可能需要支付与研究生毕业考试和论文答辩相关的活动费用。费用不得高于上文第（1）款规定的基数的150％。

（9）公立高等学校可能要求为通过研究生毕业考试的硕士研究生颁发学位文凭的相关收费。费用不得超过上文第（1）款规定的基数的30％。

（10）公立高等学校可要求支付已完成学业证书及其副本的签发费用（第63条）、完成学业文件的签发费用以及完成学业文件副本的签发费用。收费标准应在高等学校的内部规章中规定，并取自高等学校与这些业务相关的实际费用。

（11）公立高等学校应根据本条第（1）～（13）款规定公布下学年的学费和学习相关费用，最迟在提交学习申请表截止日期前两个月公布[第57条第（5）款]。

（12）《高等学校章程》规定缴费方式和期限。

（13）校长可以减少或取消学费和学习的相关费用，或延长其与学生的学习、社会和健康状况有关或符合《高等学校章程》规定的其他重大事项的时限。

（14）学费和其他学习相关费用为高等学校的收入。

（15）除上文第（6）款规定的收入外，至少40％的学费收入应分配给高等学校的奖学金基金。学费收入中非高等学校奖学金基金收入部分，只能用于完成高等学校在高等教育专业的主要任务。

（16）基本行政事业性收费条例不适用于本法规定相关收费。

第 93 条　私立高等学校的学费和学习相关费用

(1)私立高等学校在内部规章制度中明确学费和学习相关费用。

(2)私立高等学校应在提交学习申请截止日期[第 57 条第(5)款]前最迟两个月公布下学年根据上文第(1)款收取的学费和与学习相关的费用。

第三章　学生社会福利制度

第 94 条　学生社会福利制度

(1)给学生提供直接或间接的福利待遇。

(2)福利待遇的直接形式是奖学金。

(3)间接形式的福利待遇包括以下内容:

①根据情况给学生提供餐饮和住宿服务,部分费用由国家承担;

②对体育活动和文化活动给予资助和组织支持。

(4)福利制度还应包括给学生提供长期低息贷款。

(5)只要符合规定条件,学生均可申请福利提供的各种服务。如果申请选择服务的人数超过其能力,则该服务应仅提供给根据高等学校预先确定的标准择优挑选申请人,应特别考虑申请人的社会状况和学习成绩,择优选择。

(6)如果学生将福利制度提供的服务用于非预期的目的,或学生使用了本人无权享受的服务,或以任何其他方式滥用福利金,应按违纪的行为进行处理(第 72 条)。

第 95 条　奖学金

高等学校应当给学生提供奖学金,奖学金来源包括:

①国家预算提供的资金;

②通过奖学金基金从自己的资源中拨款[见第 16 条第(7)款第③项]。

第 96 条　国家奖学金

(1)在斯洛伐克共和国拥有永久住所,参加前 2 级学位课程和根据第 53 条第(3)款规定的学位课程的学生,只要符合既定条件,就有权获得国家奖学金。国家奖学金用于支付与研究有关的费用,学生有权依法获得国家奖学金。

(2)国家奖学金的发放仅限于上文第(1)款规定的每个级别的新生,发放期不得超过最长标准学习时限。

(3)凡申请国家奖学金的学生,收入是评判是否授予学生国家奖学金的关键因素。学生领取国家奖学金的收入限额和国家奖学金数额根据专属条例的相关规定确定最低生活保障数额。

(4)对获得国家奖学金的权利具有决定性意义的收入、共同判定的群体、有权获得国家奖学金的收入限额,应由教育部颁布的高等学校通则来界定。

第 97 条　高等学校自身资源提供的奖学金

(1)高等学校应就其资源数额给予学生奖学金。作为一次性或定期的福利待遇,主要给学业优秀者和在学习、研究、发展、艺术及体育活动领域成绩优异者提供奖学金。

(2)根据上文第(1)款规定给予奖学金的条件,须列入高等学校或学院的奖学金发放规则中。

第 98 条 提供餐饮和住宿

(1)高等学校应为学生提供餐饮服务,并承担部分费用。

(2)高等学校应为学生提供住房,并在能力范围内为其费用提供部分资金支持。在提供住房方面,学校应综合考虑学生的社会地位、学习成绩、健康状况以及乘坐公共交通工具往返学校的时间。神学院是公立高等学校,神学院为学习神学课程的学生提供膳食和住宿。

(3)学生膳食和住宿应由高等学校指定区域或由承包商提供。

(4)作为学生福利补贴的一部分,高等学校应从国家预算中获得资金,承担学生餐饮和住宿方面的部分费用[第 89 条第(2)、(7)款]。

(5)高等学校为学生提供的住宿和膳食的条例,以及国家提供住房和膳食的出资条件和形式,应在教育部颁布的高等学校通则中加以规定。

第 99 条 支持体育活动和文化活动

高等学校应当从资源上支持,并为学生的体育文化活动创造条件。支持学生各种形式的体育文化活动,包括大学体育联合会、俱乐部和学生艺术团体。作为学生福利津贴的一部分,国家预算应提供该项费用[第 89 条第(2)、(7)款]。

第 100 条 支持残疾学生

高等学校应为残疾学生提供高等学校学习方面的专项支持。[第 15 条第(2)款第⑨项]。

第 101 条 学生助学贷款

(1)学生可根据专项条例向学生贷款基金部门申请贷款。

(2)国家应创造条件,给予学生贷款贴息并宽限期限。

(3)高等学校可以从奖学金基金中为学生提供贷款,详情由《高等学校奖学金实施办法》[第 15 条第(1)款第⑨项]和[第 48 条第(1)款第⑥项]规定。

(4)学生申请助学贷款的目的用于支付与学习有关的费用和满足其学习的需要。

第十一部分 国家行政

第 102 条 政府和教育部的活动

(1)政府应该做到:

①根据部长提议,任免认证委员会主席、副主席和其他成员[第 81 条第(2)、(8)款];

②根据教育部提议,批准认证委员会章程[第 81 条第(12)款];

③根据教育部的提议,准许和剥夺私立高等学校的权利(第 47 条,第 105 条);

④重点讨论下文第(2)款中②、③项所述的教育部材料及教育部关于高等学校和高等教育发展状况的条件[下文第(2)款第①项]。

(2)教育部应做到：

①为高等学校和高等教育的发展创造条件,负责高等教育领域立法的更新和发展;

②每年编写最新情况,并公布高等学校领域教育、研究、发展、艺术和其他创造性活动的长期战略(以下简称"教育部长期战略"),教育部长期战略的准备期为5～10年;

③编写和公布当前高等教育现状的年度报告;明确高等学校活动年度报告和经济管理年度报告的提交日期和形式;

④讨论和审查公立高等学校、私立高等学校的长期战略及其更新情况,确定提交上述长期战略的日期和形式;

⑤经高等学校的代表机构提出意见后,由教育部的分支机构确定国家预算对高等学校的补贴[第107条第(1)款];

⑥根据高等学校的代表机构提出意见[第107条第(1)款]后,斟酌决定限制教育部向高等学校提供资金的全日制学生人数逐年增加,各高等学校全日制学生的百分比不得低于5%;

⑦登记选定的高等学校内部条例[第15条第(3)款、第48条第(4)款];

⑧在认证委员会就授予高等学校权利给出意见后,决定学生在圆满完成学业后授予相应的学位[第83条第(1)款],授予高等学校开展大学授课制和"教授"提名制的程序[第83条第(3)款],以及授予非高等学校参与实施博士学习的权利[第86条第(2)款];如果教育部的决定与认证委员会的建议不同,则应说明做出该决定的理由并予以公布;

⑨按照第85条第(1)～(3)款的条例,向政府提交更改注册高等学校的提议;

⑩检查遵守高等教育领域高等学校通则的情况;

⑪根据第19条第(4)款的规定,检查公立高等学校的资金使用情况;检查私立高等学校从国家预算(第⑤项)中获得的资金的使用情况;

⑫建议政府根据第47条第(1)款规定,并根据第2条第(13)款规定更改私立高等学校的名称、校址、分类,以及根据第47条第(14)款规定改变私立高等学校的法律形式;

⑬管理第50条下的研究领域清单;

⑭根据专属条例,统一使用各高等学校学生登记册中的信息;

⑮在行政工作中履行上级部门的职责(第108条);

⑯采取第83条、87条、104条、105条规定所述的措施;

⑰根据第106条规定,承认外国高等学校或其他机构有权颁发的文凭;

⑱为认证委员会和高等学校的代表机构的活动提供必要的条件和经费;

⑲通过专属条例对在斯洛伐克共和国学习的外国人和在海外留学的斯洛伐克公民的财政和物质进行管理;

⑳通过专属条例规定调整补充教学研究的细则,以提高高等学校在教育活动方面的能力。

（3）部长应做到：

①根据高等学校的要求，向共和国总统呈报提名"教授"名单［第 10 条第（7）款］，提出任免校长的提议［第 10 条第（2）款］；

②在任命新校长之前，向公立高等学校教务委员会提议学术参议担任校长职务的人选［第 9 条第（1）款第③项］；

③在新的公立高等学校成立后，授权公立高等学校招聘其各机构的雇员［第 5 条第（5）款］；

④在收到高等学校代表机构的意见［第 107 条第（1）款］后，向政府提交委任认证委员会成员的建议［第 81 条第（2）款］；

⑤确定公立高等学校校长的工资；

⑥根据第 107 条第（2）款规定，向高等学校的代表机构提交提案和解决问题的措施（第 107 条）。

第 103 条　登记内部条例

（1）在高等学校没有校长的情况下，高等学校的法定机构应向教育部提出登记内部规章的申请，并附上规章的 2 份副本。

（2）教育部应根据第（1）款规定在提出申请后 60 天内给出批复意见。

（3）如果教育部认为高等学校的内部规章与法律或其他法律规定相抵触，教育部应驳回申请，不予受理。驳回申请应当通知高等学校，并说明理由，且规定消除驳回注册申请不足的周期。

（4）如果教育部拒绝高等学校或学院的内部规章登记申请，高等学校或学院可向斯洛伐克共和国最高法院提出补救措施。

（5）高等学校的内部规章必须进行登记，并于登记之日起生效。

（6）上文第（1）～（5）款的规定也适用于须登记的高等学校内部规章的修订。

第 104 条　对公立高等教育机构权力的约束

（1）公立高等学校或其组成部分的某些措施与法律或者其他法律规定相抵触，教育部应当提醒公立高等学校及时纠正其采取的措施，并规定合理的审查期限。

（2）部长经高等学校代表机构同意［第 107 条第（1）款］，可限制公立高等学校或其学院的学术自治机构的权力，最终可完全剥夺公立高等学校或其学院的该项权力，如公立高等学校或其学院涉及以下几方面：

①未能设立任何学术自治机构；

②中止或剥夺授予所有学习课程学位的权力；

③资金使用不当，阻碍教学任务的完成；

④其学术自治机构的行为违反本法。

（3）高等学校的代表机构［第 107 条第（1）款］有义务在收到教育部的申请后 60 天内就上文第（2）款规定的调查结果提出意见。教育部的申请应包含申请理由。

（4）如果上文第（2）款规定的措施适用于公立高等学校的部分机构，则这些机构的权力应由各自的高等学校给予。如果上文第（2）款规定的措施适用于公立高等学校，则这些机构的权力应由经双方协商后授权给教育部所辖的另一所公立高等学校的机构接管。

（5）如果发生第（2）款规定的情况，部长应首先通知公立高等学校并请其及时纠正。

（6）如果根据上述第（2）款所述措施的理由不再存在，教育部则应当立即取消所采取的措施。

第 105 条　政府和教育部对私立高等学校权力的约束

（1）根据教育部的建议，政府同意私立高等学校开展活动[第 47 条第（1）款]，并根据第 2 条第（13）款的规定准许私立高等学校更改其名称、校址、分类及其法律形式[第 47 条第（14）款]。

（2）私立高等学校采取的措施或者其部分规定与法律或者与高等学校通则相抵触的，除法律另有规定外，应当提请私立高等学校及时纠正。

（3）如果私立高等学校违反本法或其内部条例规定的义务，政府经教育部提议并征得高等学校代表机构的同意[第 107 条第（1）款]，可以撤销私立高等学校所获得的国家批准文件。

（4）高等学校的代表机构有义务在收到教育部的声明申请后 60 天内根据上文第（3）款给出意见。

（5）如果申请中载有至关重要的错误数据而获得国家批准，或情况变更而没经国家允许同意的，政府应根据教育部的建议撤回国家批准文件。

（6）国家批准撤回的法人无权再从事高等学校的相关活动。同时，教育部应撤销对学位课程的认证。

（7）教育部应首先将上文第（2）款所述事实通知私立高等学校，并提请改正。

第 106 条　文凭的认可

（1）在本法中，文凭认可期限是指承认外国高等学校或其他授权机构根据国家规定颁发的文凭（以下简称"外国高等学校文凭"），与斯洛伐克共和国高等学校颁发的文凭具有同等效力。

（2）文凭认可的决定应由：

①斯洛伐克共和国的高等学校在提交的文件中所述的相同或相关的研究领域开展研究工作。如果研究内容仅部分相同，高等学校可让申请人参加额外的考试或参加学位论文、毕业论文的答辩和证书审查；

②如果斯洛伐克共和国没有高等学校来执行与所提交材料中所述相同或相关的研究计划，则由教育部负责。

（3）通过上述途径获得的与斯洛伐克共和国缔结相互承认文凭协议的外国高等学校或其他授权机构颁发的文凭与斯洛伐克共和国高等学校颁发的文凭具有同等效力，教育部应当做出文凭同等效力的认定。

（4）根据第54条第（21）款规定，博士生通过论文答辩后，外国高等学校授予的学位证书与斯洛伐克共和国高等学校颁发的博士学位证书具有同等效力。

（5）关于文凭认证程序的详情在教育部颁发的基本条例中有具体规定。

第十二部分　高等学校的代表机构

第107条　高等学校的代表机构

（1）高等学校的代表由以下机构组成：

①高等教育委员会；

②学生高等教育委员会；

③斯洛伐克校长会议。

（2）部长须向第（1）款规定的机构提交本法［第81条第（2）、（8）款，第91条第（2）款，第102条第（2）款第⑤项，第104条第（2）款和第105条第（3）款］所列提案以供批准或提出意见，还应主动或应上述机构要求参与讨论与高等学校有重大关系的建议和措施。

（3）高等教育委员会是高等学校自治的最高机构，高等教育委员会由高等学校的代表和学术参议会和学院学术委员会选出的代表组成。

（4）学生高等教育委员会是高等教育学生的最高代表机构，学生高等教育委员会对外代表学生利益，学生高等教育委员会的成员必须为高等学校学生。高等教育委员会的代表如下：

①由高等学校教务委员会选出1名学生代表；

②更多学生代表由高等教育机构的学术会从学生群体中选出，即每2 000名中选1名学生代表或从2 000名新生中选取一小部分。

（5）斯洛伐克校长会议是由高等学校校长组成的机构，协调和支持校长的工作，制定高等教育政策。如果私立高等学校校长职位暂缺，则由法定代表人出席斯洛伐克校长会议。

（6）根据上文第（1）款规定设立机构的程序及其谈判规则应在章程中详细说明。

（7）根据上文第（1）款规定，各机构的成员均为名誉成员。成员应根据专属条例规定，报销与履行职能相关的费用。教育部应为上文第（1）款所列机构的活动提供资金支持。

第十三部分　共同,过渡和最终条款

第一章　共同条款

第108条

关于提供国家奖学金［第96条第（1）款］和纪律措施［第72条第（2）、（4）款］的问题,按照本法做出的决定在行政程序的基本条例执行。

第二章　过渡条款

第 109 条　研究专业的变更

（1）自 2004—2005 学年起，根据第 62 条第（4）款的规定，高等学校可依据符合框架准则的信贷制度，招收符合本法规定的学位课程的学生。在 2002—2003 学年和 2003—2004 学年中，如果高等学校有权在这些研究专业举行国家考试，那么即可招收学生并学习根据现行法规设立的专业。在 2002—2003 学年和 2003—2004 学年中，如果高等学校有权举行毕业论文考试和论文答辩，则可以招收根据现行条例设立的科学研究专业或艺术研究专业的博士生并授予科学学位或艺术学位。从事科学研究或者艺术研究的博士生，应当按照现行规定完成学业。

（2）自本法生效之日起，高等学校招收未经批准参加国家考试的专业的学生的，应当在本法施行后一个月内申请并在规定时间内进行考试。教育部应根据认证委员会的建议，对此申请做出批复。如果拒绝申请，高等学校应在 2003—2004 学年开始前，向学生提供相对合适、与学生的前研究专业相似或相近的专业以便学生继续完成学业。若条件不允许，则教育部应在与高等学校达成协议后，尽力创造条件。本条款的规定同样适用于攻读博士学位的学生。

（3）本法生效之前，如无其他特殊原因，现行条例授予的在学士学位国家考试的权利，于 2008 年 12 月 31 日终止。

（4）本法生效之前，如无其他特殊原因，根据现行条例授予的在硕士和工程专业学习课程中进行国家考试、研究生毕业考试和论文答辩的权利，于 2010 年 12 月 31 日终止。

（5）如无其他特殊原因，本法现行条例规定授予的博士学位课程国家考试的权利，于 2011 年 12 月 31 日终止。

（6）如无其他特殊原因，在本法生效之前，依照现行条例授予的在有关科学研究专业或艺术研究专业进行博士研究、学位论文考试和学位论文答辩以及授予科学学位或艺术学位的权利，于 2009 年 12 月 31 日终止。

（7）高等学校和学院根据现行条例执行大学授课制和"教授"提名制程序的权利，于 2004 年 1 月 1 日终止。在该日之前开始的大学授课制和"教授"提名制应根据现行条例推迟至 2004 年 12 月 31 日终止。自该日起未完成的程序，应予中止。

第 110 条　高等教育的学位和级别

（1）根据第 52 条第（5）款规定，已经完成大学教育的毕业生应有权依据现行条例授予学士学位。根据第 52 条第（1）款，所指毕业生的教育为第 1 级高等教育。

（2）根据现行条例第 53 条第（1）款规定，硕士研究生、工程学和博士生的教育为第 2 级高等教育。

（3）获得监督研究文凭的，根据现行条例规定获得"科学候选人"学位，或依据现行条例第(51)条获得"博士"和"哲学博士"文凭的,应依据第 50 条第(15)款规定授予"博士"学位。学习监督艺术研究的研究生,如果根据后续规定获得监督艺术研究文凭,或根据现行规定获得"博士"的学术性文凭和艺术博士的艺术学术文凭,则有权根据第 54 条第(15)款规定授予艺术博士学术性学位。根据第 54 条第(1)款规定,本条所指毕业生的教育为第 3 级高等教育。

(4)学术文凭、科学教育学学位和其他高等学校按照现行规定授予学位的,效力保持不变。

第 111 条　现有高等学校的转型

(1)自 2002 年 4 月 1 日起,公立高等学校应包括附件 1 所列的高等学校,国家高等学校应包括军事高等学校和警察高等学校,在附件 2 中列出。私立高等学校应包括附件 3 所列的高等学校。凡附件 1～3 所列的高等学校,除特伦琴管理学院外,均为大学型高等学校。特伦琴管理学院是非大学型的高等学校。鲁容贝罗克天主教大学应为忏悔式的公立高等学校。

(2)上述第(1)款规定的高等学校应在 2002 年 9 月 1 日之前,按照本法修订内部条例,提交登记。

(3)本法不适用于学术管理和学术机构的指定或选举的效力和任期。

(4)根据现行法规第 47 条规定,校长和院长的任期自本法生效之日起。

(5)自 2002 年 4 月 1 日起,附件 1 所列高等学校的部分学院的权利和义务应转移到相关的高等学校。

(6)附件 1～3 所列高等学校的学生应于 2002 年 4 月 1 日起依照本法成为学生,高等学校需在 2002 年 10 月 31 日之前完成学生注册。

(7)高等学校应自 2002 年 4 月 1 日起,承担高等学校学院及其机构的教职员工和雇员的所有法律义务。

(8)在将目前的学习专业转变为学位课程的过程中,高等学校应于 2003 年 1 月 1 日前,根据本法设立教授、副教授和其他学术教师职位。在公立高等学校工作的学术教师,可以在没有竞争的情况下调到"教授"和"副教授"以外的职位。"教授"和"副教授"职位应竞争上岗。

(9)在《公立高等学校新章程》颁布期间,学院学术自治机构有权代表公立高等学校就第 23 条第(1)款第④～⑥项和第 23 条第(2)款第②项和第⑤项所述事项做出决定并采取行动,具体如下:

①截止到 2002 年 3 月 31 日,与分配给学院的公立高等学校的雇员设立、改变和终止雇佣关系应在教职员工岗位范围内,只有得到校长的批准,此范围才能扩大;

②开展创业活动(第 18 条):在此期间,在创业活动的框架下,学院可缔结总金额 100 万斯洛伐克克朗以内的合同;超过 100 万斯洛伐克克朗的合同必须经校长批准后,学院才可签订合同;

③学院在开展活动领域与其他高等学校、法人和自然人（包括外国法人）合作，在此期间与外国实体签订的合同由学院通知校长；

④确定入学考生的人数；

⑤截止到 2002 年 3 月 31 日，确定学院工作场所的数量和结构。

第 112 条　资产转移

(1)根据专属条例规定，在 2003 年 1 月 1 日之前，公立高等学校可以管理国有资产。

(2)截止到 2003 年 1 月 1 日，公立高等学校管理的国有资产，除依照第 38 条第(5)款和第(6)款规定的资产外，其他资产应当在当天转入公立高等学校。

第 113 条　其他过渡性条款

(1)根据第 81 条规定，认证委员会的成员、主席和副主席应在 2002 年 5 月 31 日前予以委任。在此之前，这些职位由现行设立的认证委员会成员担任。认证委员会成员的 1/3 应从部长依据现行条例设立的认证委员会成员中任命。

(2)根据第 84 条第(2)款规定，认证委员会应于 2002 年 12 月 31 日前，制订并公布高等学校的综合认证计划。根据第 84 条第(2)款规定提交文件的条款，高等学校活动的综合认证应在 2004 年 1 月 1 日之后开始。

(3)第 92 条的规定适用于 2002 年 4 月 1 日以后入学的学生。

(4)根据专属条例的规定，高等教育专项经费的会计核算，应当延长至本法施行之日。本法生效之日的专项资金余额是 2002 年公立高等学校储备金的来源。

(5)自《斯洛伐克共和国加入欧洲联盟协定》生效之日起，本法的规定适用于欧洲联盟成员国公民，其适用方式与斯洛伐克共和国公民的方式相同。

(6)第 74 条第(3)款的规定自《斯洛伐克共和国加入欧洲联盟协定》生效之日起失效。

第三章　最终条款

第 114 条　撤销条款

第 1 项

撤销以下条文：

(1)经斯洛伐克共和国国民议会第 41/1994 号法令修正的《高等教育法》第 172/1990 号法令；国民议会第 324/1996 号法令；第 284/1997 号法令；第 317/1999 号法令。

(2)捷克斯洛伐克联邦政府关于《高等学校艺术集中化组织变革法》第 282/1990 号法令。

(3)捷克斯洛伐克联邦政府关于《布拉迪斯拉发表演艺学院组织变革法》第 349/1990 号法令。

（4）斯洛伐克政府关于《认证委员会法》第 422/1990 号法令，行政条例根据第 131/1994 号和第 7/1995 号法令修正。

（5）斯洛伐克共和国教育、青年和体育部关于《外国高等学校颁发的文凭与证书核查法》第 141/1991 号法令。

（6）斯洛伐克共和国教育部关于《研究生毕业考试和论文答辩》法第 7/1998 号法令。

（7）斯洛伐克共和国教育部关于《博士研究法》第 131/1997 号法令。

（8）斯洛伐克共和国关于《高等教育入学申请费用报销法》第 227/1998 号法令。

（9）斯洛伐克共和国教育部 1982 年 8 月 11 日关于大学学生宿舍第 5836/1982－31 号指令（登记在第 25/1982 号法令部分）。

（10）斯洛伐克共和国教育部 1982 年 8 月 11 日关于学生食堂和快餐店的设立、解散和经营的第 5463/1982－31 号指令（登记在第 25/1982 号法令部分）。

第 2 项

国家服务法和某些法律的修改和补充法第 312/2001 号法律修订如下：

（1）第 14 条第（4）款第③～④项如下：

③完成学士学位学业所取得的高等教育（以下简称"第 1 级高等教育"）；

④完成硕士、工程师、博士学业的高等教育（以下简称"第 2 级高等教育"）。

（2）附件 1 中，薪金等级 5 和 6 中的"学士教育或高等教育"改为"第 1 级高等教育或第 2 级高等教育"。

（3）附件 1 中，薪金等级 7 和 9 的"高等教育"改为"第 2 级高等教育"。

第 3 项

经《公务员法》第 118/2002 号法律修正的《公务员法》第 313/2001 号法律做出如下修正和补充：

（1）在第 1 条第（1）款第⑨项中，"或"替换为逗号，并插入⑩，其内容如下：

⑩公立高等学校和国家高等教育机构。当前⑩由⑪代替。

（2）在第 2 条第（4）款第⑤、⑥项中，内容如下：

⑤完成学士学位（以下简称"第 1 级高等教育"）后接受的高等教育；

⑥完成硕士、工程师、博士学业的高等教育（以下简称第 2 级高等教育）。

（3）在第 10 条第（1）款中，第 1 句之后的第 2 句，内容是："禁止法人的管理、控制或监督机构的成员资格不适用于担任公立高等学校法定代表职能的管理人员。"

（4）第 17 条第（1）款第④、⑤项的内容如下：

④薪金等级 8，条件是他、她已接受第 1 级高等教育；

⑤薪金等级 9，条件是他、她已接受第 2 级高等教育；

（5）在第 19 条第（9）款中，加入了第⑧项，内容如下：

⑧在高等学校担任教师的雇员[第（12）款第③项]。

（6）第 19 条第（10）款将"高等医科大学、药学院、健康护理及社会工作学院"改为"公立高等学校，包括高等医科大学、药学院、健康护理及社会工作学院"。

（7）第 19 条第（12）款中，在"教育员工"之后添加"根据第①或第②项"。

（8）第 19 条第（20）款中，⑦后第二行中的"①"插入逗号；在⑧之后插入"和⑩"；在⑦后面的"a"的第三行中，插入逗号，在⑧后面插入"和 j"。

（9）第 20 条第（3）款中，"高等教育"改为"第 2 级高等教育"。

（10）第 21 条第（2）款最后 1 句中的"①"改为逗号，在"⑧"之后插入"和⑩"。

（11）第 23 条第（1）款第 1 句中的"①"改为逗号，在"⑧"之后插入"和⑩"。

（12）第 44 条略去了第（3）款。

（13）附件 1 中，薪金等级 8 的"学士教育"改为"第 1 级高等教育"。

（14）附件 1 中，薪金等级 9 中的"学士教育"改为"第 1 级高等教育"，"高等教育"改为"第 2 级高等教育"。

（15）附件 1 中，薪金等级 10 中的"学士教育"改为"第 1 级高等教育"，"高等教育"改为"第 2 级高等教育"。

（16）附件 1 中，薪金等级 10～14 的"高等教育"改为"第 2 级高等教育"。

第 4 项

经斯洛伐克共和国国民议会第 98/1995 号法、斯洛伐克共和国国民议会第 110/1996 号法、斯洛伐克共和国国民议会第 222/1996 号法、斯洛伐克共和国国民议会第 140/1998 号法、斯洛伐克共和国国民议会第 241/1998 号法、法律法典第 80/2000 号法、法律法典第 416/2001 号法、法律法典第 553/2001 号法和第 118/2002 号法修正的斯洛伐克共和国国民议会第 277/1994 号医疗保健法如下：

（1）第 56 条第（7）款在"社会工作"之后加入"公立高等学校"。

（2）第 56 条第（7）款均略去"公立学校的高等医科大学、药学院、健康护理学院及社会工作学院"。

第 5 项

除 2003 年 1 月 1 日生效的第 3 条第（5）款和第（7）款、第 4 条第（2）款规定外，本法自 2002 年 4 月 1 日起生效。第 3 条第（6）款应于 2002 年 12 月 31 日失效。

鲁道夫·舒斯特

约瑟夫·米卡什

米库拉什·祖林达

附件 1

《法典》第 131/2002 号法律
公立高等学校名单

柯美纽斯大学（位于布拉迪斯拉发）

科希策·约瑟夫帕维尔大学

普雷绍夫大学

圣彼得堡大学特尔纳瓦和西里尔分校（位于特尔纳瓦）

兽医大学（位于科希策）

康斯坦丁·努斯大学（位于尼特拉）

马泰贝尔大学（位于班斯卡比斯特里察）

特尔纳瓦大学（位于特尔纳瓦）

斯洛伐克科技大学（位于布拉迪斯拉发）

科技大学（位于科希策）

伊利娜大学（位于伊利娜）

特伦钦州大学（位于特伦钦）

经济大学（位于伯拉第斯拉瓦）

斯洛伐克农业大学（位于尼特拉）

理工大学（位于兹沃伦）

布拉迪斯拉发表演艺术学院

艺术学院（位于班斯卡）

鲁容贝罗克的天主教大学

国立高等学校名单

军事大学（位于立普托维斯基密库拉斯）

科威特米兰·拉斯基斯拉夫·什杰凡尼克空军学院（位于科希策）

高等警官学校（位于布拉迪斯拉发）

附件 **3**

《法典》第 131/2002 号法律
私立高等学校名单

特伦琴管理学院

斯洛伐克共和国议会 2002 年 2 月 21 日第 131 号法案有关高等学校及其他法案的修改及补充

第一部分　基本条款

高等学校的使命，任务和地位

第 1 条

第 2 条

第 3 条　高等学校的学术社团

第 4 条　学术自由与学术权利

第二部分　公立高等学校及其组成部分

第一章　公立高等学校

第 5 条　公立高等学校的建立与撤销

第 6 条　公立高等学校自主活动范围

第 7 条　公立高等学校的学术自治团体

第 8 条　公立高等学校学术参议会

第 9 条　公立高等学校的学术参议会活动

第 10 条　校长

第 11 条　公立高等学校科学委员会

第 12 条　公立高等学校科学委员会的活动

第 13 条　公立高等学校纪律委员会

第 14 条　公立高等学校的管理人员

第 15 条　公立高等学校的内部规定

第二章　公立高等学校的组成部分

1.学院

2.公立高等学校专业培训机构

第三章　公立高等学校董事会

第三部分　国立高等学校

第四部分　私立高等学校

第五部分　学习专业、学位课程和学习计划

第六部分　高等学校的学习

第三章　最终条款

斯洛伐克残疾人接受教育的权利

第 1 条

根据斯洛伐克《宪法》第 42 条规定(高等学校 1992 年第 460 号宪法修订法案),"人人有权接受教育。国家实施义务教育。公民有权根据个人能力和社会条件在中小学免费接受教育"。除了一般的受教育机会外,《宪法》第 38 条还保障青年和残疾人"在劳动关系中获得特殊保护和职业教育援助的权利"。

根据《宪法》第 42 条规定,公民都有受教育的权利,而具体规定参照特别条例执行。根据斯洛伐克宪法,人人有权接受教育和上学受教育的义务。公民有权根据个人能力和可塑性,在中小学免费接受教育。除免费教育外,《宪法》还保障青年和残疾人在劳动关系中获得特别保护和职业教育援助的权利。

根据《关于教育和培训的第 245 号法/2008 年》(《教育法》)和经后续条款对某些法案进行修订和补充的(《斯洛伐克共和国国民议会法》):245 号法/2008 年,2008 年第 96 号法律汇编,本法承认儿童或学生的特殊教育需要,即儿童或学生在教育中因"残疾"而需要特殊的条件、内容、形式、方法和途径。儿童或学生的特殊教育需要由专门机构教育咨询和预防机构——进行评估。

根据《学校法》第 144 条规定,"有特殊教育需要的儿童、学生有权利采用与其需要相对应的某些具体形式和方法接受教育,并有权创造教育所需的必要条件。他、她有权通过使用特殊教科书、接受特殊教学和补偿援助来接受教育。"(例如手语、盲文书写、替代通信手段)。

采取终身学习战略,包括促进成人在学习领域取得进展的具体措施。

根据高等学校 2002 年第 131 号法案第 55 条第(1)和(2)款规定,关于高等学校以及后来修正案措辞中某些法令的修改和补充,人人有权在高等学校学习选定的学位课程,前提是符合第 56 条规定的接受高等教育学习的基本条件,以及高等学校根据第 57 条第一部分提供的学位课程、第 54 条第①项第 2 部分中的协议以及 58 条第①项第 4 部分的条件中所规定的其他条件:

1. 合同第 54 条第①项规定的条件。

2. 第 58 条第①项下的条件。《高等教育法》所述权利应遵循特别法案中规定的教育平等待遇原则,平等对待所有申请人和学生。根据平等待遇原则,同样禁止基于性别、教派或信仰、婚姻状况和家庭状况、肤色、语言、政治或其他信仰、工会活动、民族或社会背景、残疾、年龄、财产、世袭或其他身份的歧视。

斯洛伐克共和国政府为保证教育和培训质量,通过了《斯洛伐克共和国未来 15～

20年国家教育和培训方案》。根据该《方案》,每所学校和校内机构将制定质量保证体系。

第2条

斯洛伐克共和国教育、科学、研究和体育部是国家教育行政部门的领导机构,但大学残疾学生的教育不受该机构管理,而由其他部委如斯洛伐克共和国社会事务和家庭部负责,该部负责国家社会福利、社会服务、帮助残疾人融入社会并提供物质援助。

根据有关国家教育和学校自治管理的1990年第542号法案,确定了在体制内运作的决策主体的权限——决策主体包括市镇、自治地区、学校自治机构、确保专业和方法管理的国家机构,校长和校内机构负责人。

第3条

斯洛伐克没有促进教育系统转变为包容性教育系统的综合计划。

(1)根据关于公共行政预算规则和后续条款对一些法案进行修订和补充的2004年第523号法案(《斯洛伐克共和国国民议会法》)。

2004年第564号关于确定地方行政部门税收收入的预算法(《斯洛伐克共和国国民议会法》)随后修正;

关于教育和学校自治的国家行政管理以及后续条款对某些法案进行修订和补充的2003年第596号法案(《斯洛伐克共和国国民议会法》);

关于资助小学、中学和校内机构的2003年第597号法案,后续的(《斯洛伐克共和国国民议会法》)修正,从国家预算中划拨教育财政资源:

①斯洛伐克共和国教育、科学、研究和体育部预算条例:

给予所在区域的上级地方单位进行系统职业培训的学校,

②来自斯洛伐克共和国内政部预算条例:

给予所在区域的市政当局、教会、私企和地区办事处进行系统职业培训的学校,

给予所在地区有特殊教育需要的幼儿园,

给予所在地区学校校内机构。

(2)改造了四个特殊教育资助中心:

特尔纳瓦特殊教育资源中心;

利普托夫斯基·雅姆尼克特殊教育资源中心;

布吕洛比特殊教育资源中心;

勒沃卡特殊教育资源中心。

(3)这些服务得到了大学的支持,例如特尔纳瓦大学通过了特别方案——学校俱乐部包容性教育方案。位于普雷绍夫的普雷绍夫大学教育学院为教师(本科生)在学前机构、学校俱乐部和校外中心的工作做好了准备;为社会和文化方面弱势儿童配备学前和初等教育领域的专家;特殊教育机构、保健和社会护理机构、少年犯机构的教育工作者以及从事精神残疾工作的人员。研究生工作包括小学教师职位(小学前4年级);小学

教育专家;学前教育机构的管理和组织人员;学前教育机构的教育专家和研究人员;特殊幼儿园;特殊小学教师、诊断和再教育中心的小学教师、治疗教育疗养院或为心理弱势儿童和青年提供照料的其他机构。

其他服务得到方法学教育中心的支持。这些中心为教学人员和非教学人员提供继续教育,保证在教学人员和非教学人员的继续教育领域开展专家方法学活动,在教学人员和非教学人员的继续教育领域进行研究。

(4)学生得到资助中心工作人员的支持,如心理学家、学校心理学家、学校注册教师、特殊教师、学校特殊教师、地方特殊教师、治疗教师、监护人、社会教师。关于专业和教育职工和专业职工的以及关于某些法案的修订和补充见2009年第317号法案。

此条例大学不适用,因为残疾学生与其他学生一起学习。

(5)对于地方国家教育行政机构所辖的有特殊教育需要的儿童,则应根据后续条款修订的关于资助小学、中学和校内机构的国家立法2003年第597号法案,按每名儿童的标准进行资助。

教育部可根据公立学校的请求,按规定支付残疾学生或有天赋的学生助理教师的工资费用,包括保险费。

(6)根据《教育法》第55条第(4)款规定,需要根据咨询中心和国家教育方案(在残疾学生方案第1条)的建议,对有特殊需要的学生进行评估。

从低年级升到高年级的条件是履行学校职责并对学生的成绩进行评价和记录。根据现行的《学生评估和评分方法指南》,身体残疾学生在成绩标记为"通过"的情况下可升入小学高年级;如为小学综合性的学生,则按照《健康不利学生评估原则》对纳入小学的学生进行评估。这些原则载于2009年4月28日关于小学学生评估的第7/2009-R号指南附件4。

特殊类型残疾学生或融入学校的学生顺利完成小学义务教育后,可进入中学、特殊中学或职业学校和实践学校学习。从主流小学和特殊小学招收残疾辍学的学生的可能性取决于小学的成绩水平。

(7)教育工作人员在职培训的组织、内容、范围和形式由斯洛伐克共和国教育部2009年第445号法令《教育工作者和专业人员继续教育、学分和证明法》规定。根据《教育职工和专业职工法》2009年第317号法案,教师和专家必须通过继续教育或自学保持并发展其专业能力。

方法与教学中心为学校的教学人员和专业人员提供继续教育。

(8)并非在所有主要为学生、教师提供技术支持的学校安排各种教学条件。根据《教育法》第94条第(4)款规定,教育得到特殊教材出版支持,为有特殊需要的学生提供免费书籍。

教育部关于教育活动报告的结构和内容、学校和学校设施的结果和条件的第9/2006号法令生效后,学校开始进行自我评估,并在学校和学校设施中进行创新。

根据《教育法》划分的各类学校以及开展教育和教学活动的学校有义务每年以报告

的形式提交信息，特别是关于以下方面的信息：

学校的物质技术条件；

教育活动的财政和物质支持；

心理卫生状况等。

(9)《教育和培训法》《教育法》第 245/2008 号法以及对某些法案的修正保证耳聋或视力障碍等感官障碍的学生通过手语接受其语言教育的权利。根据《教育法》第 144 条规定，"有特殊教育需要的儿童/学生有权利用与其需要相对应的某些具体形式和方法接受教育，并有权创造教育所需的必要条件。他、她有权通过教育使用特殊教科书，接受特殊教学和补偿援助。"

(10)根据《教育法》第 24～26 条规定，如果允许学生的个人教育方案实行，其法定代表人将为他、她与教育工作人员共同开展教育活动创造适当的条件，从而确保个人接受教育。

根据国家教育方案，"个人教育方案"包括：

有关儿童的基本信息和诊断对教育过程的影响；

调整学校和教室环境的要求；

修改教育内容；

使用特殊教育程序；

教育组织和形式的特殊性；

提供补偿性援助和特殊学习援助的要求；

提供专家服务——特殊教师、治疗师、心理学家、言语治疗师和其他人员。

该法还允许小学 1 年级学生单独在家上学。这种类型的教育必须由学生的合法监护人提供具备小学 1 年级教师的专业和教学能力的教学人员。

(11)非政府组织呼吁必须为特殊需要提供资金。国家残疾人组织包括：斯洛伐克盲人和弱视者联合会。斯洛伐克残疾人理事会的主要目标是促进和增进残疾人的共同利益，而不考虑残疾类型，例如倡导残疾人的共同利益和促进将残疾问题纳入社会发展政策中。

第 4 条

本国设有建立问责机制来监测排斥学校登记和残疾人完成教育的情况。残疾人及其家庭直接参与此进程。

特殊教育咨询中心负责有特殊教育需要的儿童和青年，目的是提供干预措施和专业资助，以实现其人格的最佳发展，能够参与社会和工作。咨询中心为儿童和青年提供诊断、心理治疗、教育、康复、矫正和其他服务，以及接近专业的活动，形式包括在儿童居住的环境中提供移动护理、短期培训和探访。这些设施还向家庭、监护人、教育工作者和其他利益相关方提供咨询服务和援助。

教育-心理咨询和预防中心除了向残疾儿童提供心理、特殊教育、诊断、教育、咨询和预防护理外，还向其范围内的儿童提供复杂心理、特殊教育、诊断和教育方面的咨询和预防护理：优化选择、个人、教育和专业发展、人才发展护理、消除心理发展缺陷发生率。中心向监护人和教学人员提供咨询服务。

根据专业建议，在特殊中小学和主流学校的特殊需要教育和培训系统中吸收残疾儿童义务上学，并根据第 245 号法/2008 年《教育和培训法》（《教育法》）申请在中等职业学校和实践学校的学习。

附　录

附录一

推动共建丝绸之路经济带
和 21 世纪海上丝绸之路的愿景与行动

国家发展改革委　外交部　商务部
（经国务院授权发布）
2015 年 3 月 28 日

前　言

2000 多年前,亚欧大陆上勤劳勇敢的人民,探索出多条连接亚欧非几大文明的贸易和人文交流通路,后人将其统称为"丝绸之路"。千百年来,"和平合作、开放包容、互学互鉴、互利共赢"的丝绸之路精神薪火相传,推进了人类文明进步,是促进沿线各国繁荣发展的重要纽带,是东西方交流合作的象征,是世界各国共有的历史文化遗产。

进入 21 世纪,在以和平、发展、合作、共赢为主题的新时代,面对复苏乏力的全球经济形势,纷繁复杂的国际和地区局面,传承和弘扬丝绸之路精神更显重要和珍贵。

2013 年 9 月和 10 月,中国国家主席习近平在出访中亚和东南亚国家期间,先后提出共建"丝绸之路经济带"和"21 世纪海上丝绸之路"(以下简称"一带一路")的重大倡议,得到国际社会高度关注。中国国务院总理李克强参加 2013 年中国-东盟博览会时强调,铺就面向东盟的海上丝绸之路,打造带动腹地发展的战略支点。加快"一带一路"建设,有利于促进沿线各国经济繁荣与区域经济合作,加强不同文明交流互鉴,促进世界和平发展,是一项造福世界各国人民的伟大事业。

"一带一路"建设是一项系统工程,要坚持共商、共建、共享原则,积极推进沿线国家发展战略的相互对接。为推进实施"一带一路"重大倡议,让古丝绸之路焕发新的生机活力,以新的形式使亚欧非各国联系更加紧密,互利合作迈向新的历史高度,中国政府特制定并发布《推动共建丝绸之路经济带和 21 世纪海上丝绸之路的愿景与行动》。

一、时代背景

当今世界正发生复杂深刻的变化,国际金融危机深层次影响继续显现,世界经济缓慢复苏、发展分化,国际投资贸易格局和多边投资贸易规则酝酿深刻调整,各国面临的发展问题依然严峻。共建"一带一路"顺应世界多极化、经济全球化、文化多样化、社会信息化的潮流,秉持开放的区域合作精神,致力于维护全球自由贸易体系和开放型世界经济。共建"一带一路"旨在促进经济要素有序自由流动、资源高效配置和市场深度融合,推动沿线各国实现经济政策协调,开展更大范围、更高水平、更深层次的区域合作,共同打造开放、包容、均衡、普惠的区域经济合作架构。共建"一带一路"符合国际社会的根本利益,彰显人类社会共同理想和美好追求,是国际合作以及全球治理新模式的积极探索,将为世界和平发展增添新的正能量。

共建"一带一路"致力于亚欧非大陆及附近海洋的互联互通,建立和加强沿线各国互联互通伙伴关系,构建全方位、多层次、复合型的互联互通网络,实现沿线各国多元、自主、平衡、可持续的发展。"一带一路"的互联互通项目将推动沿线各国发展战略的对接与耦合,发掘区域内市场的潜力,促进投资和消费,创造需求和就业,增进沿线各国人民的人文交流与文明互鉴,让各国人民相逢相知、互信互敬,共享和谐、安宁、富裕的生活。

当前,中国经济和世界经济高度关联。中国将一以贯之地坚持对外开放的基本国策,构建全方位开放新格局,深度融入世界经济体系。推进"一带一路"建设既是中国扩大和深化对外开放的需要,也是加强和亚欧非及世界各国互利合作的需要,中国愿意在力所能及的范围内承担更多责任义务,为人类和平发展做出更大的贡献。

二、共建原则

恪守联合国宪章的宗旨和原则。遵守和平共处五项原则,即尊重各国主权和领土完整、互不侵犯、互不干涉内政、和平共处、平等互利。

坚持开放合作。"一带一路"相关的国家基于但不限于古代丝绸之路的范围,各国和国际、地区组织均可参与,让共建成果惠及更广泛的区域。

坚持和谐包容。倡导文明宽容,尊重各国发展道路和模式的选择,加强不同文明之间的对话,求同存异、兼容并蓄、和平共处、共生共荣。

坚持市场运作。遵循市场规律和国际通行规则,充分发挥市场在资源配置中的决定性作用和各类企业的主体作用,同时发挥好政府的作用。

坚持互利共赢。兼顾各方利益和关切,寻求利益契合点和合作最大公约数,体现各方智慧和创意,各施所长,各尽所能,把各方优势和潜力充分发挥出来。

三、框架思路

"一带一路"是促进共同发展、实现共同繁荣的合作共赢之路,是增进理解信任、加强全方位交流的和平友谊之路。中国政府倡议,秉持和平合作、开放包容、互学互鉴、互利共赢的理念,全方位推进务实合作,打造政治互信、经济融合、文化包容的利益共同体、命运共同体和责任共同体。

"一带一路"贯穿亚欧非大陆,一头是活跃的东亚经济圈,一头是发达的欧洲经济圈,中间广大腹地国家经济发展潜力巨大。丝绸之路经济带重点畅通中国经中亚、俄罗斯至欧洲（波罗的海）；中国经中亚、西亚至波斯湾、地中海；中国至东南亚、南亚、印度洋。21世纪海上丝绸之路重点方向是从中国沿海港口过南海到印度洋，延伸至欧洲；从中国沿海港口过南海到南太平洋。

根据"一带一路"走向，陆上依托国际大通道，以沿线中心城市为支撑，以重点经贸产业园区为合作平台，共同打造新亚欧大陆桥、中蒙俄、中国-中亚-西亚、中国-中南半岛等国际经济合作走廊；海上以重点港口为节点，共同建设通畅安全高效的运输大通道。中巴、孟中印缅两个经济走廊与推进"一带一路"建设关联紧密，要进一步推动合作，取得更大进展。

"一带一路"建设是沿线各国开放合作的宏大经济愿景，需各国携手努力，朝着互利互惠、共同安全的目标相向而行。努力实现区域基础设施更加完善，安全高效的陆海空通道网络基本形成，互联互通达到新水平；投资贸易便利化水平进一步提升，高标准自由贸易区网络基本形成，经济联系更加紧密，政治互信更加深入；人文交流更加广泛深入，不同文明互鉴共荣，各国人民相知相交、和平友好。

四、合作重点

沿线各国资源禀赋各异，经济互补性较强，彼此合作潜力和空间很大。以政策沟通、设施联通、贸易畅通、资金融通、民心相通为主要内容，重点在以下方面加强合作。

政策沟通。加强政策沟通是"一带一路"建设的重要保障。加强政府间合作，积极构建多层次政府间宏观政策沟通交流机制，深化利益融合，促进政治互信，达成合作新共识。沿线各国可以就经济发展战略和对策进行充分交流对接，共同制定推进区域合作的规划和措施，协商解决合作中的问题，共同为务实合作及大型项目实施提供政策支持。

设施联通。基础设施互联互通是"一带一路"建设的优先领域。在尊重相关国家主权和安全关切的基础上，沿线国家宜加强基础设施建设规划、技术标准体系的对接，共同推进国际骨干通道建设，逐步形成连接亚洲各次区域以及亚欧非之间的基础设施网络。强化基础设施绿色低碳化建设和运营管理，在建设中充分考虑气候变化影响。

抓住交通基础设施的关键通道、关键节点和重点工程，优先打通缺失路段，畅通瓶颈路段，配套完善道路安全防护设施和交通管理设施设备，提升道路通达水平。推进建立统一的全程运输协调机制，促进国际通关、换装、多式联运有机衔接，逐步形成兼容规范的运输规则，实现国际运输便利化。推动口岸基础设施建设，畅通陆水联运通道，推进港口合作建设，增加海上航线和班次，加强海上物流信息化合作。拓展建立民航全面合作的平台和机制，加快提升航空基础设施水平。

加强能源基础设施互联互通合作，共同维护输油、输气管道等运输通道安全，推进跨境电力与输电通道建设，积极开展区域电网升级改造合作。

共同推进跨境光缆等通信干线网络建设，提高国际通信互联互通水平，畅通信息丝绸之路。加快推进双边跨境光缆等建设，规划建设洲际海底光缆项目，完善空中（卫星）

信息通道,扩大信息交流与合作。

贸易畅通。投资贸易合作是"一带一路"建设的重点内容。宜着力研究解决投资贸易便利化问题,消除投资和贸易壁垒,构建区域内和各国良好的营商环境,积极同沿线国家和地区共同商建自由贸易区,激发释放合作潜力,做大做好合作"蛋糕"。

沿线国家宜加强信息互换、监管互认、执法互助的海关合作,以及检验检疫、认证认可、标准计量、统计信息等方面的双多边合作,推动世界贸易组织《贸易便利化协定》生效和实施。改善边境口岸通关设施条件,加快边境口岸"单一窗口"建设,降低通关成本,提升通关能力。加强供应链安全与便利化合作,推进跨境监管程序协调,推动检验检疫证书国际互联网核查,开展"经认证的经营者"(AEO)互认。降低非关税壁垒,共同提高技术性贸易措施透明度,提高贸易自由化便利化水平。

拓宽贸易领域,优化贸易结构,挖掘贸易新增长点,促进贸易平衡。创新贸易方式,发展跨境电子商务等新的商业业态。建立健全服务贸易促进体系,巩固和扩大传统贸易,大力发展现代服务贸易。把投资和贸易有机结合起来,以投资带动贸易发展。

加快投资便利化进程,消除投资壁垒。加强双边投资保护协定、避免双重征税协定磋商,保护投资者的合法权益。

拓展相互投资领域,开展农林牧渔业、农机及农产品生产加工等领域深度合作,积极推进海水养殖、远洋渔业、水产品加工、海水淡化、海洋生物制药、海洋工程技术、环保产业和海上旅游等领域合作。加大煤炭、油气、金属矿产等传统能源资源勘探开发合作,积极推动水电、核电、风电、太阳能等清洁、可再生能源合作,推进能源资源就地就近加工转化合作,形成能源资源合作上下游一体化产业链。加强能源资源深加工技术、装备与工程服务合作。

推动新兴产业合作,按照优势互补、互利共赢的原则,促进沿线国家加强在新一代信息技术、生物、新能源、新材料等新兴产业领域的深入合作,推动建立创业投资合作机制。

优化产业链分工布局,推动上下游产业链和关联产业协同发展,鼓励建立研发、生产和营销体系,提升区域产业配套能力和综合竞争力。扩大服务业相互开放,推动区域服务业加快发展。探索投资合作新模式,鼓励合作建设境外经贸合作区、跨境经济合作区等各类产业园区,促进产业集群发展。在投资贸易中突出生态文明理念,加强生态环境、生物多样性和应对气候变化合作,共建绿色丝绸之路。

中国欢迎各国企业来华投资。鼓励本国企业参与沿线国家基础设施建设和产业投资。促进企业按属地化原则经营管理,积极帮助当地发展经济、增加就业、改善民生,主动承担社会责任,严格保护生物多样性和生态环境。

资金融通。资金融通是"一带一路"建设的重要支撑。深化金融合作,推进亚洲货币稳定体系、投融资体系和信用体系建设。扩大沿线国家双边本币互换、结算的范围和规模。推动亚洲债券市场的开放和发展。共同推进亚洲基础设施投资银行、金砖国家开发银行筹建,有关各方就建立上海合作组织融资机构开展磋商。加快丝路基金组建运营。深化中国-东盟银行联合体、上合组织银行联合体务实合作，以银团贷款、银行授信等方式开展多边金融合作。支持沿线国家政府和信用等级较高的企业以及金融机构在中国境内发行人民币债券。符合条件的中国境内金融机构和企业可以在境外发行人民币债券和外币债券，鼓励在沿线国家使用所筹资金。

加强金融监管合作，推动签署双边监管合作谅解备忘录，逐步在区域内建立高效监管协调机制。完善风险应对和危机处置制度安排，构建区域性金融风险预警系统，形成应对跨境风险和危机处置的交流合作机制。加强征信管理部门、征信机构和评级机构之间的跨境交流与合作。充分发挥丝路基金以及各国主权基金作用，引导商业性股权投资基金和社会资金共同参与"一带一路"重点项目建设。

民心相通。民心相通是"一带一路"建设的社会根基。传承和弘扬丝绸之路友好合作精神，广泛开展文化交流、学术往来、人才交流合作、媒体合作、青年和妇女交往、志愿者服务等，为深化双多边合作奠定坚实的民意基础。

扩大相互间留学生规模，开展合作办学，中国每年向沿线国家提供1万个政府奖学金名额。沿线国家间互办文化年、艺术节、电影节、电视周和图书展等活动，合作开展广播影视剧精品创作及翻译，联合申请世界文化遗产，共同开展世界遗产的联合保护工作。深化沿线国家间人才交流合作。

加强旅游合作，扩大旅游规模，互办旅游推广周、宣传月等活动，联合打造具有丝绸之路特色的国际精品旅游线路和旅游产品，提高沿线各国游客签证便利化水平。推动21世纪海上丝绸之路邮轮旅游合作。积极开展体育交流活动，支持沿线国家申办重大国际体育赛事。

强化与周边国家在传染病疫情信息沟通、防治技术交流、专业人才培养等方面的合作，提高合作处理突发公共卫生事件的能力。为有关国家提供医疗援助和应急医疗救助，在妇幼健康、残疾人康复以及艾滋病、结核、疟疾等主要传染病领域开展务实合作，扩大在传统医药领域的合作。

加强科技合作，共建联合实验室（研究中心）、国际技术转移中心、海上合作中心，促进科技人员交流，合作开展重大科技攻关，共同提升科技创新能力。

整合现有资源，积极开拓和推进与沿线国家在青年就业、创业培训、职业技能开发、社会保障管理服务、公共行政管理等共同关心领域的务实合作。

充分发挥政党、议会交往的桥梁作用，加强沿线国家之间立法机构、主要党派和政治组织的友好往来。开展城市交流合作，欢迎沿线国家重要城市之间互结友好城市，以人文交流为重点，突出务实合作，形成更多鲜活的合作范例。欢迎沿线国家智库之间开展联合研究、合作举办论坛等。

加强沿线国家民间组织的交流合作，重点面向基层民众，广泛开展教育医疗、减贫开发、生物多样性和生态环保等各类公益慈善活动，促进沿线贫困地区生产生活条件改善。加强文化传媒的国际交流合作，积极利用网络平台，运用新媒体工具，塑造和谐友好的文化生态和舆论环境。

五、合作机制

当前,世界经济融合加速发展,区域合作方兴未艾。积极利用现有双多边合作机制,推动"一带一路"建设,促进区域合作蓬勃发展。

加强双边合作,开展多层次、多渠道沟通磋商,推动双边关系全面发展。推动签署合作备忘录或合作规划,建设一批双边合作示范。建立完善双边联合工作机制,研究推进"一带一路"建设的实施方案、行动路线图。充分发挥现有联委会、混委会、协委会、指导委员会、管理委员会等双边机制作用,协调推动合作项目实施。

强化多边合作机制作用,发挥上海合作组织(SCO)、中国-东盟"10+1"、亚太经合组织(APEC)、亚欧会议(ASEM)、亚洲合作对话(ACD)、亚信会议(CICA)、中阿合作论坛、中国-海合会战略对话、大湄公河次区域(GMS)经济合作、中亚区域经济合作(CAREC)等现有多边合作机制作用,相关国家加强沟通,让更多国家和地区参与"一带一路"建设。

继续发挥沿线各国区域、次区域相关国际论坛、展会以及博鳌亚洲论坛、中国-东盟博览会、中国-亚欧博览会、欧亚经济论坛、中国国际投资贸易洽谈会,以及中国-南亚博览会、中国-阿拉伯博览会、中国西部国际博览会、中国-俄罗斯博览会、前海合作论坛等平台的建设性作用。支持沿线国家地方、民间挖掘"一带一路"历史文化遗产,联合举办专项投资、贸易、文化交流活动,办好丝绸之路(敦煌)国际文化博览会、丝绸之路国际电影节和图书展。倡议建立"一带一路"国际高峰论坛。

六、中国各地方开放态势

推进"一带一路"建设,中国将充分发挥国内各地区比较优势,实行更加积极主动的开放战略,加强东中西互动合作,全面提升开放型经济水平。

西北、东北地区。发挥新疆独特的区位优势和向西开放重要窗口作用,深化与中亚、南亚、西亚等国家交流合作,形成丝绸之路经济带上重要的交通枢纽、商贸物流和文化科教中心,打造丝绸之路经济带核心区。发挥陕西、甘肃综合经济文化和宁夏、青海民族人文优势,打造西安内陆型改革开放新高地,加快兰州、西宁开发开放,推进宁夏内陆开放型经济试验区建设,形成面向中亚、南亚、西亚国家的通道、商贸物流枢纽、重要产业和人文交流基地。发挥内蒙古联通俄蒙的区位优势,完善黑龙江对俄铁路通道和区域铁路网,以及黑龙江、吉林、辽宁与俄远东地区陆海联运合作,推进构建北京—莫斯科欧亚高速运输走廊,建设向北开放的重要窗口。

西南地区。发挥广西与东盟国家陆海相邻的独特优势,加快北部湾经济区和珠江—西江经济带开放发展,构建面向东盟区域的国际通道,打造西南、中南地区开放发展新的战略支点,形成21世纪海上丝绸之路与丝绸之路经济带有机衔接的重要门户。发挥云南区位优势,推进与周边国家的国际运输通道建设,打造大湄公河次区域经济合作新高地,建设成为面向南亚、东南亚的辐射中心。推进西藏与尼泊尔等国家边境贸易和旅游文化合作。

沿海和港澳台地区。利用长三角、珠三角、海峡西岸、环渤海等经济区开放程度高、经济实力强、辐射带动作用大的优势，加快推进中国（上海）自由贸易试验区建设，支持福建建设21世纪海上丝绸之路核心区。充分发挥深圳前海、广州南沙、珠海横琴、福建平潭等开放合作区作用，深化与港澳台合作，打造粤港澳大湾区。推进浙江海洋经济发展示范区、福建海峡蓝色经济试验区和舟山群岛新区建设，加大海南国际旅游岛开发开放力度。加强上海、天津、宁波-舟山、广州、深圳、湛江、汕头、青岛、烟台、大连、福州、厦门、泉州、海口、三亚等沿海城市港口建设，强化上海、广州等国际枢纽机场功能。以扩大开放倒逼深层次改革，创新开放型经济体制机制，加大科技创新力度，形成参与和引领国际合作竞争新优势，成为"一带一路"特别是21世纪海上丝绸之路建设的排头兵和主力军。发挥海外侨胞以及香港、澳门特别行政区独特优势作用，积极参与和助力"一带一路"建设。为台湾地区参与"一带一路"建设做出妥善安排。

内陆地区。利用内陆纵深广阔、人力资源丰富、产业基础较好优势，依托长江中游城市群、成渝城市群、中原城市群、呼包鄂榆城市群、哈长城市群等重点区域，推动区域互动合作和产业集聚发展，打造重庆西部开发开放重要支撑和成都、郑州、武汉、长沙、南昌、合肥等内陆开放型经济高地。加快推动长江中上游地区和俄罗斯伏尔加河沿岸联邦区的合作。建立中欧通道铁路运输、口岸通关协调机制，打造"中欧班列"品牌，建设沟通境内外、连接东中西的运输通道。支持郑州、西安等内陆城市建设航空港、国际陆港，加强内陆口岸与沿海、沿边口岸通关合作，开展跨境贸易电子商务服务试点。优化海关特殊监管区域布局，创新加工贸易模式，深化与沿线国家的产业合作。

七、中国积极行动

一年多来，中国政府积极推动"一带一路"建设，加强与沿线国家的沟通磋商，推动与沿线国家的务实合作，实施了一系列政策措施，努力收获早期成果。

高层引领推动。习近平主席、李克强总理等国家领导人先后出访20多个国家，出席加强互联互通伙伴关系对话会、中阿合作论坛第六届部长级会议，就双边关系和地区发展问题，多次与有关国家元首和政府首脑进行会晤，深入阐释"一带一路"的深刻内涵和积极意义，就共建"一带一路"达成广泛共识。

签署合作框架。与部分国家签署了共建"一带一路"合作备忘录，与一些毗邻国家签署了地区合作和边境合作的备忘录以及经贸合作中长期发展规划。研究编制与一些毗邻国家的地区合作规划纲要。

推动项目建设。加强与沿线有关国家的沟通磋商，在基础设施互联互通、产业投资、资源开发、经贸合作、金融合作、人文交流、生态保护、海上合作等领域，推进了一批条件成熟的重点合作项目。

完善政策措施。中国政府统筹国内各种资源，强化政策支持。推动亚洲基础设施投资银行筹建，发起设立丝路基金，强化中国-欧亚经济合作基金投资功能。推动银行卡清算机构开展跨境清算业务和支付机构开展跨境支付业务。积极推进投资贸易便利化，推进区域通关一体化改革。

发挥平台作用。各地成功举办了一系列以"一带一路"为主题的国际峰会、论坛、研讨会、博览会，对增进理解、凝聚共识、深化合作发挥了重要作用。

八、共创美好未来

共建"一带一路"是中国的倡议，也是中国与沿线国家的共同愿望。站在新的起点上，中国愿与沿线国家一道，以共建"一带一路"为契机，平等协商，兼顾各方利益，反映各方诉求，携手推动更大范围、更高水平、更深层次的大开放、大交流、大融合。"一带一路"建设是开放的、包容的，欢迎世界各国和国际、地区组织积极参与。

共建"一带一路"的途径是以目标协调、政策沟通为主，不刻意追求一致性，可高度灵活，富有弹性，是多元开放的合作进程。中国愿与沿线国家一道，不断充实完善"一带一路"的合作内容和方式，共同制定时间表、路线图，积极对接沿线国家发展和区域合作规划。

中国愿与沿线国家一道，在既有双多边和区域次区域合作机制框架下，通过合作研究、论坛展会、人员培训、交流访问等多种形式，促进沿线国家对共建"一带一路"内涵、目标、任务等方面的进一步理解和认同。

中国愿与沿线国家一道，稳步推进示范项目建设，共同确定一批能够照顾双多边利益的项目，对各方认可、条件成熟的项目抓紧启动实施，争取早日开花结果。

"一带一路"是一条互尊互信之路，一条合作共赢之路，一条文明互鉴之路。只要沿线各国和衷共济、相向而行，就一定能够谱写建设丝绸之路经济带和 21 世纪海上丝绸之路的新篇章，让沿线各国人民共享"一带一路"共建成果。

附录二

教育部关于印发
《推进共建"一带一路"教育行动》的通知

教外〔2016〕46 号

各省、自治区、直辖市教育厅(教委)、各计划单列市教育局、新疆生产建设兵团教育局、部属各高等学校、部内各司局、各直属单位:

为贯彻落实中办、国办《关于做好新时期教育对外开放工作的若干意见》和国家发展改革委、外交部、商务部经国务院授权发布的《推动共建丝绸之路经济带和 21 世纪海上丝绸之路的愿景与行动》,我部牵头制订了《推进共建"一带一路"教育行动》,并已经国家教育体制改革领导小组会议审议通过。现印发给你们,请结合实际认真贯彻执行。

教育部

2016 年 7 月 13 日

推进共建"一带一路"教育行动

推进共建"丝绸之路经济带"和"21 世纪海上丝绸之路"(以下简称"一带一路"),为推动区域教育大开放、大交流、大融合提供了大契机。"一带一路"沿线国家教育加强合作、共同行动,既是共建"一带一路"的重要组成部分,又为共建"一带一路"提供人才支撑。中国愿与沿线国家一道,扩大人文交流,加强人才培养,共同开创教育美好明天。

一、教育使命

教育为国家富强、民族繁荣、人民幸福之本,在共建"一带一路"中具有基础性和先导性作用。教育交流为沿线各国民心相通架设桥梁,人才培养为沿线各国政策沟通、设施联通、贸易畅通、资金融通提供支撑。沿线各国唇齿相依,教育交流源远流长,教育合作前景广阔,大家携手发展教育,合力推进共建"一带一路",是造福沿线各国人民的伟大事业。

中国将一以贯之地坚持教育对外开放,深度融入世界教育改革发展潮流。推进"一带一路"教育共同繁荣,既是加强与沿线各国教育互利合作的需要,也是推进中国教育改革发展的需要,中国愿意在力所能及的范围内承担更多责任义务,为区域教育大发展做出更大的贡献。

二、合作愿景

沿线各国携起手来,增进理解、扩大开放、加强合作、互学互鉴,谋求共同利益、直面共同命运、勇担共同责任,聚力构建"一带一路"教育共同体,形成平等、包容、互惠、活跃的教育合作态势,促进区域教育发展,全面支撑共建"一带一路",共同致力于:

推进民心相通。开展更大范围、更高水平、更深层次的人文交流,不断推进沿线各国人民相知相亲。

提供人才支撑。培养大批共建"一带一路"急需人才,支持沿线各国实现政策互通、设施联通、贸易畅通、资金融通。

实现共同发展。推动教育深度合作、互学互鉴,携手促进沿线各国教育发展,全面提升区域教育影响力。

三、合作原则

育人为本,人文先行。加强合作育人,提高区域人口素质,为共建"一带一路"提供人才支撑。坚持人文交流先行,建立区域人文交流机制,搭建民心相通桥梁。

政府引导,民间主体。沿线国家政府加强沟通协调,整合多种资源,引导教育融合发展。发挥学校、企业及其他社会力量的主体作用,活跃教育合作局面,丰富教育交流内涵。

共商共建,开放合作。坚持沿线国家共商、共建、共享,推进各国教育发展规划相互衔接,实现沿线各国教育融通发展、互动发展。

和谐包容,互利共赢。加强不同文明之间的对话,寻求教育发展最佳契合点和教育合作最大公约数,促进沿线各国在教育领域互利互惠。

四、合作重点

沿线各国教育特色鲜明、资源丰富、互补性强、合作空间巨大。中国将以基础性、支撑性、引领性三方面举措为建议框架,开展三方面重点合作,对接沿线各国意愿,互鉴先进教育经验,共享优质教育资源,全面推动各国教育提速发展。

(一)开展教育互联互通合作

加强教育政策沟通。开展"一带一路"教育法律、政策协同研究,构建沿线各国教育政策信息交流通报机制,为沿线各国政府推进教育政策互通提供决策建议,为沿线各国学校和社会力量开展教育合作交流提供政策咨询。积极签署双边、多边和次区域教育合作框架协议,制定沿线各国教育合作交流国际公约,逐步疏通教育合作交流政策性瓶颈,实现学分互认、学位互授联授,协力推进教育共同体建设。

助力教育合作渠道畅通。推进"一带一路"国家间签证便利化,扩大教育领域合作交流,形成往来频繁、合作众多、交流活跃、关系密切的携手发展局面。鼓励有合作基础、相同研究课题和发展目标的学校缔结姊妹关系,逐步深化拓展教育合作交流。举办沿线国家校长论坛,推进学校间开展多层次多领域的务实合作。支持高等学校依托学科优势专业,建立产学研用结合的国际合作联合实验室(研究中心)、国际技术转移中心,共同应对经济发展、资源利用、生态保护等沿线各国面临的重大挑战与机遇。打造"一带一路"学术交流平台,吸引各国专家学者、青年学生开展研究和学术交流。推进"一带一路"优质教育资源共享。

促进沿线国家语言互通。研究构建语言互通协调机制,共同开发语言互通开放课程,逐步将沿线国家语言课程纳入各国学校教育课程体系。拓展政府间语言学习交换项目,联合培养、相互培养高层次语言人才。发挥外国语院校人才培养优势,推进基础教育多语种师资队伍建设和外语教育教学工作。扩大语言学习国家公派留学人员规模,倡导沿线各国与中国院校合作在华开办本国语言专业。支持更多社会力量助力孔子学院和孔子课堂建设,加强汉语教师和汉语教学志愿者队伍建设,全力满足沿线国家汉语学习需求。

推进沿线国家民心相通。鼓励沿线国家学者开展或合作开展中国课题研究,增进沿线各国对中国发展模式、国家政策、教育文化等各方面的理解。建设国别和区域研究基地,与对象国合作开展经济、政治、教育、文化等领域研究。逐步将理解教育课程、丝路文化遗产保护纳入沿线各国中小学教育课程体系,加强青少年对不同国家文化的理解。加强"丝绸之路"青少年交流,注重利用社会实践和志愿服务、文化体验、体育竞赛、创新创业活动和新媒体社交等途径,增进不同国家青少年对其他国家文化的理解。

推动学历学位认证标准连通。推动落实联合国教科文组织《亚太地区承认高等教育资历公约》,支持教科文组织建立世界范围学历互认机制,实现区域内双边多边学历学位关联互认。呼吁各国完善教育质量保障体系和认证机制,加快推进本国教育资历框架开发,助力各国学习者在不同种类和不同阶段教育之间进行转换,促进终身学习社会建设。共商共建区域性职业教育资历框架,逐步实现就业市场的从业标准一体化。探索建立沿线各国教师专业发展标准,促进教师流动。

(二)开展人才培养培训合作

实施"丝绸之路"留学推进计划。设立"丝绸之路"中国政府奖学金,为沿线各国专项培养行业领军人才和优秀技能人才。全面提升来华留学人才培养质量,把中国打造成为深受沿线各国学子欢迎的留学目的地国。以国家公派留学为引领,推动更多中国学生到沿线国家留学。坚持"出国留学和来华留学并重、公费留学和自费留学并重、扩大规模和提高质量并重、依法管理和完善服务并重、人才培养和发挥作用并重",完善全链条的留学人员管理服务体系,保障平安留学、健康留学、成功留学。

实施"丝绸之路"合作办学推进计划。有条件的中国高等学校开展境外办学要集中优势学科,选好合作契合点,做好前期论证工作,构建人才培养模式、运行管理模式、服务当地模式、公共关系模式,使学校顺利落地生根、开花结果。发挥政府引领、行业主导作用,促进高等学校、职业院校与行业企业深化产教融合。鼓励中国优质职业教育配合高铁、电信运营等行业企业走出去,探索开展多种形式的境外合作办学,合作设立职业院校、培训中心,合作开发教学资源和项目,开展多层次职业教育和培训,培养当地急需的各类"一带一路"建设者。整合资源,积极推进与沿线各国在青年就业培训等共同关心领域的务实合作。倡议沿线国家之间开展高水平合作办学。

实施"丝绸之路"师资培训推进计划。开展"丝绸之路"教师培训,加强先进教育经验交流,提升区域教育质量。加强"丝绸之路"教师交流,推动沿线各国校长交流访问、教师及管理人员交流研修,推进优质教育模式在沿线各国互学互鉴。大力推进沿线各国优质教学仪器设备、教材课件和整体教学解决方案输出,跟进教师培训工作,促进沿线各国教育资源和教学水平均衡发展。

实施"丝绸之路"人才联合培养推进计划。推进沿线国家间的研修访学活动。鼓励沿线各国高等学校在语言、交通运输、建筑、医学、能源、环境工程、水利工程、生物科学、海洋科学、生态保护、文化遗产保护等沿线国家发展急需的专业领域联合培养学生,推动联盟内或校际教育资源共享。

(三)共建丝路合作机制

加强"丝绸之路"人文交流高层磋商。开展沿线国家双边多边人文交流高层磋商,商定"一带一路"教育合作交流总体布局,协调推动沿线各国建立教育双边多边合作机制、教育质量保障协作机制和跨境教育市场监管协作机制,统筹推进"一带一路"教育共同行动。

充分发挥国际合作平台作用。发挥上海合作组织、东亚峰会、亚太经合组织、亚欧会议、亚洲相互协作与信任措施会议、中阿合作论坛、东南亚教育部长组织、中非合作论坛、中巴经济走廊、孟中印缅经济走廊、中蒙俄经济走廊等现有双边多边合作机制作用,增加教育合作的新内涵。借助联合国教科文组织等国际组织力量,推动沿线各国围绕实现世界教育发展目标形成协作机制。充分利用中国-东盟教育交流周、中日韩大学交流合作促进委员会、中阿大学校长论坛、中非高校 20＋20 合作计划、中日大学校长论坛、中韩大学校长论坛、中俄大学联盟等已有平台,开展务实教育合作交流。支持在共同区域、有合作基础、具备相同专业背景的学校组建联盟,不断延展教育务实合作平台。

实施"丝绸之路"教育援助计划。发挥教育援助在"一带一路"教育共同行动中的重要作用,逐步加大教育援助力度,重点投资于人、援助于人、惠及于人。发挥教育援助在"南南合作"中的重要作用,加大对沿线国家尤其是最不发达国家的支持力度。统筹利用国家、教育系统和民间资源,为沿线国家培养培训教师、学者和各类技能人才。积极开展优质教学仪器设备、整体教学方案、配套师资培训一体化援助。加强中国教育培训中心和教育援外基地建设。倡议各国建立政府引导、社会参与的多元化经费筹措机制，通过国家资助、社会融资、民间捐赠等渠道，拓宽教育经费来源，做大教育援助格局，实现教育共同发展。

开展"丝路金驼金帆"表彰工作。对于在"一带一路"教育合作交流和区域教育共同发展中做出杰出贡献、产生重要影响的国际人士、团队和组织给予表彰。

五、中国教育行动起来

中国倡导沿线各国建立教育共同体，聚力推进共建"一带一路"，首先需要中国教育领域和社会各界率先垂范、积极行动。

加强协调推动。加强国内各部门各地方的统筹协调工作，有序开展"一带一路"教育合作交流。推动中国教育治理体系完善、相关法律法规修订和教育综合改革，提升中国开展"一带一路"教育行动的质量和水平。教育部与国家发展改革委、外交部、商务部等部门和全国性行业组织紧密配合，围绕共建"一带一路"大局，寻找合作重点，建立运行保障机制，畅通教育国际合作交流渠道，对接沿线各国教育发展战略规划。

地方重点推进。突出地方推进共建"一带一路"的主体性、支撑性和落地性，要求各地发挥区位优势和地方特色，抓紧制订本地教育和经济携手走出去行动计划，紧密对接国家总体布局。有序与沿线国家地方政府建立"友好省州""姐妹城市"关系，做好做实彼此间人文交流。充分利用地方调配资源优势，积极搭建海内外平台，促进校企优势互补、良性合作、共同发展。多措并举，支持指导本地教育系统与"一带一路"沿线国家广泛开展合作交流，打造教育合作交流区域高地，助力做强本地教育。

各级学校有序前行。各级各类学校秉承"己欲立而立人"的中国传统，有序与沿线各国学校扩大合作交流，整合优质资源走出去，选择优质资源引进来，兼容并包、互学互鉴，共同提升教育国际化水平和服务共建"一带一路"能力。中小学校要广泛建立校际合作交流关系，重点开展师生交流、教师培训和国际理解教育。高等学校、职业院校要立足各自发展战略和本地区参与共建"一带一路"规划，与沿线各国开展形式多样的合作交流，重点做好完善现代大学制度、创新人才培养模式、提升来华留学质量、优化境外合作办学、助推企业成长等各项工作的协同发展。

社会力量顺势而行。开展更大范围、更深层次、更高水平的"一带一路"教育民间合作交流，吸纳更多民间智慧、民间力量、民间方案、民间行动。大力培育和发展我国非营利组织，通过购买服务、市场调配等举措，大力支持社会机构和专业组织投身教育对外开放事业，活跃民间教育国际合作交流。加快推动教学仪器和中医诊疗服务走出去步伐，支持企业和个人按照市场规则依法参与中外合作办学、合作科研、涉外服务等教育对外开放活动。企业要积极与学校合作走出去，联合开展人才培养、科技创新和成果转化，积极服务"一带一路"国家经贸发展。

助力形成早期成果。实施高度灵活、富有弹性的合作机制，优先启动各方认可度高、条件成熟的项目,明确时间节点,争取短期内开花结果。2016 年,各省市制订并呈报本地"一带一路"教育行动计划,有序推进教育互联互通、人才培养培训及丝路合作机制建设。2017 年,基于三方面重点合作的沿线各国教育共同行动深入开展。未来 3 年,中国每年面向沿线国家公派留学生 2500 人;未来 5 年,建成 10 个海外科教基地,每年资助 1 万名沿线国家新生来华学习或研修。

六、共创教育美好明天

独行快,众行远。合作交流是沿线各国共建"一带一路"教育共同体的主要方式。通过教育合作交流,培养高素质人才,推进经济社会发展,提高沿线各国人民生活福祉,是我们共同的愿望。通过教育合作交流,扩大人文往来,筑牢地区和平基础,是我们共同的责任。

中国愿与沿线各国一道,秉持开放合作、互利共赢理念,共同构建多元化教育合作机制,制定时间表和路线图,推动弹性化合作进程,打造示范性合作项目,满足各方发展需要,促进共同发展。

中国教育部倡议沿线各国积极行动起来,加强战略规划对接和政策磋商,探索教育合作交流的机制与模式,增进教育合作交流的广度和深度,追求教育合作交流的质量和效益,互知互信、互帮互助、互学互鉴,携手推动教育发展,促进民心相通,构建"一带一路"教育共同体,共创人类美好生活新篇章。

后　记

　　本书是张德祥教授主持的中国高等教育学会高等教育科学研究"十三五"规划重大攻关课题"'一带一路'国家高等教育政策法规研究"（16ZG003）的研究成果。

　　本书由张德祥教授和李枭鹰教授负责总体规划、设计和架构，确定编译的主旨与核心，组织人员搜集、选取、翻译和整理这些国家的相关教育政策法规，最后审阅书稿。本书由大连民族大学外国语学院 耿智 教授、王玉平副教授，大连理工大学高等教育研究院教育管理专业 2018 级博士生耿宁荷，海南大学外国语学院翻译专业 2016 级硕士生莫眉，南开大学外国语学院英语语言文学专业 2019 级博士生汤琦，沈阳化工大学外语系杨佳讲师负责编译。这些政策法规文本的语言为英语。全书由大连民族大学外国语学院 耿智 教授终审校译。

　　本书的出版得到了中国高等教育学会、大连理工大学出版社的大力支持，课题组在此深表感谢！

课题组